Natalie Rehm

# GEHEN
# SPRECHEN
# DENKEN

Natalie Rehm

# GEHEN SPRECHEN DENKEN

## Wie sich Babys aus eigener Kraft entwickeln

Kösel

**Wichtiger Hinweis**
Alle Hinweise und Ratschläge in diesem Buch sind von der Autorin sorgfältig geprüft worden. Sie ersetzen im Zweifelsfall jedoch nicht die persönliche Begleitung und Abklärung durch medizinisches Fachpersonal. Eine Haftung vonseiten der Autorin oder des Verlags wird ausdrücklich ausgeschlossen.



**Moritz Binder:** Kinderfotos
**klaus mauz fotodesign:** Spielzeugfotos
**Julia Riedel:** Styling der Spielzeugfotos
**»Luftlautformen sichtbar gemacht« von Johanna Zinke,**
**© 2003 Verlag Freies Geistesleben & Urachhaus GmbH, Stuttgart:** 175

MIX
Papier aus verantwortungsvollen Quellen
FSC® C010328
Klimaneutral
ClimatePartner.com/14044-1912-1001
Druckprodukt

Penguin Random House Verlagsgruppe FSC® N001967


Umschlag: Weiss Werkstatt München
Umschlagmotiv: © rubberball / Getty Images
Satz: Uhl + Massopust, Aalen
Druck und Bindung: Alföldi Nyomda Zrt., Debrecen
Printed in Hungary
ISBN 978-3-466-31156-9
www.koesel.de

Dieses Buch ist auch als E-Book erhältlich.

# Inhalt

# Vorwort

Eltern wünschen sich glückliche Kinder. Doch was benötigen die Kleinen alles zu ihrem Glück? Darüber ist schon vieles gedacht, gesagt und geschrieben worden. Sicher ist eines: Sie brauchen Mama und Papa, Großeltern, Spielgefährten, andere Menschen um sich herum, kurz ein von Liebe getragenes Beziehungsgefüge, um sich wohl und geborgen zu fühlen. Nicht weniger sehnen sich schon die Jüngsten aber auch danach, selbstwirksam zu sein. Glück bedeutet für Kinder – und nicht nur für sie –, das, was in ihnen liegt, aus sich herauszuholen. Kleine Menschen wollen ihre Potenziale so umfassend und frei wie nur möglich entfalten, und zwar selbst – aus eigener Kraft.

Anlass für das vorliegende Buch waren persönliche Erfahrungen. Während der Kindergarten- und Grundschulzeit meiner beiden Töchter in der Schweiz wurde ich hellhörig, als Pädagogen auf Elternabenden wiederholt die Schwierigkeiten erwähnten, die Kinder heute mit einfachen Fertigkeiten haben. Beispielsweise sah sich die erfahrene Kindergärtnerin kaum mehr in der Lage, mit ihren 25 Schützlingen zwischen fünf und sieben Jahren täglich an die frische Luft zu gehen, da sich viele Kinder nicht selbstständig anziehen, geschweige denn anderen dabei helfen können. Das überraschte mich, wissen sich doch kleine Leute in der Regel selbst zu helfen, wenn Eltern von Anfang an darauf achten, dass sie sich grundlegende Fähigkeiten selbstständig aneignen. Beziehen sie ihren Nachwuchs von klein auf aktiv in sämtliche pflegerische Tätigkeiten wie An- und Ausziehen ein und geben Kindern genügend Zeit und Raum, ihre Kompetenzen Schritt für Schritt aus eigener Initiative zu erweitern, bewältigen diese alltägliche Aufgaben ohne größere Probleme und mit Freude.

Eine wichtige Inspirationsquelle, die uns Eltern zu dieser Art der Begleitung unserer Kinder bewogen hat, war die Arbeit der ungarischen Kinderärztin Emmi Pikler (1902–1984). Ihr Elternratgeber *Friedliche Kinder – zufriedene*

*Mütter. Pädagogische Ratschläge einer Kinderärztin*, der 1982 erstmals auf Deutsch erschienen und mir Anfang der 1990er Jahre in die Hände gefallen ist, hat mich auf Anhieb angesprochen. Emmi Pikler schildert darin, wie sich Kinder von Geburt an motorische Fertigkeiten aus eigener Kraft erwerben, vorausgesetzt, sie treffen auf entsprechende materiale und emotionale Rahmenbedingungen, für deren Bereitstellung die Erwachsenen zuständig sind. Bestätigt fand ich ihre Darlegungen durch die selbstständige Bewegungsentwicklung mehrerer Kinder in meinem persönlichen Umfeld, deren Eltern sich an der Pikler-Pädagogik orientierten. Die Geschmeidigkeit, Geschicklichkeit und Sicherheit, mit der sich jene Kleinen bewegten, sowie ihre generelle Zufriedenheit waren ausschlaggebend dafür, dass wir als Eltern unseren eigenen Kindern ebenfalls ermöglichten, eigenständig laufen zu lernen. Dass unsere Töchter aus eigener Kraft und selbstbestimmt gehen lernten, überzeugte mich vollends von der Pikler-Pädagogik. Nach Emmi Pikler bewegen sich alle (gesunden) Kinder im Rahmen ihrer individuellen Möglichkeiten geschickt, harmonisch und sicher, sofern sie Gelegenheit haben, motorische Fähigkeiten aus eigenem Vermögen zu erwerben. Natürlich spielt Veranlagung eine Rolle, aber grundsätzlich ist motorische Leistungsfähigkeit nicht, wie häufig angenommen, reine Begabungssache.

Erneut horchte ich auf, als die Lehrkräfte auf einem Elternabend unserer Zweitklässlerin die routinemäßige Überprüfung des Entwicklungsstands aller Schüler ankündigten. Unter anderem sollte die Auge-Hand-Koordination der rund Achtjährigen getestet werden. Sei diese unzureichend ausgebildet, so hieß es, resultiere daraus möglicherweise eine Lese-Rechtschreib-Schwäche. Betroffene tun sich dann mit dem Schreibenlernen schwerer. Der Hinweis auf etwaige Entwicklungsdefizite machte mich stutzig, da die Auge-Hand-Koordination die erste feinmotorische Fertigkeit ist, die sich Babys im Alter von rund drei Monaten aneignen. Das war mir durch die Arbeit Emmi Piklers bekannt. Neu war mir allerdings, dass es offensichtlich einen unmittelbaren Zusammenhang zwischen motorischen und kognitiven Fähigkeiten gibt.

Ich fragte mich, ob es sich bei derlei Problemen um zufällige Einzelerscheinungen in meinem Umfeld handelte. Meine Recherchen zu Entwicklungsauffälligkeiten junger Heranwachsender führten mir vor Augen, dass motorische, sprachliche und kognitive Schwierigkeiten sowie Verhaltensstörungen bei Kindern und Jugendlichen keine zu vernachlässigenden Randphänomene sind. Zu entsprechenden Ergebnissen kommen etwa Datenanalysen von Einschulungsuntersuchungen in Deutschland, die den Entwicklungsstand von Schulanwärtern ab fünf Jahren unter anderem in den Bereichen Motorik, Sprache und Kognition evaluieren. Beispielsweise ergab die *Grundauswertung der Einschulungsdaten in Berlin 2017*, dass rund ein Drittel der circa 31 000 ABC-Schützen des kompletten Jahrgangs entwicklungsauffällig war.[1]

Wissenschaftliche Studien belegen, dass die motorische Leistungsfähigkeit von Kindern und Jugendlichen zwischen 1975 und 2002 im Durchschnitt um mehr als zehn Prozent abgenommen hat.[2] Zwar hat die körperliche Fitness junger Heranwachsender in den Jahren 2003 bis 2012 leicht zugenommen. Doch der geringfügig positive Trend konnte sich bis 2017 nicht weiter fortsetzen.[3] Die motorische Leistungsfähigkeit stagniert nach wie vor auf niedrigem Niveau mit abnehmender Tendenz.[4] Viele Schulkinder beherrschen heute komplexere Bewegungen wie etwa den Seiltänzergang rückwärts nicht mehr. Das exakte Hintereinandersetzen der Beine beim Rückwärtsgehen sollten Kinder normalerweise im Alter von vier bis fünf Jahren problemlos bewältigen können.[5]

Um ausreichend Bewegung ist es bei Kindern und Jugendlichen seit längerem schlecht bestellt. Laut der Weltgesundheitsorganisation ist Bewegungsmangel ein grassierendes Problem in westlichen Ländern.[6] Rund 80 Prozent der in Deutschland lebenden Kinder und Jugendlichen bewegen sich zu wenig.[7] Der rückläufige Trend macht auch vor den Jüngsten nicht halt. Offensichtlich sind schon Babys und Kleinkinder von einem Mangel an Bewegung betroffen. Die Weltgesundheitsorganisation sah sich 2019 dazu veranlasst, erstmals Empfehlungen zu geben, wie viel sich Kinder im Alter von null bis fünf Jahren bewegen sollten: mindestens drei Stunden täglich ab dem zweiten Lebensjahr.[8] Laut Expertenmeinung erhöht Bewegungsarmut in der Kindheit die Wahrscheinlichkeit, eine mangelhafte Motorik auszubilden, an Übergewicht, fehlerhaften Körperhaltungen, psychosozialen und Verhaltensauffälligkeiten sowie einem geringen Selbstwertgefühl zu leiden.[9]

Auch im Bereich der Sprache werden zunehmend Defizite festgestellt.[10] Beispielsweise geben Querschnittanalysen von Routinedaten gesetzlicher Krankenkassen Aufschluss über den Gesundheitszustand der nachwachsenden Generation in Deutschland, die aktuell auf rund 13,5 Millionen Minderjährige beziffert wird.[11] Dem *Heilmittelbericht 2020* des Wissenschaftlichen Instituts der AOK ist zu entnehmen, dass 410 000 der bei der AOK versicherten Kinder und Jugendlichen bis 14 Jahre mindestens eine Heilmittelverordnung im Jahr 2019 beansprucht haben. Für 58 Prozent von ihnen waren Entwicklungsstörungen der Grund für die Verordnung einer Heilmitteltherapie. Spitzenreiter der Diagnosegruppe waren »Entwicklungsstörungen des Sprechens und der Sprache«, die bei 41,4 Prozent der jungen Patienten festgestellt worden sind.[12] Rund zwanzig Prozent der Vierjährigen fallen heute durch einen markanten Sprachrückstand auf. Sie verwenden nur Zwei-Wort-Sätze, sprechen undeutlich und begreifen nicht alle Aufforderungen, obwohl sie keinerlei Schwierigkeiten mit dem Gehör haben oder sonstige neuronal bedingte Sprachprobleme aufweisen.[13] Eine gestörte Sprachentwicklung kann nach Einschätzung der Wissenschaftler Lese- und Rechtschreibprobleme sowie psychosoziale Auffälligkeiten nach sich ziehen.[14]

Seit dem Pisa-Schock von 2001 sind die Leistungen der in Deutschland lebenden Schüler im internationalen Vergleichstest zwar stetig angestiegen, doch seit 2016 verlieren sie wieder an Punkten. Gemäß der IGLU-Studie (Internationale Grundschul-Lese-Untersuchung) von 2016, die die Lesefähigkeit von Viertklässlern im Vergleich mit anderen Ländern testet, hat fast jeder fünfte Schüler der vierten Jahrgangsstufe hierzulande Probleme mit dem Lesen. Die Zahl der Grundschüler, die mit massiven Leseschwierigkeiten kämpft, ist seit der Ersterhebung im Wesentlichen stabil geblieben. Doch während 2001 lediglich vier andere Länder durchschnittlich bessere Leseleistungen als deutsche Grundschüler aufwiesen, waren es 2016 bereits zwanzig.[15]

Seit den 1990er Jahren ist in Dänemark, Schweden, Norwegen, Finnland, Deutschland, Österreich, Großbritannien, Frankreich, Australien und in der Schweiz zu beobachten, dass der seit den 1930er Jahren kontinuierlich zunehmende IQ hauptsächlich in bessergestellten Gesellschaftsschichten wieder abnimmt.[16] Offensichtlich verlieren wir »Stück für Stück, IQ-Punkt für

IQ-Punkt etwas von unserem Verstand«, heißt es im Dossier der Wochenzeitung *Die Zeit* vom 28. März 2019.[17] Dieser sogenannte umgekehrte Flynn-Effekt bezieht sich auf verschiedene Bereiche der Intelligenz, wie ein sicheres Sprachgefühl und logisches Denken. Eine Forschergruppe kommt zu dem Schluss, dass es immer weniger Menschen geben wird, »die in der Lage sind, Ungedachtes zu denken«.[18]

Auch der funktionale Analphabetismus ist ein Phänomen, das hauptsächlich bei Erwachsenen in hochentwickelten Industriestaaten anzutreffen ist. Gemäß der von der Universität Hamburg durchgeführten Studie *LEO 2018 – Leben mit geringer Literalität* können rund 6,2 Millionen Menschen in Deutschland nicht richtig lesen und schreiben. Knapp mehr als die Hälfte von ihnen spricht Deutsch als Muttersprache. Obwohl Betroffene trotz schwacher Lese- und Schreibleistungen einzelne Sätze entziffern und zu Papier bringen können, sind sie nicht in der Lage, Textzusammenhänge zu verstehen. Darüber hinaus gibt es 10,6 Millionen Erwachsene, die zwar fähig sind, zusammenhängende Texte zu erfassen, aber im Lesen nicht besonders gut abschneiden und viele Schreibfehler machen.[19]

Meine Erfahrungen als Betreuerin einer Gruppe sehr junger Säuglinge in einem Schweizer Krankenhaus weckten in mir den Wunsch, frisch gebackene Eltern frühzeitig über die gesunde Entwicklung ihres Nachwuchses im Sinne von Prävention zu informieren. Auf der Grundlage einer interdisziplinären Weiterbildung zur Erziehungsbegleiterin Frühe Kindheit (0–3 Jahre) in Zürich 2010 bis 2012 sowie der SAFE®-Mentorenausbildung (Sichere Ausbildung für Eltern) bei Prof. Karl Heinz Brisch in München entwickelte ich ein eigenes Kursprogramm für Eltern und Säuglinge, das ich seitdem in der Schweiz und in Deutschland anbiete. Die Frage nach der Qualität motorischer Fähigkeiten stellt sich Müttern und Vätern gewöhnlich nicht, solange ihre Kinder klein sind. Dass sich früh erworbene Mängel im Bereich der Motorik später nicht unbedingt auswachsen, sondern unter Umständen ungünstige Auswirkungen auf kognitive Fähigkeiten haben können, ist vielen nicht bewusst. Was schlichtweg fehlt, ist das Wissen um derartige Zusammenhänge. Auf Wunsch der Kursteilnehmer dehnte ich mein Angebot auf das zweite Lebensjahr in Form fortlaufender Eltern-Kind-Gruppen aus. Als Mitarbeiterin einer Waldorfspielgruppe 2014 bis 2020 in Deutschland bot sich mir schließlich Gelegenheit, auch Kinder im Alter von circa zwei bis drei Jahren zu betreuen. Während dieser Zeit beschäftigte ich mich mit der Waldorfpädagogik. Der österreichische Philosoph und Anthroposoph Rudolf Steiner (1861–1925) charakterisiert die frühkindliche Entwicklung als eine Art Stufenmodell in der Reihenfolge Gehen – Sprechen – Denken. Der Erwerb einer Fähigkeit bildet jeweils die Voraussetzung für die nächstfolgende. Damit stellt er einen unmittelbaren Zusammenhang zwischen den meist getrennt voneinander oder in anderer Chronologie behandelten Entwicklungsbereichen Gehen – Sprechen – Denken her. Die stufenweise Abfolge der frühkindlichen Entwicklung entsprach dem, was ich an Kindern zwischen null und drei Jahren in meinem beruflichen Alltag beobachten konnte. Die Erkenntnisse Emmi Piklers fügen sich meines Erachtens in diese Abfolge ein. Seitdem ich die frühkindliche Entwicklung anhand der Reihenfolge von Gehen – Sprechen – Denken in meinen Kursen, Seminaren, Vorträgen und Fortbildungen im In- und Ausland für Eltern, Hebammen, Ärzte, Pädagogen sowie andere Berufsgruppen, die mit Kindern unter drei Jahren zu tun haben, darstelle, erscheint die Pädagogik Emmi Piklers in einem neuen Licht. Steiners Ausführungen zu den drei Fähigkeiten Gehen – Sprechen – Denken waren für mich der »missing link«, um die allgemeine Relevanz der Arbeit Piklers in ihrer Tragweite sichtbarer machen zu können.

Im Folgenden wird der Versuch unternommen, einen Überblick über die Entwicklung der drei Fähigkeiten Gehen – Sprechen – Denken zu geben. Ziel ist es, vorhandenes Wissen unterschiedlicher Disziplinen und Standpunkte sowie erprobte Erfahrungen für den praktischen Alltag mit Babys und Kleinkindern fruchtbar zu machen. Neuere Forschungserkenntnisse etwa der Neurowissenschaften bestätigen und ergänzen ältere Arbeiten, die an entsprechender Stelle in den Text eingeflossen sind. Zahlreiche Erfahrungsberichte von Eltern mögen Leserinnen und Leser dazu ermutigen und einladen, für sie möglicherweise unbekannte und ungewohnte Wege in der Begleitung kleiner Kinder zu gehen. In vielem werden sie ihre elterlichen Intuitionen auch bestätigt finden. Nachfolgende Ausführungen sind dem Wunsch von Eltern und Kursteilnehmern geschuldet und wollen Begleitpersonen junger Kinder eine Orientierungshilfe für einen guten Start ins Leben geben. Das

Buch versteht sich als ein Bericht aus der Praxis für die Praxis. Möge es auf neugierige, unvoreingenommene und kreative Menschen stoßen, denen das Wohl der Jüngsten am Herzen liegt, und dazu beitragen, das Wunder der kindlichen Entwicklung zu Beginn des Lebens bewusst und voller Freude mitzuerleben sowie liebevoll zu begleiten.

# EINFÜHRUNG

# 1
# Welche Hilfe Babys wirklich brauchen

Damit Säuglinge nach der Geburt überleben können, benötigen sie unsere Hilfe – darüber sind sich alle einig. Eltern wollen stets nur das Beste für ihre Schützlinge. Was sie dabei antreibt, ist einerseits Zuneigung zu den Kleinen, andererseits der Wunsch, sie mögen den Anschluss an die moderne Wettbewerbsgesellschaft nicht verpassen.

Die Mehrheit der Erwachsenen geht davon aus, Säuglinge müssten durch direkte Hilfeleistungen etwa in ihrer motorischen Entwicklung sowie durch spielerische Anregungen gefördert werden. Die Kehrseite der Medaille ist, dass Eltern auf diese Weise in den individuellen Entwicklungsverlauf der Kinder eingreifen. Das wirkt sich aber nicht unbedingt positiv aus. Im Gegenteil: Je nachdem, wie intensiv die vermeintliche Hilfestellung ist, kann sie auf die gesunde Persönlichkeitsentfaltung der Kleinen eher hinderlich wirken, als sie zu begünstigen. Immer dann, wenn Erwachsene unnötig eingreifen, stören sie »oft in der besten Absicht« die Entwicklung ihrer Kinder im Säuglingsalter, beobachtet die ungarische Kinderärztin Emmi Pikler (1902–1984).[1]

Wo und wann brauchen Babys und Kleinkinder unsere Hilfe wirklich? Wo und wann benötigen sie diese – aus Liebe – auch einmal eher nicht? Ohne sich dessen bewusst zu sein, behandeln Erwachsene kleine Menschen oft nicht wie ein Subjekt, das genauso mit Würde ausgestattet ist wie die Großen, sondern eher wie ein Objekt. Vor den negativen Folgen auch noch so gut gemeinter Interventionen warnt auch der Neurobiologe Gerald Hüther. Geraten Kinder zu einem Objekt elterlicher Bemühungen, verlieren sie möglicherweise ihre angeborene Lust, sich aus sich selbst heraus zu entfalten, zu lernen und etwas auszuprobieren.[2]

Die Winzigkeit der Körper lässt uns allzu oft vergessen, dass jeder Mensch, und sei er auch noch so klein und hilfsbedürftig, ein unverwechselbares Individuum ist, das seinen eigenen Entwicklungsplan hat. Mama und Papa sollten sich stets vor Augen führen, dass sie ein Wesen ins Leben begleiten, dessen Persönlichkeit es vom ersten Lebenstag an zu respektieren gilt. Kinder setzen außerdem alles daran, ihren Eltern zu gefallen. Stellen Erwachsene unangemessene Anforderungen an die Kleinen, leidet darunter die psychische Gesundheit der nachfolgenden Generation.[3]

## Die Fähigkeit der Babys zur Selbstbildung

Neuere Erkenntnisse der Entwicklungsneurobiologie, Entwicklungspsychologie, Genetik, Neurowissenschaft, Bindungs- und Säuglingsforschung stellen sich der verbreiteten Vorstellung entgegen, die kindliche Persönlichkeitsentfaltung werde im Wesentlichen von der genetischen Ausstattung bestimmt.[4] An ihre Stelle ist das Bild vom Kind getreten, das von Geburt an über die Fähigkeit zur Selbstbildung verfügt. Von klein auf sind Kinder mit gewissen Kompetenzen ausgestattet, die es ihnen ermöglichen, ihre Entwicklungsprozesse aktiv mitzugestalten.[5]

Persönlichkeitsentwicklung ist demnach »ein faszinierender Prozess der Selbstorganisation«.[6] Der Schweizer Kinderarzt Remo H. Largo (1943–2020) formuliert im Zusammenhang mit der kindlichen Selbstentfaltung: »Die Fähigkeiten sind bei der Geburt bereits angelegt, bilden sich aber erst dann wirklich aus, wenn das Kind die dafür notwendigen entwicklungsspezifischen Erfahrungen machen kann.«[7] Selbst unter optimalen Bedingungen entwickeln sich Kinder jedoch nicht über ihre individuellen Begabungspotenziale hinaus.[8]

Lernen kann jeder nur selbst. Das Laufen etwa können wir unseren Kindern nicht wirklich beibringen. Jeder muss selbst laufen und sprechen lernen wie überhaupt alles andere auch.[9] Der Kindheitspädagoge Gerd Schäfer weist zudem darauf hin, dass Selbstbildung nur im Rahmen sozialer Beziehungen stattfinden könne.[10]

Die moderne Wissenschaft bestätigt damit, was Emmi Pikler bereits Jahrzehnte zuvor erkannt hat. Die ungarische Kinderärztin betrachtet schon das Neugeborene als einen »Akteur seiner Entwicklung«.[11] Entgegen der weit verbreiteten Vorstellung »verläuft die Entwicklung des Säuglings für uns nicht in jeder Hinsicht von totaler Hilflosigkeit und Unselbständigkeit zu Selbständigkeit«, sagt Kinderpsychologin Anna Tardos, Tochter und Mitarbeiterin Emmi Piklers. »Wir haben vielmehr die Erfahrung gemacht, dass er [der Säugling] von Anfang an auch zu autonomem, kompetentem Verhalten fähig ist.«[12] Pikler legte größten Wert auf die räumliche und soziale Umgebungsgestaltung der Säuglinge und Kleinkinder, damit sie ihre Kompetenzen frei entfalten können.[13]

Wie aber kann es Eltern im praktischen Alltag gelingen, ihre Kinder so ins Leben zu begleiten, dass sie ihre Selbstbildungspotenziale optimal entfalten können? Schon Jean-Jacques Rousseau (1712–1778), der in Genf geborene Schriftsteller, Pädagoge und Philosoph der Aufklärung, geht in seinem pädagogischen Hauptwerk *Émile* der Frage nach: »Was muss man tun, um diesen seltenen Menschen heranzubilden?« Er kommt zu dem Schluss: »Zweifellos viel: nämlich verhindern, dass etwas getan wird.«[14] Obgleich der Wunsch zu helfen oft groß ist – unter bestimmten Voraussetzungen fördern Eltern ihren Nachwuchs nach den Erkenntnissen der Pikler-Pädagogik gerade dadurch am nachhaltigsten, dass sie ihm eben nicht alles abnehmen oder versuchen, beizubringen. Vielmehr ist zu empfehlen, dass sie sich da, wo es angebracht ist, zurücknehmen, damit Babys aus eigener Kraft in Übereinstimmung mit ihrem individuellen Masterplan zu genau den Menschen heranwachsen, die sie tatsächlich auch werden wollen.

Den Kleinsten in ihrer Entwicklung ihr Tempo zu lassen, bedeutet keineswegs, fahrlässig oder lieblos zu handeln. Ebenso wenig ist ein permissiver Erziehungsstil gemeint, der Kindern viele Freiheiten gewährt. Eltern haben die wichtige Aufgabe, ihren Kindern die notwendigen materialen und emotionalen Rahmenbedingungen zur Verfügung zu stellen.

## Bindung und Beziehung als Aufgabe der Eltern

Dass Babys auf elterliche Fürsorge angewiesen sind, versteht sich von selbst – zumindest was die Befriedigung ihrer körperlichen Belange angeht: genügend Nahrung und Schlaf, Körperpflege, passende Kleidung, frische Atemluft sowie ein sicheres Zuhause. Ohne die Erfüllung ihrer physiologischen Grundbedürfnisse können Säuglinge nicht lange überleben. Genauso bedeutsam ist aber, die psychischen Grundbedürfnisse zu befriedigen.[15] Eine verlässliche Beziehung aufzubauen, zählt zu den wichtigsten Aufgaben der Eltern, da dies ein »absolut notwendiges und ganz stabiles Fundament für die Persönlichkeit von Kindern« ist.[16]

Kleine Menschen bringen das Potenzial mit, sich aus sich selbst heraus zu entwickeln. Um eine innige Beziehung zu mindestens einem Erwachsenen, besser jedoch zu mehreren aufzubauen, sind sie aber auf Unterstützung vonseiten der Eltern angewiesen. Zwar kommen sie mit der Bereitschaft auf die Welt, sich emotional an ihre Bezugspersonen zu binden. Doch das Gefühl wohligen Geborgenseins können sie nicht alleine herstellen. Dazu benötigen sie ein menschliches Gegenüber, das auf angemessene Weise in Resonanz mit ihnen geht. Die Architekten dieses Beziehungsgefüges sind die Großen.[17]

Babys entscheiden aufgrund der körperlichen und emotionalen Erfahrungen im Zusammensein mit den Erwachsenen, an wen sie sich sicher binden. Das sind in der Regel Mama und Papa, müssen es aber nicht sein. Denn für den Aufbau einer liebevollen Verbindung ist das Verwandtschaftsverhältnis weniger ausschlaggebend als vielmehr die Art und Weise, wie die Großen etwa pflegerische Tätigkeiten ausüben.[18]

Die Qualität der Berührung, des Blickkontakts, der persönlichen Ansprache sowie das Berücksichtigen der kindlichen Eigeninitiative tragen entscheidend zu einem positiven Selbsterleben kleiner Menschen bei. Kinder, die sich von Anfang an um ihrer selbst willen geliebt fühlen, die spüren, dass sie ihren Eltern wichtig sind und ihnen Freude machen, haben optimale Voraussetzungen für eine gelungene Persönlichkeitsentwicklung.[19]

# 2
# Vom ersten Schrei bis zum Ich-Sagen

Mit der Geburt beginnt die frühe Kindheit. Die ersten drei Lebensjahre, allen voran die ersten Monate, sind nach Emmi Pikler von entscheidender Bedeutung für die spätere Entwicklung des Individuums: »Ist diese Basis fest, kann der Bau stärkere Erschütterungen ertragen.«[20] Die frühe Lebensphase verdient größte Aufmerksamkeit, denn in dieser Zeit erwerben Kinder basale Fähigkeiten, die für das weitere Leben von entscheidender Bedeutung sind. Nun werden die Weichen für die physische und psychische Gesundheit gestellt.

Was die ersten Lebensjahre so besonders macht, sind nicht nur die enormen Entwicklungsschritte, die Kinder leisten, sondern auch die weniger bekannte Tatsache, dass sie die ersten zweieinhalb bis drei Jahre sich ihres eigenen Ichs überhaupt nicht bewusst sind. Säuglingen fehlt zunächst jegliche Orientierung sowohl über die äußere Welt als auch über ihre eigene Person. Weder wissen sie, was sich um sie herum ereignet, noch wer sie überhaupt sind. Sie haben kein Bewusstsein ihres eigenen Selbst.[21] Was ihnen fehlt, ist »ein Ich-Sinn, ein Selbst und dessen neuronale Grundlage, die Selbst-Systeme«, sagt Joachim Bauer.[22] Gemeint ist damit jenes Selbst-System, »in dem das *bewusste* Denken eine wichtige Rolle spielt«.[23] Umso erstaunlicher ist es, dass die Kleinen in dieser vor-bewussten Phase so viel, komplex und schnell wie kaum je wieder im späteren Leben lernen.

## Das Ich-Bewusstsein entwickelt sich

Die vor-bewusste Phase endet mit dem Auftreten des Ich-Bewusstseins. Eltern erkennen diesen herausragenden Entwicklungsschritt daran, dass ihre Nachkömmlinge plötzlich »Ich« zu sich sagen. Ein »echtes Ich-Bewusstsein« beginnt sich im Alter von zwei oder drei Jahren zu entwickeln.[24] In der Folgezeit nehmen Eltern oft eine Wesensveränderung an ihren Kindern wahr. Sie erscheinen ihnen viel reifer geworden zu sein. Die kindliche Persönlichkeit kommt jetzt deutlicher zum Vorschein.

Das Ich-Sagen kennzeichnet die neue Fähigkeit der Kinder, sich als ein von der Umgebung getrenntes Individuum zu begreifen, das von anderen Personen und Objekten abgegrenzt ist. Zu Beginn des Lebens können sie noch keinen Unterschied zwischen sich und der Welt da draußen machen. Erst ab dem Moment des sich entwickelnden Eigenbewusstseins erleben sie den Gegensatz von Ich und Welt.[25] Wie Spitzer und Herschkowitz vermuten, gehört zu den wichtigsten Dingen, die Kindergartenkinder lernen, »das Bewusstsein, dass sie eine eigene Person sind, eine eigene Persönlichkeit haben«. In dieser sehen die beiden Ärzte »nichts weiter als das noch nicht entwickelte Negativ. Das heißt: Sie ist im Prinzip da, aber eher virtuell vorhanden, als eine Eventualität, noch nicht als Wirklichkeit.«[26]

Der Gebrauch der Ich-Form ist etwas Besonderes. Niemand anderer als man selbst kann das Wort »Ich« auf die eigene Person anwenden. Solange die Kleinen noch nicht gelernt haben, sich als ein Ich zu begreifen, benutzen sie andere Wörter zur Umschreibung ihrer Person. Häufig nennen sie ihren eigenen Vornamen oder eine Variante desselben, um auszudrücken, dass sie sich selbst meinen. Es gibt aber auch Kleinkinder, die in der vor-bewussten Phase »du« zu sich sagen, obwohl sie sich eindeutig selbst meinen. Beispielsweise sagen rund Zweijährige »du auch!«, wenn sie mitteilen wollen, dass sie das Gleiche haben oder machen wollen wie andere.[27] In beiden Fällen verfügen sie noch nicht über ein echtes Selbst-Bewusstsein, die Fähigkeit, sich als ein in sich konsistentes Ich in Raum und Zeit bewusst zu erleben.

Ein literarisches Bild vom ersten Aufleuchten des Ich-Bewusstseins gibt der deutsche Schriftsteller Jean Paul (1763–1825) in seiner Autobiografie: »Nie vergeß' ich die noch keinem Menschen erzählte Erscheinung in mir, wo ich bei der Geburt meines Selbstbewußtseins stand, von der ich Ort und Zeit anzugeben weiß. An einem Vormittag stand ich als ein sehr junges Kind unter der Haustüre und sah links nach der Holzlege, als auf einmal das innere Gesicht ›ich bin ein Ich‹ wie ein Blitzstrahl vom Himmel vor mich fuhr und seitdem leuchtend stehen blieb: da hatte mein Ich zum ersten Male sich selber gesehen.«[28]

## Begleiterscheinungen der Ich-Entwicklung

Das früher oder später einsetzende Eigenbewusstsein geht mit dem frühkindlichen Streben nach Autonomie einher. Manche Kinder beginnen bereits Ende des ersten, Anfang des zweiten Lebensjahres ihr Bedürfnis nach Unabhängigkeit zur Geltung zu bringen. Mehr oder weniger vehement grenzen sie sich von ihren Mitmenschen ab und verteidigen ihren Willen gegen den der Erwachsenen oder anderer Kinder. Sie wollen testen, welche Wirkung das Nein-Sagen hat. Sie suchen geradezu den Widerstand, um sich ihres eigenen Selbst stets aufs Neue zu vergewissern. Dadurch festigen sie ihre Eigenwahrnehmung als ein von der Umgebung getrenntes Individuum.[29] Es ist also nicht ungewöhnlich, dass Kinder zwischen zwei und vier Jahren »ihre neuen Spielräume austesten wollen«.[30]

Wie stark der kindliche Eigenwille sich zeigt, ist auch eine Frage des Temperaments. Es gibt Kinder, die sich regelmäßig und heftig zur Wehr setzen, aber auch solche, bei denen diese Phase weitaus glimpflicher verläuft. Dazwischen gibt es sämtliche Variationen. Auf welche Weise die Großen dem Eigensinn begegnen, wirkt sich darauf aus, wie häufig die Kleinen Gegenwehr leisten.[31]

Frühkindliches Autonomiestreben ist eine notwendige Begleiterscheinung der Persönlichkeitsentwicklung und sollte keinesfalls unterdrückt werden. Auch wenn die kindliche Eigenwilligkeit für Begleitpersonen sehr anstrengend und aufreibend sein kann, ist das »Nein« der kleinen Freiheitskämpfer niemals persönlich zu nehmen. Schließlich wollen sie niemanden absichtlich ärgern. Starke Gefühle sind auch für kleine Leute unangenehm.

Vielmehr geht es ihnen um die wichtige Erfahrung der Abgrenzung vom Du, die einem Abnabelungsprozess gleichkommt.[32]

Auf neurobiologischer Ebene spiegelt sich dieser Entwicklungsprozess in der Herausbildung von Netzwerken wider, »die ein vom Du getrenntes Ich repräsentieren«, erklärt Joachim Bauer.[33] Wurde die kindliche Autonomieentwicklung erstickt oder hat sie keine Grenzen erfahren, tun sich viele Erwachsene später schwer, eine »gute Balance zwischen Abhängigkeit und Autonomie« zu finden.[34] Was Kinder in dieser schwierigen Phase brauchen, ist einfühlsame Orientierung von den Bezugspersonen.[35]

Wutausbrüche lassen Eltern einfach geschehen und warten geduldig ab, bis sich der Sturm wieder gelegt hat. Am besten lassen sie die Kleinen in Ruhe, bleiben aber in unmittelbarer Nähe, um ihnen zu signalisieren, dass sie nicht verlassen sind. Wichtig ist, dass Eltern dem kindlichen Wunsch nicht aufgrund von Tobsuchtsanfällen nachgeben. Vielmehr suchen sie zu ergründen, was den Unwillen der Kleinen tatsächlich erregt hat. Die wahre Ursache steht oft nicht in unmittelbarem Zusammenhang mit dem Auslöser. Kinder, die von klein auf genügend Gelegenheit erhalten, Selbstwirksamkeit zu erleben, haben weitaus weniger Anlass, sich in diesem Entwicklungsstadium gegen ihr soziales Umfeld derart zur Wehr zu setzen.[36]

Die neuartige Erfahrung, ein autonomes Wesen zu sein, kann auch verunsichernd auf kleine Menschen wirken. Nur langsam wachsen sie in ihre Rolle als unabhängiges Individuum hinein. Wie aus heiterem Himmel reagieren nicht wenige Zweieinhalb- bis Dreijährige mit unerklärlichen Ängsten und verstärkter Anhänglichkeit. Mama und Papa erkennen ihre Kinder oft nicht wieder, da sie entsprechende Verhaltensweisen vorher kaum an ihnen beobachtet haben. Das ist kein Grund zur Sorge. Die gute Nachricht lautet, dass es sich um eine vorübergehende Begleiterscheinung der Ich-Entwicklung handelt. Geduld und warme, verständnisvolle Anteilnahme sowie liebevolle und Halt gebende Begleitung sind in diesem Entwicklungsstadium gefragt.

*Ein Erfahrungsbericht*

»Noemi ist jetzt knapp drei Jahre alt und schon ein richtiges Gegenüber. Vor einigen Monaten konnte ich da eine Veränderung bei ihr bemerken, als ob ein Stück mehr von ihrer Persönlichkeit hervorgekommen sei. Seitdem sagt sie immer mal wieder einfach zum Spaß ›Nein‹. Wenn ich zum Beispiel sage: ›Noemi, wir gehen jetzt rein‹, dann sagt sie: ›Nein‹. Ich merke dann richtig, dass es ihr gar nicht um die Sache an sich geht, sondern einfach nur darum, auszuprobieren, wie es ist, anderer Meinung zu sein. Ich finde das richtig amüsant. Gemeinsam finden wir dann heraus, was sie gerne möchte.«
(Mila mit Noemi)

## Abreißen der Erinnerungsfähigkeit

Erwachsene können sich normalerweise nicht bis zu ihrer Geburt zurückerinnern. Ihr Gedächtnis reicht maximal bis zu dem Moment in ihrer Biografie zurück, in dem sie ein Bewusstsein ihres eigenen Selbst erlangt haben. Vergleichbar einem Filmriss endet der Faden der aktiven Rückerinnerung mit dem Auftauchen des Selbst-Bewusstseins. Das kann bei den einen früher, bei den anderen später der Fall sein. Oder anders gesagt: Mit dem Auftreten des Eigenbewusstseins setzt das Erinnerungsvermögen erst ein.[37] Früheste Kindheitserinnerungen lassen sich deshalb gewöhnlich nicht über das dritte oder vierte Lebensjahr hinaus ausmachen. Dann beginnt das autobiografische Gedächtnis.[38]

Ins Gedächtnis prägen sich vornehmlich Ereignisse ein, die einen starken Eindruck hinterlassen haben. Sowohl positive als auch negative Erlebnisse kommen dafür in Betracht. Frühe Erinnerungen sind etwa das erste Dreirad, die Geburt eines Geschwisterkindes oder aber die ersten Trennungen von Mama und Papa: das schwierige Ablösen von den Eltern im Kindergarten, das Verlorengehen in einer großen Menschenmenge sowie lebensbedrohliche Situationen wie das Beinahe-Ertrinken. Damit nicht zu verwechseln sind Gedächtnisspuren, die sich aufgrund von Erzählungen anderer, über Fotos oder Filme eingegraben haben.

Diese vor-bewusste Lebensphase ist gemeint, wenn hier von der frühen Kindheit die Rede ist.[39]

## Ich-Bewusstsein als Wendepunkt in der Entwicklung

Sowohl die Entwicklung des Ich-Bewusstseins als auch das daran geknüpfte Abreißen der aktiven Erinnerungsfähigkeit bilden eine markante biografische Zäsur. Wenn junge Menschen im Lauf des dritten Lebensjahres ihre eigene Persönlichkeit erfassen, ändern sich ihre Entwicklungsbedingungen grundlegend. Vor diesem einschneidenden Ereignis gleicht das Bewusstsein der Kleinen einem traumähnlichen Zustand, in dem sie sich Fähigkeiten vollkommen unbewusst aneignen.[40] Bei unbewusst ablaufenden Lernprozessen, auch implizites Lernen genannt, wird einfach so gelernt, ohne sich groß Gedanken darüber zu machen. Beispielsweise kann man »Laufen oder Sprechen lernen, ohne etwas verstanden zu haben«.[41]

Mit dem sich entwickelnden Eigenbewusstsein ändern sich auch die Bedingungen, unter denen Kinder lernen.[42] Der Boden für explizites Lernen, also bewusstes Verstehen und Aneignen, ist geschaffen. Während sich implizites Können Schritt für Schritt und kontinuierlich entwickelt, wie am Beispiel des Laufen- und Sprechenlernens deutlich wird, setzt explizites Wissen sprunghaft ein. Damit sind Aha-Effekte gemeint, die sich plötzlich einstellen.[43]

Die unterschiedlichen Lernbedingungen vor und nach der Wahrnehmung des Eigenbewusstseins legen nahe, die kindliche Entwicklung von der Geburt bis zum dritten Lebensjahr als zusammengehörige Phase aufzufassen. Nicht ohne Grund werden Null- bis Dreijährige in pädagogischen Einrichtungen gewöhnlich getrennt von älteren Kindern betreut, benötigen sie doch andere Entwicklungs- und Lernbedingungen in der Krippe oder Kindertagesstätte als drei- bis sechsjährige Kindergartenkinder.[44]

## Warum die frühe Kindheit unbewusst verläuft

Im Vergleich zu seiner späteren Struktur ist das menschliche Gehirn zum Zeitpunkt der Geburt noch recht unfertig. Nur diejenigen Verschaltungen und Nervensysteme sind bereits ausgebildet, die zum Überleben unbedingt notwendig sind.[45] Trotz der üppigen Ausstattung des Hirns mit Abermilliarden Nervenzellen ist es nicht von Anfang an in der Lage, bewusste Gedankenoperationen zu vollziehen. Erst auf einer bestimmten Entwicklungsstufe erlangen wir Bewusstsein.[46]

Die biologische Unreife der Menschen im Vergleich zu höheren Säugetieren veranlasste den Schweizer Biologen, Zoologen und Anthropologen Adolf Portmann (1892–1982) dazu, menschliche Neugeborene generell als physiologische Frühgeburten zu bezeichnen, also auch jene, die termingerecht geboren worden sind.[47] Die Unausgereiftheit ist insbesondere auf das Gehirn gemünzt. Sie ist jedoch »kein Mangel, sondern eine *notwendige Bedingung* höherer geistiger Leistungen«, sagt Manfred Spitzer.[48]

Bevor das komplizierteste Organ des menschlichen Körpers als Denkapparat in Gebrauch genommen werden kann, bedarf es umfassender Aufbauprozesse. Beispielsweise müssen die vorhandenen spärlichen Verbindungen zwischen den einzelnen Nervenzellen, den verschiedenen Nervensystemen und Hirnbereichen in den ersten Lebensmonaten und -jahren zu einem dichten Netzwerk ausgebaut werden. Unzählige Verknüpfungen sorgen schließlich dafür, dass einzelne Nervenzellen und Gehirnareale miteinander kommunizieren können.[49] Ohne diese Verdrahtung des Gehirns könnten wir nicht lernen. Beispielsweise setzt das Sprechenlernen einwandfreie Verknüpfungen unterschiedlichster Bereiche des Gehirns voraus. Auch das Lesen klappt nur dann richtig gut, wenn die Faserverbindungen zwischen den für die Sprache zuständigen Gehirnarealen optimal ausgereift sind.[50]

Ab der Geburt nimmt die neuronale Vernetzungstätigkeit in den verschiedenen Hirnbereichen, die zeitlich gestaffelt von hinten nach vorne heranreifen, rasant zu. Außerdem werden Nervenfasern immer dicker. In der Folge wächst das Volumen des Großhirns im ersten Lebensjahr auf das Dreifache an. Im Alter von zwei Jahren haben Kleinkinder bereits Billionen neuronaler Verknüpfungen produziert. Damit verfügen Zweijährige in etwa über dieselbe Anzahl an Nervenzellverbindungen wie ein erwachsenes Denkorgan. Bis zum Alter von ungefähr drei Jahren bilden sich weiterhin Unmengen an Synapsen aus, also Kontaktstellen zwischen einzelnen Nervenzellen, so dass schließlich ein enormer Überschuss an Nervenzellverbindungen und -kontakten existiert. Damit übertrifft das Gehirn eines dreijährigen Kindes jenes eines Erwachsenen hinsichtlich der schieren Menge an neuronalen Verknüpfungen um das Doppelte. Ungefähr im sechsten Lebensjahr ist das Hirn mit so vielen Nervenzellkontakten ausgestattet wie nie wieder im späteren Leben. Langfristig erhalten bleiben davon nur jene Kontakte, die regelmäßig gebraucht werden. Während sich bei wiederholter Aktivierung derselben Reize die Verbindungen zwischen den einzelnen Nervenzellen und Hirnarealen verändern und stabilisieren, indem sie dicker und größer werden, baut sich Ungenutztes wieder ab.[51]

Nach Erkenntnissen der Hirnforschung werden die Verschaltungen des Gehirns nicht durch genetische Programme, sondern durch eigene Erfahrungen herausgeformt.[52] Daraus folgt, dass jedes Kind sein Denkorgan nur selbst ausbilden kann. Mithin gibt es keine zwei gleichen Gehirne, da sich Kinder in Abhängigkeit ihrer individuellen Anlagen entwickeln, mit denen sie ausgestattet sind.[53] Ob und in welcher Weise es den Kleinen gelingt, ihre Potenziale voll zu entfalten und ein möglichst komplexes, intensiv vernetztes Gehirn auszubilden, hängt entscheidend von den Entwicklungsbedingungen ab, die ihnen nach der Geburt zur Verfügung stehen, sowie von den Erfahrungen, die sie während der prägenden Phase der Hirnentwicklung sammeln.[54] Je komplexer die Hirnstruktur in den ersten Lebensjahren angelegt wird, desto mehr Möglichkeiten haben Kinder später, Verbindungen und Beziehungen zwischen den Wahrnehmungen herzustellen und Probleme umsichtig und kreativ zu lösen.[55]

## Neuroplastizität und Lernfähigkeit

Die gewaltige Zunahme an Nervenzellverbindungen und -kontakten ist nur möglich, weil das menschliche Gehirn besonders in der ersten Lebensphase enorm formbar ist, wie die Neurowissenschaft in den vergangenen Jahrzehnten herausgefunden hat. Bei keiner anderen Spezies ist das so.[56] Das erklärt die ungeheure Lernfähigkeit der Lebensanfänger, die im Erwachsenenalter ihresgleichen sucht. Die Plastizität des menschlichen Gehirns ist Voraussetzung dafür, dass Erziehung, Sozialisation, Bildung und Kultur überhaupt möglich sind.[57]

Bereits Rousseau merkt an: »Teilt man das gesamte Wissen der Menschen in zwei Teile: in einen, der allen gemeinsam, und in einen anderen, der nur den Gelehrten eigen ist, so wäre der zweite sehr klein im Vergleich mit dem ersten. Wir denken aber kaum an die allgemeinen Erkenntnisse, weil man sie unbewusst und vor dem Erwachen der Vernunft erwirbt.«[58] Zwar ist das menschliche Gehirn lebenslang plastisch und somit lernfähig. Doch in der frühen Entwicklungsphase ist die Neuroplastizität am größten. Nie wieder im Leben sind wir so aufnahmebereit für Neues, so voller Erkundungsdrang, Lernfreude und Gestaltungslust wie in der frühen Kindheit.[59]

# 3
# Die drei Entwicklungsetappen Gehen – Sprechen – Denken im Überblick

In den ersten drei Lebensjahren bilden Kinder nicht allein ihr Gehirn aus. Parallel dazu lernen sie gehen, sprechen und bewusst denken. Diese drei Fähigkeiten zeichnen Menschen vor allen anderen Lebewesen aus. Keine der drei spezifisch menschlichen Leistungen ist per se angeboren. Gehen – Sprechen – Denken sind nicht erblich veranlagt wie etwa das Wachstum der Zähne. Vielmehr müssen sich Babys und Kleinkinder alle drei Entwicklungsbereiche ab Geburt aktiv erarbeiten. Es handelt sich also nicht um genetische Programme, die sich automatisch abspulen, sondern um Potenziale, die Kinder mitbringen und Schritt für Schritt entfalten.[60] Angeboren ist nur die »Möglichkeit«, gehen zu lernen. »Sie wird dann zur Wirklichkeit des Laufenkönnens, wenn das Kind zur richtigen Zeit die richtigen Erfahrungen macht. Derjenige, der dafür sorgt, dass dies geschieht, ist vor allem das Kind selbst. (…) Ich glaube nicht, dass es sich mit dem Lernen in anderen Bereichen wesentlich anders verhält.«[61]

Gewöhnlich eignen sich Kinder die drei Fähigkeiten in einer bestimmten Reihenfolge mit fließenden Übergängen an. Die Abfolge des Erwerbs von Gehen – Sprechen – Denken wird in der Fachliteratur unterschiedlich dargestellt. Konsens herrscht dahingehend, dass Kinder als Erstes Laufen lernen.[62] Voneinander abweichende Meinungen existieren über den Fortgang der frühkindlichen Entwicklung. Die Entwicklungspsychologie etwa ist der Auffassung, dass Babys zuerst Denken und dann Sprechen lernen.[63] Andere sehen in der Sprachentwicklung den »Grundpfeiler der kognitiven Entwicklung schlechthin«.[64] Das vorliegende Buch orientiert sich an der Abfolge von Gehen – Sprechen – Denken. Sie stimmt mit meinen Beobachtungen in der Begleitung von Babys und Kleinkindern zwischen null und drei Jahren überein.[65] Gemeint ist hier bewusstes Denken, also die Fähigkeit, verschiedene Wahrnehmungen gedanklich miteinander zu verknüpfen. Voraussetzung dafür ist die Entwicklung des Ich-Bewusstseins im Alter von zweieinhalb bis drei Jahren. Ab da bilden sich Kinder beispielsweise erste Vorstellungen von Vergangenheit und Zukunft, stellen Raumbezüge her oder erfassen den Zusammenhang von Ursache und Wirkung kognitiv.

Die drei Fähigkeiten sind sensibel miteinander verbunden und treten chronologisch in Erscheinung. Von Geburt an bahnen sie sich dergestalt an, dass der Erwerb einer Tätigkeit jeweils eine Vorläuferfähigkeit für die nächstfolgende darstellt. Teilweise beginnt die Entfaltung der drei Basics schon im Mutterleib und erstreckt sich über die ersten zweieinhalb bis drei Lebensjahre.[66] Im Großen und Ganzen erlangen Kinder eine der drei Fähigkeiten jeweils in einem der drei ersten Lebensjahre, wobei die Grenzen flexibel sind. Zu Beginn des Lebens steht der Erwerb der Willkürmotorik im Zentrum des Fortschritts. Bis Kinder frei und sicher laufen können, vergeht in der Regel mindestens ein Jahr. Im zweiten Lebensjahr nimmt die Sprachentwicklung gewöhnlich an Fahrt auf. Die Kleinen beginnen zunehmend sich sprachlich zu artikulieren. Die Mehrheit der Kinder erlangt im dritten Lebensjahr erstmals bewusste Denkfähigkeit, die in der Folgezeit weiter ausgebildet wird.[67]

Aus Gründen der besseren Übersichtlichkeit werden die drei Etappen Gehen – Sprechen – Denken im Folgenden getrennt voneinander behandelt. Dadurch soll jedoch nicht der Eindruck erweckt werden, sie würden unabhängig voneinander erworben. Das Gegenteil ist der Fall. Sprechen- und Denkenlernen sind von Anfang an relevant.[68] Remo H. Largo erklärt, dass sich das Kind im ersten Lebensjahr nicht vornehmlich motorisch entfalte: In den anderen Entwicklungsbereichen wie der Sprache oder im Denken erzielt es genauso Fortschritte wie in der Motorik, »aber weniger leicht erkennbar«.[69] Renate Zimmer weist ebenfalls darauf hin, dass »Sprach- und Bewegungsentwicklung (…) keine isolierten Prozesse [sind], die sich völlig unabhängig voneinander vollziehen«. Vielmehr müssen sie »im Zusammenhang mit anderen Entwicklungsdimensionen« wie etwa der Kognition gesehen werden.[70]

Da die drei Fähigkeiten Gehen – Sprechen – Denken sich gegenseitig bedingen, kommt der Willkürmotorik eine Schlüsselrolle in der frühkindlichen Entwicklung zu. Deshalb ist es so wichtig, dass Kinder als Erstes ihre Motorik gründlich ausbilden. Bewegung ist »der Motor der Entwicklung«[71] und eine Basiskompetenz für die beiden nachfolgenden Errungenschaften Sprechen und Denken. Sie »leistet einen entscheidenden Beitrag zur geistigen Entwicklung«.[72]

Da eine harmonische Gesamtentfaltung kleiner Menschen wesentlich davon abhängt, dass sie an erster Stelle gute Körperkompetenzen ausbilden, ist es nicht belanglos, wie Kinder zu Beginn des Lebens motorische Fähigkeiten erwerben. Das ist auch der Grund, warum die Bewegungsentwicklung den größten Umfang innerhalb der nachfolgenden Schilderung der drei Etappen Gehen – Sprechen – Denken einnimmt.

# 1

# GEHEN LERNEN

# 1
# Von der Gleichgewichtslosigkeit zur stabilen Balance

Gehenlernen ist die erste Entwicklungsetappe in der frühen Kindheit. Neugeborene können noch nicht laufen. Sie sind schlichtweg nicht in der Lage, sich aus eigener Kraft fortzubewegen, da sie über keine stabile Gleichgewichtslage im Raum verfügen. Säuglinge werden völlig gleichgewichtslos geboren. Mindestens ein Jahr lang trainieren sie, bis sie in der Lage sind, ihren Körper so sicher im Raum auszutarieren, dass sie nicht ständig umfallen. Oft dauert es länger, manchmal auch kürzer, bis sie sich im aufrechten Gang selbstverständlich fortbewegen.

Im Vergleich zur Tierwelt ist der Homo sapiens ein ausgesprochener Langsamentwickler. Die späte Spezialisierung hat ihren Grund: Je mehr Zeit die finale Strukturierung der Organe und ihrer Funktionen in Anspruch nimmt, desto komplexer ist die Lernfähigkeit.[1] Weil sich das menschliche Gehirn viel langsamer entwickelt als jenes von anderen Lebewesen, können wir auch so viel lernen. Die moderne Hirnforschung fand heraus, dass unser Denkorgan zeitlebens formbar und damit lernfähig ist.[2] Im Unterschied zu anderen Spezies liegt die Betonung beim Menschen »ganz eindeutig auf dem Werden, auf Potenz und Möglichkeit«.[3]

Die langsame motorische Entwicklung von Babys hängt also unter anderem mit der Hirnreifung zusammen. Zum einen müssen sich die Gehirnareale, die für die Kontrolle und Ausführung von Bewegungen zuständig sind, weiterentwickeln. Dazu zählt das Auswachsen der Nervenbahnen zwischen dem Gehirn und den Muskeln des Bewegungsapparats. Diese Bahnen werden durch eine Isolierschicht, auch Myelin genannt, verstärkt. Die Myelinisierung sorgt dafür, dass Impulse um ein Vielfaches schneller übertragen werden. Zum anderen muss das Kleinhirn (Cerebellum) hinzugeschaltet werden. Es ist gleichermaßen für die Kontrolle und richtige Ausführung der Bewegungen zuständig. Bevor entsprechende neurobiologische Prozesse erfolgt sind, können Kinder auch nicht laufen lernen. Deshalb bewegen sie sich frühestens um den ersten Geburtstag aufrecht fort.[4]

Die Schwerkraft macht Babys ebenfalls zu schaffen, müssen sie doch den Kopf, den schwersten Körperteil, beim Gehen auf zwei Beinen ganz oben und noch dazu auf einer so geringen Standfläche wie den beiden Fußsohlen balancieren. Das Ins-Gleichgewicht-Kommen beginnt nicht etwa bei den Füßen, an die man beim Thema Laufenlernen als Erstes denkt. Im Gegenteil nimmt die Bewegungsentwicklung ihren Anfang beim Kopf, setzt sich über Arme und Hände sowie den Rumpf fort und erfasst zuletzt die Beine und Füße.[5] Gehenlernen bezeichnet den Prozess, in dessen Verlauf Kinder eine stabile Gleichgewichtslage in den drei Raumdimensionen finden.

## Selbst erworbene Bewegungsmuster: Wie Kinder laufen lernen

Selbstverständlich gibt es mehrere Möglichkeiten, den aufrechten Gang zu erwerben. Alle Kinder mit gesundem Nervensystem lernen früher oder später laufen. Die moderne Hirnforschung fand heraus, dass es beim Lernen nicht darauf ankommt, einzelne Dinge zu lernen, »sondern das Allgemeine anhand des Einzelnen. Das ist beim Sprechen so, das ist beim Laufen so und das ist auch später bei anderen Dingen so.«[6] Von besonderem Interesse ist allerdings die Art und Weise, wie kleine Menschen motorische Herrschaft über ihren Körper erlangen, spielt doch die Qualität der Bewegungen eine wichtige Rolle für die weitere Entwicklung.

## Entwicklung nach äußeren Vorgaben

Die meisten Erwachsenen gehen davon aus, dass Säuglinge in ihrer motorischen Entwicklung auf direkte Hilfestellung von außen angewiesen sind. Oft werden die Kleinen in ihren Bewegungen unterstützt und mit Nachdruck gefördert. Eltern wird auch von außen häufig empfohlen, Säuglinge von Geburt an regelmäßig auf den Bauch zu legen, damit die Nacken- und Rückenmuskulatur möglichst früh trainiert wird. Außerdem setzen viele Mamas und Papas ihre Sprösslinge hin, bevor sie es selbst gelernt haben, um ihnen das Sitzen beizubringen. Immer wieder ist auch zu beobachten, dass sie das Kind vorzeitig aufstellen und es an den Händen führen, um mit ihm stehen und laufen zu üben.[7] Je früher Babys mit elterlicher Hilfe mobil werden, desto stolzer sind die meisten Mütter und Väter.[8]

Dahinter steht natürlich kein böser Wille, im Gegenteil. Indem die Großen versuchen, die motorischen Abläufe stärker zu steuern, beeinflussen sie unbewusst den individuellen Entwicklungsverlauf. Viele Eltern hegen die Vorstellung, dass »der ›allwissende‹ Erwachsene dem ›nichts-wissenden‹ Säugling alles beibringen« müsse, sagt Emmi Pikler.[9] Dahinter verbirgt sich die Haltung, dass man mit Lebensanfängern das trainieren muss, was sie von sich aus noch nicht können: sei es die Bauchlage, sitzen oder laufen, und zwar ungeachtet der physiologischen und psychologischen Reife. Das führt oft dazu, dass man die Kleinen in Positionen stützt, die ihrer Entwicklung vorausgreifen, anstatt geduldig abzuwarten, bis sie die einzelnen Entwicklungsstufen selbstständig erreichen. Kurz: Man traut ihnen schlicht nicht zu, sich aus eigener Kraft motorische Fähigkeiten von Grund auf anzueignen.[10]

Die gut gemeinte Hilfe kann negative Folgen für die Haltungskontrolle haben. Viele Kinder bewegen sich ungelenk, stürzen häufig und noch dazu ungeschickt, was insgesamt dazu führt, dass sie schneller ermüden und sich öfter ernsthaft verletzen. Oft gilt als normal, dass sich kleine Kinder tendenziell unharmonisch, unökonomisch und unsicher bewegen. Wir kennen kaum etwas anderes. Was wir aber nur wenig kennen, ist die unverfälschte Qualität kindlicher Bewegungen, die sich etwa durch fließende Übergänge, harmonische Bewegungen, gute Koordinationsfähigkeiten sowie eine sichere Balance auszeichnet.[11]

## Die Würde des Kindes

Die Bedeutung der Eigenaktivität für die kindliche Entwicklung ist aus unterschiedlichen wissenschaftlichen Perspektiven immer wieder betont worden.[12] »Jedes Kind will sich aus sich heraus entwickeln«, sagt der Entwicklungspädiater Remo H. Largo. »Es hat einen enormen inneren Drang zu wachsen und sich Fähigkeiten, Fertigkeiten und Wissen anzueignen.«[13]

Auch der Hirnforscher Gerald Hüther plädiert dafür, Kindern von Anfang an die Möglichkeit zu geben, sich ihre eigene Persönlichkeit sowie die Welt selbst zu erschließen. Unter der Voraussetzung, dass Kinder Gelegenheit erhalten, sich selbstwirksam zu entfalten, »können sie in allen Entwicklungsfeldern optimal wachsen« und ihre Subjekthaftigkeit, also ihre »Würde«, entfalten. Die aber werde verletzt, wenn man einen anderen Menschen zum »Objekt seiner eigenen Vorstellungen und Absichten, seiner Erwartungen und Bewertungen, seiner Maßnahmen oder gar Anordnungen« mache.[14] Auch Handlungskompetenzen sollten sich Kinder durch Versuch und Irrtum selbst aneignen. Schließlich lernen Kinder weder aufzustehen ohne hinzufallen noch laufen, wenn ihnen alle Hindernisse aus dem Weg geräumt werden.[15]

Genauso wenig werden Normvorstellungen der kindlichen Entwicklung gerecht, wie Remo H. Largo im Lauf seiner mehr als dreißigjährigen wissenschaftlichen und klinischen Tätigkeit festgestellt hat. Der Schweizer Kinderarzt resümiert: »Meine wohl größte Einsicht war: Jedes Kind ist einzigartig. Es will auch so wahrgenommen werden und seine Begabungen auf seine Weise und in seinem Tempo entfalten.«[16] Kinder prägen ihre Fähigkeiten und Verhaltensweisen sowie ihre physischen und psychischen Anlagen unterschiedlich aus. Es gibt Kinder, die beispielsweise mit zehn Monaten frei und sicher laufen können, während andere doppelt so lange dafür brauchen. Manche plaudern im Alter von zwei Jahren schon munter drauflos, während andere sich noch mit drei Jahren schwer damit tun. Wieder andere bringen sich das Lesen im Vorschulalter selbst bei. Nicht wenige haben in der vierten Klasse Probleme damit.[17]

Nach Largo haben Kinder, die von der »Norm« abweichen und möglicherweise an verschiedenen Entwicklungsstörungen leiden, mit der Schwierigkeit zu kämpfen, »dass sie nicht ›sie selbst‹ sein durften«.[18] Gelingt es Begleitpersonen, die individuellen Bedürfnisse und Fähigkeiten der Kinder zu berücksichtigen, fühlen sich die Kleinen nicht nur körperlich und emotional wohler, sondern lernen auch leichter und entwickeln sich insgesamt besser.[19]

## Entwicklung von innen heraus: Die Arbeit von Emmi Pikler

Auch wenn das Kind als Akteur seiner eigenen Entwicklung in den vergangenen Jahrzehnten breite Akzeptanz in der Forschung gefunden hat, ist kaum berücksichtigt worden, dass dies auch für den Erwerb der Willkürmotorik gilt. Viele Autoren, die sich heute zu den Kompetenzen von Babys und Kleinkindern äußern, übersehen »die große Bedeutung der selbständigen Bewegungsentwicklung«, konstatiert Anna Tardos.[20] Nicht zuletzt vor dem Hintergrund der Tatsache, dass Säuglinge ohne eine stabile Balance im Raum geboren werden und sich diese im Lauf der ersten ungefähr ein bis zwei Lebensjahre selbst erarbeiten müssen, gewinnen die Erkenntnisse der ungarischen Kinderärztin Emmi Pikler zur selbstständigen Bewegungsentwicklung an außerordentlicher Relevanz. Emmi Pikler betrachtet Neugeborene nicht als hilflose Wesen, die es zu fördern gilt. Stattdessen geht sie davon aus, dass Säuglinge die Fähigkeit mitbringen, ihre Entwicklung in bestimmten Bereichen selbst zu initiieren und zu meistern, und dies, obwohl sie auf elterliche Fürsorge angewiesen sind.[21] »Die große Entdeckung Emmi Piklers ist, dass das kleine Kind neben dieser Abhängigkeit auch schon einen Kern von eigener Initiative und Kompetenz besitzt«, schildert Anna Tardos das Verdienst ihrer Mutter.[22]

Diese grundlegende Erkenntnis fand Emmi Pikler durch die selbstwirksame Entwicklung ihres ersten, 1931 geborenen Kindes bestätigt, dem das Ehepaar Pikler von Geburt an bewusst »Gelegenheit zur selbständigen Bewegung, zum individuellen Spielen und zur Selbstinitiative« einräumte, wie sie selbst berichtet.[23] Was sie dazu bewogen hat, war die Überzeugung, dass ein Kind sitzen, stehen, gehen, spielen, sprechen und denken weit besser in eigenem Tempo erlernt, »als ein Kind, das zum Erreichen bestimmter Entwicklungsstufen angeleitet und angespornt wird«, sagt Judit Falk, Kinderärztin und Mitarbeiterin Emmi Piklers.[24]

Ihre positiven Erfahrungen als Mutter gab Emmi Pikler ab 1935 während ihrer zehnjährigen Arbeit als Familienärztin in Budapest an interessierte Eltern weiter. Die gesunde Entwicklung von Babys und Kleinkindern sowie das harmonische Zusammenleben in der Familie lagen der Medizinerin besonders am Herzen. Bis ins kleinste Detail beriet sie junge Familien, denen sie regelmäßig Hausbesuche abstattete, bei der selbstständigen Bewegungsentwicklung, der Säuglingspflege sowie der Gestaltung günstiger Lebensverhältnisse.[25] In ihrem 1940 in Ungarn erschienenen Elternratgeber, der 1982 auf Deutsch unter dem Titel *Friedliche Babys – zufriedene Mütter* publiziert worden ist, fasste sie ihre Erfahrungen als Familienärztin sowie Vorträge und Artikel zusammen, die sie für Eltern gehalten beziehungsweise geschrieben hat.[26]

1946 übernahm sie die Leitung eines Säuglingsheims in Budapest, des sogenannten Lóczy, benannt nach der Lóczystraße, in der sich das Gebäude noch heute befindet.[27] Das später angegliederte Forschungsinstitut bot Emmi Pikler die lang ersehnte Möglichkeit, die selbstständige Bewegungsentwicklung unter kontrollierbaren Bedingungen kontinuierlich zu beobachten sowie wissenschaftlich zu dokumentieren. Die erstmals 1988 auf Deutsch erschienene Monografie *Laßt mir Zeit* legt Zeugnis von dieser systematischen Forschungsarbeit ab, mit der sie 1969 den akademischen Grad eines »Kandidaten der Wissenschaften« erwarb, der hierzulande einer Habilitation entspricht. Piklers Studien zur Physiologie der Bewegungsentwicklung sind die bisher umfangreichsten und am sorgfältigsten dokumentierten auf diesem Feld.[28]

Einen weiteren Schwerpunkt in Piklers Arbeit bildete der Beziehungsaufbau zwischen Groß und Klein. Auf der Grundlage ihrer Erkenntnisse zum selbstständigen Erwerb der Willkürmotorik erarbeitete sie ein eigenes Pflegekonzept für Säuglinge und Kleinkinder, das in dem 1994 erschienenen Buch *Miteinander vertraut werden* vorgestellt wird.[29] Pikler berichtet, dass die Beobachtungen im Säuglingsheim ihr ermöglichten, sowohl die Bewegungsentwicklung bei Kindern genau zu studieren als auch das Verhalten der Erwachsenen und die Gestaltung der Umgebung an die jeweiligen Bedürfnisse anzupassen.[30]

# 2
# Die zehn Stufen der selbstständigen Bewegungsentwicklung nach Emmi Pikler

Gestützt auf empirische Langzeitstudien erforschte Emmi Pikler systematisch, wie sich Babys von klein auf motorische Fähigkeiten selbstständig aneignen. Sie stellte fest, »dass der gesunde Säugling, für dessen Bewegungsmöglichkeit gesorgt wurde, selbständig aus eigener Initiative von der Rückenlage ausgehend, über Drehen, Rollen, Bauchkriechen und Krabbeln auf allen vieren zum Sitzen, Stehen und Gehen kommt und dabei außerdem lernt, sich gut und geschickt zu bewegen«.[31] Die ungarische Kinderärztin unterscheidet im Wesentlichen zehn Entwicklungsstufen von der Geburt bis zum freien Gehen, die der selbstständigen Bewegungsentwicklung gesetzmäßig zugrunde liegen.[32] Babys erreichen die verschiedenen Stufen »ohne helfendes Eingreifen«, wie Pikler betont.[33] Als Erste beschreibt sie außerdem eine Reihe von Übergangspositionen wie etwa den seitlichen Ellbogenstütz, den abgestützten Seitsitz und die Bärenstellung. Diese Zwischenstufen der statischen Hauptpositionen Liegen, Sitzen und Stehen treten vornehmlich bei Kindern in Erscheinung, die sich motorische Fertigkeiten eigenaktiv erwerben. Sie führen vor Augen, wie eng die einzelnen Stufen der selbstständigen Bewegungsentwicklung miteinander verbunden sind und dass sie fließend ineinander übergehen. Übergangspositionen geben verlässlich Auskunft über die Qualität der Bewegungsentwicklung.[34] »Das wichtigste Kriterium der guten Bewegung«, so Emmi Pikler, »ist die Ökonomie, das zweckmäßige Ausnützen der Möglichkeiten. Das richtige Stehen, Gehen ist nicht nur schöner, sicherer, harmonischer, sondern in erster Linie bedeutend weniger ermüdend und erschöpfend als die steife, ungeschickte, unrichtige Art.«[35]

Nach Pikler bewegen sich Säuglinge, die im Sinne ihrer Pädagogik aufwachsen, geschickt und harmonisch, sie sind im Großen und Ganzen zufrieden, fröhlich und aktiv. Außerdem verfügen sie über eine äußerst verlässliche Beziehung zu ihren Betreuungspersonen sowie zu ihrer Umwelt. Voller Freude erarbeiten sie sich jede neue Stufe der kontinuierlich verlaufenden Bewegungsentwicklung. Sie sind aufmerksam bei der Sache und experimentieren sehr ausdauernd. Weiche, sichere, gut koordinierte und ausbalancierte Bewegungen zeichnen sie aus.[36]

Mit ihrer Arbeit zeigt Emmi Pikler einen zuverlässigen und vielfach bewährten Weg auf, wie Kinder ihr individuelles Potenzial von innen heraus und aus eigener Kraft voll entfalten können, und zwar trotz der paradox erscheinenden Tatsache, dass sie in vielen anderen Bereichen auf äußere Hilfe angewiesen sind.[37]

## Die natürliche Ausgangsposition

Da Babys ohne eine stabile Gleichgewichtslage zur Welt kommen, können sie aus eigener Kraft nur liegen. Die natürliche Ausgangsposition der selbstständigen Bewegungsentwicklung ist folglich die Horizontale. Generell gibt es zwei waagerechte Positionen für Neugeborene: Entweder liegen sie auf dem Bauch oder auf dem Rücken. »An welche Lage sie sich gewöhnen«, so Emmi Pikler, »hängt davon ab, in welche man sie gleich nach der Geburt bringt.«[38]

### Passiv erworbene Bauchlage bei Neugeborenen meiden

Vielfach wird empfohlen, Babys von Anfang an auf den Bauch zu legen, zumindest mehrmals täglich für eine bestimmte Zeit. Zweifelsohne ist die Bauchlage eine wichtige Entwicklungsphase. Dies trifft jedoch vor allem auf die selbst erworbene Bauchlage zu. Am besten legen Mama und Papa ihre

Säuglinge so lange nicht auf den Bauch, bis sie diese Lage von alleine regelmäßig einnehmen können.[39] Nach Emmi Pikler müssen Neugeborene nicht auf den Bauch gelegt werden und in dieser Position verharren, bevor sie sich aus eigener Kraft auf den Bauch drehen können.[40] Im Fall medizinischer Indikationen sind selbstverständlich Ausnahmen angebracht.

Neugeborene, die auf den Bauch gelegt werden, ruhen mit einer Gesichtshälfte auf der Unterlage. Zwar können sie ihren Kopf von Geburt an eigenständig anheben und ihre Umgebung für kurze Zeit in Augenschein nehmen. Dabei verkrampft sich jedoch meist ihre Schulter- und Nackenmuskulatur, die zu diesem Zeitpunkt noch nicht ausreichend trainiert ist.

Außerdem ist die Bewegungsfreiheit der Arme und Hände in der verfrühten Bauchlage deutlich eingeschränkt. Auf dem Bauch liegende Neugeborene können ihre Arme nur in einer Richtung, nämlich horizontal auf der Unterlage hin- und herbewegen. Auf einer Gesichtshälfte liegend erblicken sie außerdem nur eine Hand mit einem Auge, so dass sie die Bewegungen ihrer Hände mit den Augen nicht verfolgen können.[41] Weniger variantenreich sind auch die Bewegungen der Beine und Füße in der vorzeitigen Bauchlage. Kleine Menschen ziehen ihre Beine hier entweder unter den Bauch oder strecken sie aus. Sie sind außerstande, ihre Beine ins Blickfeld zu heben, so dass sie ihre Füße weder sehen noch mit ihnen spielen können. Am Lebensanfang verfügen Säuglinge über zu geringe motorische Fertigkeiten, um die Vorteile der Bauchlage optimal ausnutzen zu können.[42]

## Vorteile der Rückenlage

Gesunde Neugeborene werden nach Pikler am besten auf den Rücken gelegt. In dieser Position verbleiben sie so lange, bis sie sich eigenständig auf die Seite und in einem weiteren Entwicklungsschritt auf den Bauch drehen.[43] Die Rückenlage ist also die optimale Startposition für den selbstständigen Erwerb motorischer Fähigkeiten, da Babys über maximale Bewegungsfreiheit des Kopfes sowie der Gliedmaßen verfügen. Allgemein wird empfohlen, Säuglinge zum Schlafen auf den Rücken zu legen, was nachweislich besser vor Plötzlichem Kindstod schützt.[44]

*Rückenlage*

Auf dem Rücken liegend drehen Neugeborene ihren Kopf von links nach rechts und lassen ihren Blick umherschweifen. Der Bewegungsradius des Schädels beträgt insgesamt 180°. Bereits die Allerkleinsten können einem Reiz in ihrer Umgebung mit den Blicken folgen, wenn auch nur für kurze Zeit. Aufmerksam betrachten sie ihre Umgebung. Auf diese Weise nehmen sie Kontakt zu ihrer Umwelt auf und gewinnen eine erste Orientierung im Raum. Die Bewegungsentwicklung beginnt mit der allmählich einsetzenden Koordination der Augenbewegungen.[45]

Die Rückenlage macht es leichter, visuelle Reize aufzunehmen und zu verarbeiten. Das wirkt sich positiv auf die Kontaktaufnahme zwischen Eltern und Babys aus. Säuglinge können ihre eigenen Hände besser entdecken und den Handbewegungen gut mit den Augen folgen. Ferner besitzen Neugeborene in Rückenlage die größte mögliche Bewegungsfreiheit der Arme und Hände sowie der Beine und Füße, da in dieser Position fast alle Gelenke frei beweglich sind. Gerade auf das uneingeschränkte Sich-Bewegen-Können der Kleinen kommt es an. Um willkürliche Bewegungsmuster zu erwerben, müssen sich Kinder von klein auf frei und eigenaktiv bewegen können. Nur so entwickeln Babys eine ausgereifte Motorik. Zudem ist das Liegen auf dem Rücken die stabilste Position. Allerdings dauert es eine Weile, bis Neugeborene in dieser Haltung ein sicheres Gleichgewichtsempfinden entwickeln.[46]

*Schlafen in Rückenlage*

Die verfrühte Bauchlage wirkt sich nach Pikler nicht vorteilhafter auf die Gesamtentwicklung der Kinder aus als die Rückenlage, sofern in beiden Fällen optimale Bewegungsbedingungen gewährleistet sind. Ihre Untersuchungen haben ergeben, dass Kinder, die von Geburt an auf den Bauch gelegt wurden, größere Schwierigkeiten mit der Gleichgewichtskontrolle hatten und später öfter hinfielen als Kinder, die ab der Geburt konsequent auf dem Rücken lagen.[47]

## Was tun bei Hüftgelenksdysplasie, nicht fixierter Asymmetrie, Schiefhals?

Bei einer leichten Hüftdysplasie ist es nach Pikler nicht notwendig, Babys von Anfang an auf den Bauch zu legen oder anders korrigierend einzugreifen, um die Beine zu spreizen. Selbstverständlich ist dennoch eine enge Begleitung von orthopädischer Seite notwendig. Anstatt auf äußere Intervention setzt Emmi Pikler auf natürliche Regulation. Maximale Bewegungsfreiheit sowie angemessene Interaktion vorausgesetzt, reifen Hüftgelenke von alleine nach. Diejenigen Kinder des Lóczy, die »mit Symptomen oder der Verdachtsdiagnose einer Dysplasie des Hüftgelenkes in unser Institut aufgenommen wurden – und die unter ständiger orthopädischer Beobachtung standen«, bildeten nachweislich eine gesunde Motorik aus, so Emmi Pikler. Sie »zeigten ohne besondere orthopädische Behandlung weder einen bleibenden klinischen noch einen radiologischen Befund«.[48]

Die freien Bewegungsmöglichkeiten beim Wälzen und Rollen vom Rücken auf den Bauch und wieder zurück tragen entscheidend zur spontanen Genesung bei. Das ist auch der Grund, warum Neugeborene im Pikler-Institut so lange auf den Rücken gelegt wurden, bis sie aus eigenem Vermögen ihre Körperhaltung verändern konnten. Auch im Fall einer asymmetrischen Körperhaltung korrigierten die Erwachsenen weder die Lage des Kindes, noch machten sie Gymnastik.[49] Viele Neugeborene nehmen in der ersten Zeit nach der Geburt eine schiefe Haltung ein. Nach Pikler ist es nicht erforderlich, Säuglinge deshalb von Anfang an auf den Bauch zu legen oder durch andere erzwungene Lagerungen allfällige Asymmetrien oder einen geringfügigen muskulären Schiefhals auszugleichen. Beides kann sich von selbst regulieren, sofern Babys über volle Bewegungsfreiheit verfügen und ihre motorischen

Fortschritte selbstwirksam steuern.[50] Natürlich sollten Eltern hierzu Rücksprache mit Kinderärzten oder orthopädischen Fachleuten suchen und sich über die richtige Behandlungsmethode austauschen.

*Ein Erfahrungsbericht*

»Meine tollste und wichtigste Erfahrung im Kurs ›Babyschritte‹ war das Nicht-Eingreifen in die Bewegungsentwicklung im Sinne Emmi Piklers. Unsere Tochter hatte eine beidseitige Hüftdysplasie, die sich nur mit Gips und Spreizhose richten ließ. Wir erhielten von Spezialisten die Anweisung, unsere Tochter täglich auf den Bauch zu drehen und die Beine in Froschstellung zu spreizen. Dabei hat Mira jedes Mal herzlich geweint. Damals konnte sie sich noch nicht alleine auf den Bauch drehen.

Als ich im Kurs zum ersten Mal von der selbstständigen Bewegungsentwicklung gehört habe, wagte ich aus eigenem Antrieb, meine Tochter nicht mehr auf den Bauch zu drehen und ihren eigenen Entwicklungsfähigkeiten zu vertrauen. Bei der nächsten orthopädischen Untersuchung lieferte uns das Ultraschallbild tolle Neuigkeiten: Miras Hüfte hat sich seitdem positiv entwickelt – zur großen Überraschung aller. Sie kann tatsächlich laufen lernen! Selbstverständlich wird sie weiterhin unter ärztlicher Beobachtung bleiben. Aber das ›Risiko‹, nicht einzugreifen, hat sich wirklich gelohnt!

Im darauffolgenden Jahr bestätigte die Röntgenaufnahme des Orthopäden die positive Entwicklung von Miras Hüften. Auch zwei Jahre später war der radiologische Befund unauffällig. Es bestehen keine Komplikationen mehr. Festgestellt wurde ›nur‹ ein Senk-Spreiz-Fuß. Darüber bin ich sehr glücklich. Denn nach der Geburt meiner Tochter hieß es, dass sie eventuell im Alter von vier Jahren operiert werden muss, falls sich ihre Hüften bis dahin nicht stabilisieren würden. Eine Operation meiner heute Vierjährigen ist aus ärztlicher Sicht nicht mehr erforderlich.«

(Clara mit Mira)

## ! Tipps zur horizontalen Lage

Gesunde Neugeborene werden nach Piklers Empfehlung am besten so konsequent wie möglich auf den Rücken gelegt. Generell sollten sie flach auf einer eher harten Unterlage liegen. Sie benötigen weder Kissen noch Ähnliches als Lagerungshilfe. Von einem festen Untergrund fühlen sie sich sicherer unterstützt. Dies gilt für alle Orte, an denen sich Babys regelmäßig und für längere Zeit aufhalten, etwa im Bett, auf dem Wickeltisch, im Spielgitter, auf dem Boden sowie im Kinderwagen. Eine ebene und unnachgiebige Unterlage bietet den Kleinen einen stabileren Halt in ihrem gleichgewichtslosen Zustand nach der Geburt. Auf diese Weise finden sie leichter ihre Balance. Außerdem können sie sich auf einer festen Unterlage besser bewegen, mit den Füßen am Boden abstützen und das Becken von der Unterlage abheben, was eine wichtige Voraussetzung für die weitere Entwicklung ist.

Je weicher Lebensanfänger gebettet werden, desto tiefer sinken sie in die Unterlage ein, wie zum Beispiel auf dem nachgiebigen Elternbett oder Sofa. Ihre Bewegungsmöglichkeiten werden dadurch reduziert.[51] Schließlich »tanzen [wir] auch lieber auf Parkett als auf Matratzen«, äußerte Emmi Pikler einmal in diesem Zusammenhang.[52]

Eltern sollten auf dem Rücken liegende junge Säuglinge nicht an den Händen hochziehen, um etwa ihre Kopfhaltekontrolle zu trainieren. Dieses Verfahren sollte ausschließlich dem Kinderarzt zu diagnostischen Zwecken vorbehalten bleiben.[53] Heranwachsende lernen ganz von alleine, ihren Kopf sicher zu balancieren, sobald sie beginnen, sich aus eigener Kraft regelmäßig auf den Bauch zu drehen.[54]

### *Ein Erfahrungsbericht*

»Von Geburt an haben wir Anouk nur auf den Rücken gelegt. Sie hatte eine vergleichsweise geringe Körperspannung. Als sie sich mit etwa 24 Wochen erstmals willkürlich auf den Bauch gedreht und ihr Ärmchen unter dem Bauch herausgezogen hat, lag ihr Köpfchen schlaff auf dem Boden. Kaum einen Zentimeter konnte unsere

Tochter ihren Kopf heben. Ich war besorgt. Ich ging davon aus, dass es wochenlang dauern würde, bis ihre Nackenmuskulatur kräftig genug sei, um den Kopf zu halten. Entgegen all meiner Erwartungen streckte Anouk bereits zwei Tage später ihren Kopf richtig schön in die Höhe. Ich war erleichtert!«
(Marie mit Anouk)

## ! *Tipps zum Tragen in der Waagerechten*

Auch in Alltagssituationen empfiehlt es sich, Säuglinge so wenig wie möglich aus der waagerechten Haltung herauszunehmen, indem sie etwa senkrecht aufgenommen und getragen werden. Durch plötzliche Positionswechsel von der Horizontale in die Vertikale und umgekehrt wird das ohnehin labile Gleichgewicht der Neugeborenen jedes Mal irritiert. Beim Hochnehmen, Tragen und Ablegen können sich Mama und Papa dem motorischen Entwicklungsstand ihrer Sprösslinge anpassen. Solange die Kleinen aus eigener Kraft keine andere Körperhaltung einnehmen können als die Horizontale, ist es kindgerechter, sie liegend aufzunehmen und auch zu tragen. Das sollte Eltern jedoch nicht davon abhalten, ihre Kleinen – in welcher Position auch immer – innig zu herzen.

Wichtig ist, den Körper, allen voran den Kopf und das Becken, beim Aufnehmen und Tragen stets gut zu unterstützen. Um auf dem Rücken liegende Säuglinge hochzunehmen, eignet sich folgender Handgriff: Rechtshändige Eltern umgreifen das rechte Schultergelenk des Babys und heben dann den kindlichen Oberkörper nur so viel an, dass sie ihre linke flache Hand unter den Nacken der Kleinen schieben können. Daraufhin geben sie das Körpergewicht an ihre linke Hand ab. Diese dreht nun den Oberkörper des Babys ein wenig nach links. Auf diese Weise können die Großen ihre frei gewordene rechte Hand flach unter das kindliche Becken auf der linken Körperseite schieben und die Kleinen langsam von der Unterlage abheben. Anschließend betten sie das Baby auf ihren linken Unterarm, wobei der Kopf hoch genug auf der Armbeuge ruht. Der Rücken wird vollständig vom linken Unterarm unterstützt. Der Arm des Säuglings, der zum Körper der Erwachsenen weist, sollte nicht eingeklemmt sein, sondern frei beweglich nach oben zeigen. Auch der andere Arm wird nach oben genommen, damit er nicht schlaff herunterhängt. Babys sollen sich beim Tragen stets gut gehalten und sicher fühlen und ihr Gewicht ganz den haltenden Armen und Händen von Mama und Papa überlassen können. Emmi Pikler sagt: »Wenn Sie es [das Kind] tragen, müssen Sie es gut unterstützen und darauf achten, dass es keinen Moment das Gleichgewicht verliert.«[55]

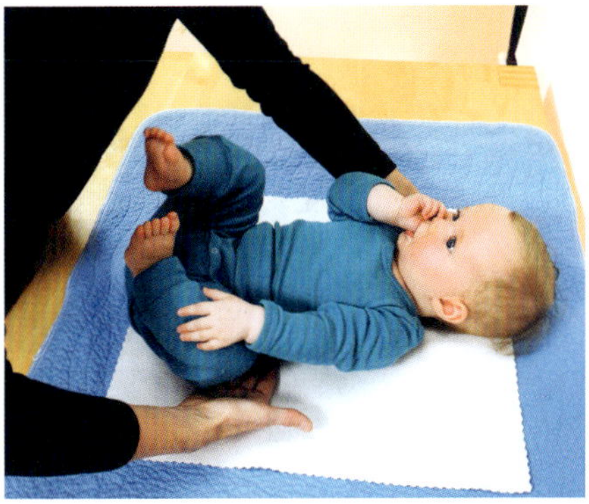

*Aufnehmen in der Horizontale*

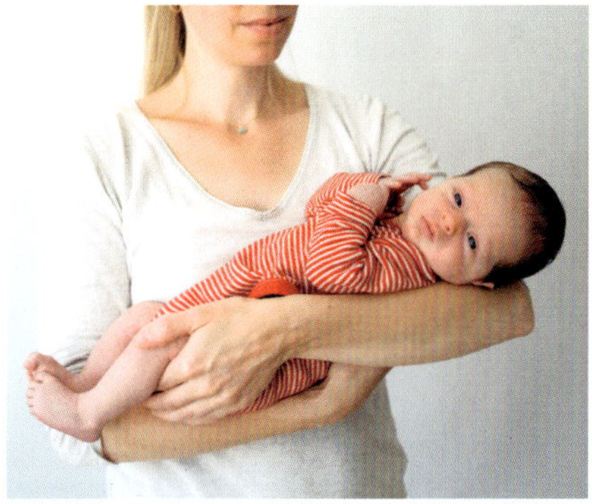

*Tragen in der Horizontale*

Auch zum Aufstoßen müssen Säuglinge nicht zwingend in eine senkrechte Position gebracht werden, indem sie etwa mit dem Kopf auf die Schulter von Mama und Papa gebettet werden. Es kann schon ausreichen, den Oberkörper der Babys in Rückenlage hoch genug zu lagern, damit die Luft entweichen kann. Beispielsweise werden die Kleinen mit dem Rücken auf beide Unterarme der Eltern gelegt und so weit angehoben, dass das Körpergewicht noch vollständig auf den Armen ruht.[56] Selbstverständlich gibt es verschiedene Möglichkeiten, wie kleine Menschen am besten aufstoßen können, ohne unbedingt in die Senkrechte gebracht zu werden. Die effektivste Art, ein Bäuerchen zu machen, finden Mama und Papa in Zusammenarbeit mit ihrem Nachwuchs am besten selbst heraus.

*Ein Erfahrungsbericht*

»Unser zweites Kind ist jetzt drei Monate alt. Erstaunlicherweise fühlt sich das Handling in der Waagerechten diesmal seit der Geburt ganz natürlich an. Wenn wir unseren Sohn tragen, unterstützen wir stets seinen Kopf und sein Becken behutsam, führen die Bewegungen ganz sanft und langsam aus und achten darauf, dass er sich dabei möglichst gut orientieren kann. Daraus ergibt sich für ihn und uns automatisch eine waagerechte Haltung, bei der wir immer Blickkontakt mit ihm halten können. So erhalten wir eine feine, schnelle Rückmeldung zu seinem Befinden und können in gutem Kontakt miteinander umgehen. Einige Male habe ich Inti mit dem Bauch auf meinen Bauch gelegt. Dann hat er mühsam versucht, seinen Kopf zu heben, um mich anzuschauen. Dadurch hat er sich von alleine zurück in meine Armbeuge und somit in die Rückenlage gedreht. Erst in dieser stabilen Position, in der ihm auch Blickkontakt möglich war, fühlte er sich wieder wohl.«
(Irene mit Inti)

**Das Wichtigste für Eltern auf einen Blick**

- *Legen Sie Ihr Baby von Geburt an so konsequent wie möglich auf den Rücken.*
- *Sorgen Sie dafür, dass Ihr Baby stets flach auf einer festen Unterlage ruht.*
- *Verzichten Sie auf Kissen oder andere Lagerungshilfen für Ihr Baby.*
- *Führen Sie sämtliche Aktionen mit Ihrem Baby möglichst in der Horizontale aus.*

## Die Auge-Hand-Koordination

Zu den frühesten motorischen Fertigkeiten, die Babys in den ersten Monaten nach der Geburt willkürlich erwerben, zählt das Fixieren und Verfolgen der Handbewegungen mit den Augen: die Auge-Hand-Koordination. Während Säuglinge auf dem Rücken liegen, taucht plötzlich ihre kleine Faust wie zufällig in ihrem Gesichtsfeld auf. Anfangs handelt es sich um unkontrollierte Bewegungen. Zunächst wissen Babys noch nicht, dass es ihre eigene Hand ist. Mit der Zeit finden sie heraus, dass die Faust Teil ihres Körpers ist. Nun suchen sie die kleine Hand gezielt mit den Augen, fixieren sie, beobachten, wie sie sich öffnet, schließt und dreht. Schließlich können sie den Bewegungen ihrer Hand mit den Augen folgen. Das abwechselnde Betrachten mal der einen und der anderen Hand führt dazu, dass Babys mit der Zeit beide Hände zusammenführen können. Eine Hand untersucht nun die andere. Manchmal werden beide Fäustchen gleichzeitig in den Mund gesteckt.

*Auge-Hand-Koordination*

Mit der Auge-Hand-Koordination ist die feinmotorische Fähigkeit gemeint, unter steter Kontrolle der Sehorgane die Arm-, Hand- und Fingerbewegungen gezielt auszuführen. Die Auge-Hand-Koordination ist Voraussetzung für das zielgerichtete Greifen sowie jede willkürliche Handlung überhaupt. Noch dazu ist sie eine wichtige Orientierungshilfe im Raum.[57] Wie grundlegend visuelle und motorische Fähigkeiten für das Leben sind, zeigt sich auf neurobiologischer Ebene allein daran, dass rund ein Drittel der menschlichen Hirnrinde für das Sehen zuständig ist. Ein weiteres Drittel dient der Planung und Ausführung von Bewegungen. Das letzte Drittel übernimmt den ganzen Rest.[58]

Aufgrund ihrer zentralen Rolle wird die Auge-Hand-Koordination bei Schuleingangsuntersuchungen im Bereich der Visuomotorik überprüft.

Beispielsweise sollen künftige Erstklässler die verschlungenen Gänge eines Maulwurfs von der Erdoberfläche bis zu seinem Nest im Erdinneren mit dem Finger nachfahren oder einfache Strichzeichnungen nach Vorlage vervollständigen sowie exakt nachzeichnen. Was bei einer gut ausgebildeten Auge-Hand-Koordination im wahrsten Sinne des Wortes ein Kinderspiel ist, gestaltet sich für immer mehr Vorschulkinder schwierig. Durchschnittlich sind rund dreißig Prozent der Probanden eines Jahrgangs nicht in der Lage, entsprechende Übungen korrekt auszuführen, wie die Analyse der Einschulungsuntersuchungen in Berlin 2017 belegt.[59]

## ! Tipps zur Ausbildung der Auge-Hand-Koordination

Damit Babys lernen, ihre Handbewegungen mit den Augen zu kontrollieren, brauchen sie volle Bewegungsfreiheit. Dies ist am besten in Rückenlage auf einer flachen und unnachgiebigen Unterlage gewährleistet. Wichtig ist außerdem, dass das Gesichtsfeld stets frei bleibt. Einer Studie von Anna Tardos zufolge beschäftigen sich Säuglinge im Alter von etwa vier Monaten durchschnittlich fünf von 25 Minuten mit dem Betrachten ihrer Hände. Das Interesse an den eigenen Händen wird mit der Zeit immer geringer, bis es im siebten Monat ganz abnimmt.[60]

Mobiles, Kinderwagenketten, Spielbögen, Spieltrapeze, Activity Center und dergleichen mehr, kurz alles, was sich dem Blickfeld der Kleinen geradezu aufdrängt, sind nicht besonders günstig für den Erwerb der Auge-Hand-Koordination. Stehen diese Gegenstände pausenlos und an allen Aufenthaltsorten des Babys zur Verfügung, dann können die Kleinen gar nicht anders, als sie intensiv anzuschauen und je nach Situation damit zu spielen. Das Aufgehängte ist oft überdimensional groß im Verhältnis zu den kleinen Menschen. Es versetzt Lebensanfänger in einen erhöhten Erregungszustand, dem sie sich kaum entziehen können. Infolge der Reizüberflutung sind Babys häufig gestresst.

Zwar erfüllen Mobiles & Co. zuverlässig ihren Job, indem sie Babys in ihren Bann ziehen. Sie animieren Säuglinge jedoch dazu, ihre Wahrnehmung nach außen zu richten. Statt ihren eigenen Körper zu erkunden, allem voran ihre Hände, diese mit den Augen zu fixieren, in den Mund zu nehmen und ihre vielfältigen Bewegungsmöglichkeiten zu untersuchen, wenden sich Säuglinge fremden Objekten zu. In den ersten Lebensmonaten und darüber hinaus kommt es aber darauf an, dass Babys zuerst ihren eigenen Körper kennen und in Gebrauch zu nehmen lernen.

Für die notwendige Selbstwahrnehmung kommt unter Umständen erschwerend hinzu, dass Babys das hängende Spielzeug kaum oder gar nicht mit den Händen berühren, geschweige denn frei damit hantieren können, da es festgebunden ist. Infolgedessen haben sie keine Chance, die Wirkungen ihrer eigenen Bewegungen hinreichend zu beobachten. Sie sammeln dabei keine echten Erfahrungen. Das kann durchaus zu Frustrationen bei den Kleinen führen, wenn sie trotz großer Anstrengungen das Mobile mit ihren kleinen Händen nicht erreichen oder uneingeschränkt damit spielen können. In diesem Fall machen Babys die Erfahrung, dass ihre ernst zu nehmenden Bemühungen jedes Mal ins Leere laufen.[61]

Durch unterhaltendes Spielzeug erleben Babys außerdem, dass sie nicht selbst bestimmen können, was für sie wichtig ist, worauf sie ihre Aufmerksamkeit richten wollen. Von klein auf werden Säuglinge an äußere Reize, Signale und Anregungen gewöhnt, anstatt aus eigenem Antrieb aktiv zu sein. Das kann sich nicht nur ungünstig auf die frühkindliche Entwicklung auswirken, sondern auch sehr anstrengend für Mama und Papa werden.

Auch wenn es zunächst überraschend klingen mag, wäre ein Weg für Eltern, auf Mobiles und ähnliche Spielzeuge möglichst zu verzichten oder sie zumindest zu reduzieren, lieber auf frei bewegliche Gegenstände zurückzugreifen, die dem Entwicklungsstand der Babys entsprechen und ihnen ausreichend Gelegenheit zu bieten, sich mit sich selbst zu beschäftigen. Nicht an jedem Ort sollte automatisch ein fixiertes Spielzeug zur Verfügung stehen. Eltern sollten ihre Kinder und deren Reiztoleranzen im Umgang mit Spielsachen gut beobachten und dann ihren Weg für sich und ihr Baby finden. Sollten Erwachsene dennoch Gefallen an einem Mobile finden, können sie es zum Beispiel dezentral aufhängen, also an einem Ort, an dem sich Babys gewöhnlich nicht aufhalten. In diesem Fall hat das Mobile keinen Unterhaltungswert für die Kleinen, sondern dient allein als Dekorationsobjekt.

*Ein Erfahrungsbericht*

»Meine Tochter habe ich immer gerne unter den Spielbogen gelegt. Sie strahlte die hängenden Figuren vergnügt an, bewegte sich aber ansonsten recht wenig. Als ich den Spielbogen einmal versuchsweise wegstellte, fing sie auf einmal an, ihr eigenes Fäustchen interessiert zu beäugen und vor ihrem Gesicht hin und her zu drehen. Dabei strampelte sie auch viel mehr als zuvor. Mittlerweile spielt sie gerne mit ihren eigenen Händchen und greift auch schon recht geschickt nach dem nebenliegenden Spucktuch.«
(Laura)

**Das Wichtigste für Eltern auf einen Blick**

- *Achten Sie darauf, dass das Blickfeld Ihres Babys möglichst störungsfrei ist.*
- *Verzichten Sie am besten auf Mobiles, Spielbögen & Co. an den gängigen Aufenthaltsorten Ihres Babys.*

## Das Greifen

Schon Neugeborene sind in der Lage, einen Gegenstand fest zu umklammern, etwa einen Finger von Mama und Papa. Dabei handelt es sich noch nicht um eine willentlich gesteuerte Bewegung, sondern um einen unwillkürlich ausgelösten Reflex, den Handgreif- oder Palmar-Reflex. Obgleich Kinderärzte Säuglinge aus diagnostischen Gründen an den Händen mithilfe des Handgreifreflexes hochziehen, sollten Eltern davon absehen.

Säuglinge verbringen viel Zeit damit, ihre Hände in allen möglichen Varianten zu studieren und in den Mund zu nehmen, wobei sie unter Umständen das Saugen an den Fingern entdecken.[62] Eines Tages finden die Kleinen heraus, dass sie ihre Hände auch zum Greifen gebrauchen können. Im Zuge der fortschreitenden Entwicklung ändert sich die Art des Greifens vom *Grapschgriff*, dem Zupacken mit der ganzen flachen Hand, über den *Lanzettengriff* mit gestreckten Fingern bis zum *Pinzettengriff* mit Daumen- und Fingerspitzen. Loslassen will extra gelernt sein. Es kann durchaus einige Zeit in Anspruch nehmen, bis Säuglinge gelernt haben, einen Gegenstand willentlich wieder fallen zu lassen.

Später entdecken Säuglinge auch ihre Füße zum Spielen. In Rückenlage strecken Babys ihre Beine nach oben, so dass ihre Füße ins Blickfeld geraten. Zuerst betasten sie ihre Beine, bevor sie ihre Füße mit den Händen berühren und an den Zehen lutschen. Auch Spielzeug heben sie mithilfe der Füße von der Unterlage auf und bespielen es auf dem Rücken liegend mit allen vier Gliedmaßen.[63]

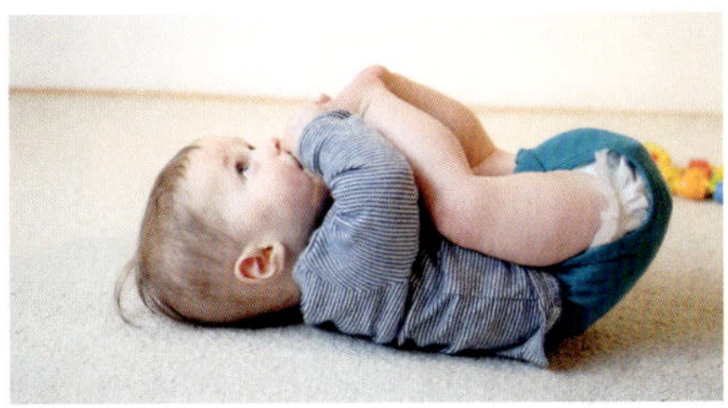

*Mit den Füßen spielen*

Sofern Säuglinge nicht durch Mobiles, Spielbögen oder anderes unterhaltendes Spielzeug abgelenkt werden, beschäftigen sie sich lange Zeit nur mit ihren eigenen Fäusten und Fingern beziehungsweise Füßen und Zehen. Auf diese Weise bilden sie ganz von alleine eine gründliche Auge-Hand-Koordination aus.

## ! Tipps zum Greifen

Sobald Babys beginnen, gezielt zu greifen, ist es an der Zeit, ihnen Spielmaterial zur Verfügung zu stellen. Anfangs erwischen Säuglinge das Spielzeug eher zufällig mit den Händen. Später greifen sie immer geschickter danach.

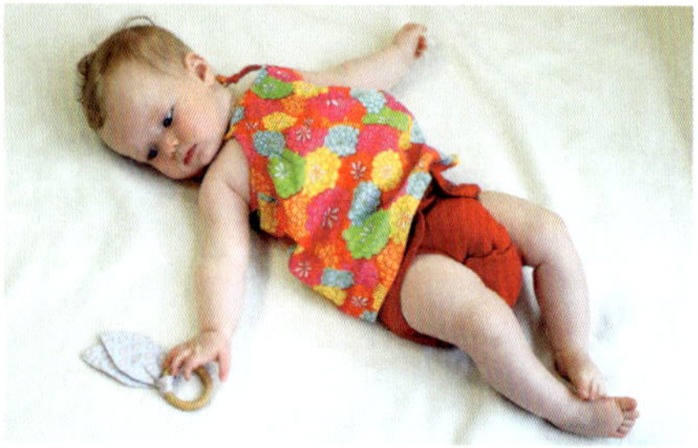

*Spielmaterial in Reichweite legen*

Erwachsene bieten die Spielsachen zwar an, aber die anschließende Initiative zum Spielen sollte nach Pikler stets von den Kindern selbst ausgehen. Auch wenn es ungewohnt klingen mag, können Eltern diese Anregung aufgreifen, indem sie den Kleinen das Spielzeug nicht unmittelbar in die Hand drücken, sondern es besser in Reichweite der Babys auf die Unterlage legen. Sie müssen den Gegenstand auch nicht vor den Augen der Kleinen hin und her schwenken oder ihn festbinden. Der beste Weg ist es, den Kindern das Spielzeug frei zur Verfügung zu stellen. Sollte es außer Reichweite gelangen, schieben Mama und Papa das Spielmaterial von Zeit zu Zeit in erreichbare Nähe zurück, solange ihre Kinder nicht in der Lage sind, es sich selbst zurückzuholen. Eltern warten geduldig, bis ihr Säugling von sich aus damit hantiert. Babys spielen nur so lange mit einem Gegenstand, wie es ihnen behagt. Ermüden sie, legen sie eine Pause ein. Brauchen sie eine Abwechslung, greifen sie nach einem anderen Objekt. Auf diese Weise regulieren sie sich selbst.[64]

### Das Wichtigste für Eltern auf einen Blick

- *Stellen Sie Ihrem Baby erst Spielzeug zur Verfügung, wenn es gezielt zu greifen beginnt.*
- *Legen Sie das Spielmaterial in Reichweite Ihres Babys auf die Unterlage.*
- *Vermeiden Sie es, das Spielzeug im Blickfeld Ihres Babys hin und her zu wedeln oder es ihm in die Hand zu drücken.*
- *Überlassen Sie es Ihrem Baby, selbst die Initiative zum Spielen zu ergreifen, nachdem Sie ihm Spielsachen angeboten haben.*

## Erste Stufe: Das Baby dreht sich vom Rücken auf die Seite

Aus der Rückenlage heraus ist die Seitenlage die erste Stufe der selbstständigen Bewegungsentwicklung. Indem Babys beispielsweise eine Schulter von der Unterlage abheben und das Becken zur Seite wenden, gelangt ihr ganzer Rumpf in Seitenlage. Zuerst drehen sie sich nur ein wenig zur Seite, dann immer weiter, bis sie schließlich vollständig auf einer Körperhälfte ruhen, so dass ein rechter Winkel zur Unterlage entsteht. Zunächst rollen sich die Kleinen eher zufällig auf die Seite, wobei ihr Kopf noch vollständig von der Unterlage unterstützt wird. Der obere Arm sowie das obere Bein sind frei beweglich. Das ermöglicht es den Kleinen, auch in der Seitenlage mit beiden Händen zu spielen. Auf der Seite liegend eröffnen sich ihnen neue Wahrnehmungsmöglichkeiten. Sie haben eine bessere Sicht auf ihre Hände und Füße sowie auf weiter entfernt liegendes Spielzeug.

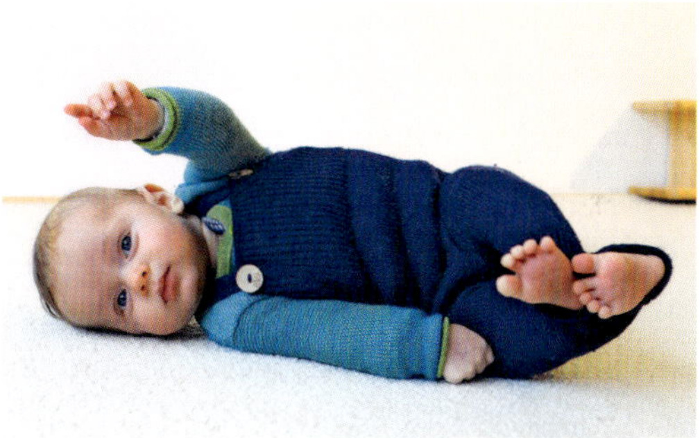

*Seitenlage*

Anfangs fällt es Babys schwer, ihr Gleichgewicht in der Seitenlage sicher zu halten. Um nicht sofort wieder auf den Rücken zurückzufallen, stützen sie sich häufig mit dem Fuß des oberen Beins oder dem oberen Arm auf der Unterlage ab. Aus der selbst erworbenen Seitenlage gelangen sie eigenständig wieder in die vertraute Ausgangsposition zurück, indem sie sich auf den Rücken zurückdrehen oder einfach zurückfallen lassen. Auf diese Weise ruhen sie sich von den Strapazen der neuen Bewegungsabläufe aus.

Indem sie sich auf eine Körperhälfte und wieder zurück auf den Rücken drehen, wechseln sie erstmals ihren Platz. Dabei handelt es sich jedoch um eine unwillkürliche Lageveränderung. Säuglinge bleiben also nicht mehr unbedingt auf jener Stelle liegen, an der sie abgelegt worden sind. Vielleicht liegen sie auf einmal quer im Bett.[65]

## ! Tipps zur Seitenlage

Als Faustregel gilt: Säuglinge brauchen stets etwas mehr Platz, als sie imstande sind, aktuell auszunutzen. Die räumlichen Grenzen sollten jedoch nicht zu plötzlich erweitert werden, sondern Schritt für Schritt in Übereinstimmung mit den zunehmenden motorischen Fertigkeiten. Während zu wenig Platz die Bewegungsfreiheit einschränkt, kann zu viel Platz erst einmal überwältigend und verunsichernd auf Babys wirken. Sie vergeuden dann kostbare Entwicklungszeit in dem Bemühen, sich im Raum zu orientieren, anstatt neue Bewegungsmuster zu erproben.

Wiege, Bett oder Stubenwagen sind in den Wachphasen zu eng, sobald sich Säuglinge auf die Seite zu drehen beginnen. Am besten stellen Eltern ihnen einen geschützten Platz am Boden zur Verfügung. Eine zusammengerollte Decke oder ein Stillkissen, halbkreisförmig um junge Säuglinge gelegt, vermittelt ihnen ein Gefühl der Geborgenheit, gibt ihnen Orientierung im Raum und schützt sie außerdem vor Zugluft. Nach Emmi Pikler eignet sich anfangs auch ein Spielgitter von mindestens 1,20 × 1,20 m Seitenlänge. Später, wenn die Kleinen zu rollen oder zu kriechen beginnen, sind sie dem klassischen Spielgitter entwachsen. Nun brauchen sie einen größeren Bewegungsradius von mindestens 2 × 2 m.

Kommt ein geräumiges Spielgitter von Anfang an zum Einsatz, wirkt es auch nicht einschränkend auf Säuglinge. Im Gegenteil wird es zu einem beliebten Aufenthaltsort, an dem sie sich bald auskennen und gefahrlos darin bewegen können. Hinderlich für die kindliche Entwicklung ist ein Spielgitter nur dann, wenn es zu klein ist oder über ein gewisses Alter hinaus eingesetzt wird. Machen Eltern erst spät Gebrauch davon oder bloß dann, wenn sich ihre Schützlinge einem verbotenen Gegenstand nähern, werden die Kleinen es auch als einengend empfinden und nicht als einen vertrauten Bereich, in dem sie sich zu Hause fühlen.[66]

Je nach räumlicher Gegebenheit und Situation können Eltern ihren Kleinen einen geräumigeren, sicheren Bereich in Sichtweite zur Verfügung stellen, indem sie beispielsweise einen ausreichend großen Platz im Wohnzimmer mit einem Raumteilgitter abtrennen oder ein Zimmer kindersicher machen. Dieser abgegrenzte Spielbereich bietet den Kleinen der Ärztin zufolge nicht nur genügend Bewegungsfreiheit, sondern auch einen sicheren Ort, an dem sie sich wohl und geborgen fühlen. Sind ältere Geschwister im Haus, schützt er die Jüngeren vor zu wilden Tobereien größerer Kinder. Genauso bewahrt er die Älteren davor, dass sich Babys störend in ihr Spiel einmischen. Für Mama und Papa bringt ein sicher abgegrenzter Bereich den Vorteil mit sich, dass sie freie Momente für ihre Hausarbeiten haben, auch wenn ihre Schützlinge wach sind. Denn Eltern können ihrem mobilen Baby, das sich auf Entdeckungsreise begibt, nicht ständig hinterher sein, um es selbst oder die Wohnungseinrichtung vor Gefahren zu schützen. Haben die Kleinen dagegen einen genügend großen, abgetrennten Bereich in Sichtweite der Bezugspersonen, der ihnen ausreichend Platz für unterschiedliche Bewegungsformen bietet, können sie in Zeiten, in denen sich gerade kein Erwachsener mit ihnen beschäftigt, sicher und ungestört spielen.[67]

## Die bevorzugte Körperseite

Der Rumpf Neugeborener ist von Natur aus seitlich etwas gekrümmt, was eine leicht asymmetrische Körperhaltung bedingt. Vielfach wird empfohlen, Säuglinge in der ersten Zeit nach der Geburt abwechselnd auf die eine und die andere Körperseite zu legen oder aber so zu lagern, dass sie gezwungen sind, sich auf die vernachlässigte Seite zu wenden. Im Fall einer asymmetrischen Körperhaltung der Kleinen ist jedoch Zurückhaltung von den Großen geboten. Nicht fixierte Asymmetrien wachsen sich im Lauf der selbstständigen Bewegungsentwicklung gewöhnlich von alleine aus, vorausgesetzt Babys werden in ihren freien Bewegungen nicht behindert oder manipuliert. Zunächst drehen sich Babys stets auf dieselbe Körperseite. Das ist auch gut so.[68]

In der Regel agieren Menschen bevorzugt mit einer Seite. Bei den meisten dominiert die rechte Körperhälfte, bei manchen die linke. Es ist also ganz normal, dass eine Seite stärker beansprucht wird. Rechtshänder zum Beispiel neigen dazu, ihre rechte Körperhälfte generell mehr zu gebrauchen als die linke. Sie atmen, hören und sehen mit der rechten Seite geringfügig besser als mit der linken. Wollen Eltern ihre Kinder dazu animieren, beide Körperseiten gleichermaßen zu gebrauchen, gerät das kindliche Gehirn durcheinander. Wird eine Körperseite nicht eindeutig bevorzugt, kommt es häufig zu Entwicklungsauffälligkeiten.[69] Zum Beispiel ist es möglich, dass sich dann keine Präferenz für eine bestimmte Hand oder ein bestimmtes Ohr herausbildet. Dann führen Kinder ihre Bewegungen immer etwas zögerlich aus. Ohne eindeutige Lateralität können sie sich nicht dazu entschließen, mit welcher Hand sie etwa einen Gegenstand aufheben sollen. Ihnen fehlt das automatisierte Auswählen. Sie müssen bei jeder Tätigkeit aufs Neue überlegen, welche Hand sie dafür benutzen. Dies verursacht zusätzlichen Stress, der bei einer eindeutig entwickelten Seitigkeit gar nicht erst entsteht.

Sofern keine schwerwiegenden Beeinträchtigungen vorliegen, besteht kein Grund zur Sorge, wenn sich kleine Menschen anfangs nur auf eine Körperseite drehen. Schließlich ist es natürlich und für die Gesamtentwicklung sogar notwendig, dass Babys eine Seite bevorzugen. Im Lauf der selbstständigen Bewegungsentwicklung erobern sie ganz von alleine die andere Körperhälfte. Dennoch gebührt einer Körperseite immer der Vorrang, zumindest sollte es im Rahmen einer gesunden Entwicklung so sein. Ein vorschnelles Eingreifen der Erwachsenen würde die Ausbildung des Körperschemas nur empfindlich stören.[70]

### Das Wichtigste für Eltern auf einen Blick

- *Stellen Sie Ihrem Baby stets etwas mehr Platz zur Verfügung, als es motorisch ausnutzen kann.*
- *Erweitern Sie die räumliche Begrenzung Ihres Babys langsam in Übereinstimmung mit seinen wachsenden Fähigkeiten.*
- *Überlegen Sie, ob ein Spielgitter von mindestens 1,20 × 1,20 m Seitenlänge für das Baby ab dem dritten oder vierten Monat eine sinnvolle Möglichkeit wäre, bis es zu kriechen beginnt. Danach braucht es mehr Platz.*
- *Nötigen Sie Ihr Baby nicht dazu, sich auf die vernachlässigte Körperseite zu drehen.*

## Zweite Stufe: Das Baby dreht sich auf den Bauch

Bevor sich Babys auf den Bauch drehen, müssen sie ihren Kopf in der Seitenlage anheben können. Häufig kommt es vor, dass der Arm, über den sich Säuglinge auf die Seite und weiter auf den Bauch rollen, unter dem Rumpf eingeklemmt wird. Anfangs liegen Babys recht flach auf der Unterlage. Meist dauert es eine Weile, bis sie sich in der Bauchlage so richtig wohlfühlen. Von der neuen Herausforderung erholen sie sich, indem sie etwa ihren Kopf auf dem Boden ablegen. Erst in der selber erworbenen Bauchlage lernen Säuglinge, ihren Kopf über längere Zeit aus eigener Kraft zu halten.

Da es durchschnittlich sechs Monate dauert, bis sich Babys spontan vom Rücken über die Seite auf den Bauch drehen, ist es ganz normal, dass sie ihren Kopf vergleichsweise spät kontrollieren können. Das ist jedoch kein Nachteil für Lebensanfänger. Im Gegenteil: In der eigenständig erworbenen Bauchlage ist der Nacken entspannt und die Kopfbewegungen sind ausgewogen. Tatsächlich begünstigt die selbst initiierte Bewegungsentwicklung eine frei bewegliche Schulter- und Nackenmuskulatur. Emmi Piklers Beobachtungen haben ergeben, dass Kinder sich im Ganzen später harmonischer bewegen, wenn sie als Säuglinge den Kopf »nicht vorzeitig selbst und dadurch krampfhaft« halten mussten.[71]

*oben: Ein Arm ist eingeklemmt.*

In der Regel bevorzugen Babys die Bauchlage schon bald sowohl zum Spielen als auch zum Schlafen. Mit der Zeit werden sie auf dem Bauch immer beweglicher und geschickter. Nach und nach richten sie ihren Oberkörper höher auf, wobei sie sich auf die ausgestreckten Arme stützen. Das ermöglicht ihnen, auch mit größeren Gegenständen zu hantieren. Schließlich können sie Arme und Hände sowie Beine und Füße so weit von der Unterlage abheben, dass sie nur noch auf einer kleinen Körperfläche aufliegen. Es sieht dann so aus, als ob sie »fliegen«, da alle Extremitäten in der Luft sind.

*Bauchlage mit abgehobenem Oberkörper*

*Spielen in Bauchlage*

*»Fliegen« in Bauchlage*

*Entwickeltere Bewegung in Bauchlage*

In der autonom erworbenen Bauchlage strecken und recken sich Babys in allen möglichen Variationen, um etwa an weiter entfernt liegende Gegenstände zu gelangen. Diese Phase der motorischen Ertüchtigung ist eine der wichtigsten. Dehnt das Baby seinen Rumpf sowohl in der Rücken- als auch in der Bauchlage ausgiebig, gleicht das etwaige angeborene nicht fixierte Asymmetrien aus. Wiederholtes Drehen vom Rücken auf den Bauch und wieder zurück sowie Wälzen und Rollen trainieren die Rumpfmuskulatur optimal.[72]

*Nach Spielzeug strecken*

## ! Tipps zur Bauchlage

Schon Säuglinge sollten möglichst viele Gelegenheiten erhalten, ein Problem selbst zu lösen, wie etwa den eingeklemmten Arm in der Bauchlage unter dem Rumpf aus eigener Kraft hervorzuziehen. Am besten warten Eltern ab, wie die Kleinen auf die missliche Lage reagieren. Je nach Temperament gehen Babys sehr unterschiedlich mit dieser neuen Herausforderung um. Es gibt Kinder, die sich sogleich energisch darum bemühen, den fixierten Arm zu befreien. Andere beginnen vor Schreck oder Unmut zu weinen. Wieder andere ruhen sich erst einmal aus oder schlafen gar vor Erschöpfung ein. Es gibt sogar Kinder, die sich sogleich wieder zurück auf den Rücken drehen. Erst wenn Babys deutlich signalisieren, dass sie mit der Situation überfordert sind, legen die Großen sie sanft in die vertraute Ausgangsposition zurück. Anfangs können sich Babys meist noch nicht selbst vom Bauch zurück auf den Rücken drehen.

Selbstverständlich brauchen Kinder unsere Hilfe, wenn sie sich bedrängt fühlen. Bekämen sie keine Unterstützung von den Erwachsenen, würde ihre Motivation stark nachlassen. Damit ist jedoch nicht gemeint, dass Eltern ihren Nachwuchs sofort zurück auf den Rücken drehen müssen, ohne ihm die Chance zu geben, selbst auf die Lösung des Problems zu kommen. Mama und Papa ermutigen ihre Kleinen vielmehr, indem sie deren Situation in beschreibende Worte fassen.[73]

*Ein Erfahrungsbericht*

»Wohl jeder fiebert ein wenig auf die Meilensteine seines Sprösslings hin wie etwa auf das Sich-auf-den-Bauch-Drehen. Marlene hatte sich zwar schon viel bewegt und gestrampelt, aber keine großen Anstalten gemacht, sich wirklich zu drehen. Im Kurs beobachtete ich eines Tages, wie sich Marlene immer wieder streckte. Und dann, mit einem Mal, drehte sie sich auf den Bauch und strahlte alle an. Dieses Erlebnis war eine sehr schöne Überraschung für mich. Ich hätte es nicht gedacht, aber ich hatte sogar die eine oder andere Träne im Auge vor Glück und Stolz.«
(Bianca mit Marlene)

**Das Wichtigste für Eltern auf einen Blick**

- *Drehen Sie Ihr Baby nicht sofort auf den Rücken zurück, wenn es sich selbstständig auf den Bauch gerollt hat.*
- *Warten Sie zunächst ab, ob Ihr Baby mit der neuen Situation alleine klarkommt.*
- *Geben Sie Ihrem Baby ausreichend Gelegenheit, selbst die Lösung des Problems zu finden.*
- *Signalisiert Ihr Baby eindeutig Unwohlsein, legen Sie es sanft in die vertraute Ausgangsposition zurück.*

## Dritte Stufe: Das Baby dreht sich zurück auf den Rücken

Aus der spontan erworbenen Bauchlage können sich Babys anfangs meist noch nicht aus eigener Kraft wieder zurück auf den Rücken drehen. Sie müssen diese Fähigkeit eigens lernen. Das Drehen vom Bauch zurück auf den

Rücken stellt somit eine eigene Stufe der selbstständigen Bewegungsentwicklung dar. Manchen Kindern gelingt dies schon recht bald, nachdem sie sich alleine auf den Bauch drehen können. Andere brauchen mehr Zeit dafür.

*Vom Bauch zurück auf den Rücken drehen*

Der neue Bewegungsablauf ermöglicht es den Kleinen, den Platz zu wechseln, indem sie sich etwa hin und her wälzen. Dabei drehen sie sich vom Rücken auf den Bauch und über dieselbe Seite wieder zurück in die Ausgangslage. Schließlich erweitern sie ihr Bewegungsrepertoire um das Rollen. Dabei drehen sie sich in einer Richtung fortlaufend vom Rücken auf den Bauch und wieder auf den Rücken und so weiter. Durch diese Art des Platzwechsels sind sie erstmals in der Lage, auch ferner liegende Ziele selbstständig zu erreichen. Die kleinen Weltentdecker werden somit bereits vor dem Krabbeln auf Knien und Händen mobil.[74]

*Rollen*

## ! Tipps zum Platzwechsel durch Rollen

Es kommt durchaus vor, dass sich Babys beim Drehen und Rollen zunächst den Kopf am Boden, oder, falls sie sich im Spielgitter aufhalten, dort anstoßen. Oft neigen erschreckte Eltern dazu, das Gitter auszupolstern oder jedes

Mal eine Hand unter den Kopf der Kleinen zu legen, sobald sie sich drehen. Das ist nicht notwendig. Beim Drehen kann Säuglingen nichts Ernsthaftes passieren, auch wenn es einmal wehtun sollte. Vielmehr ist es wichtig, dass Babys von Anfang an lernen, selbst Acht auf ihren Kopf zu geben. Nach ein paar Stößen lernen sie in der Regel, sich beim Drehen und später im Fallen selbst zu schützen, indem sie den Kopf zwischen die Schultern einziehen. Schließlich ist diese Fertigkeit nicht angeboren, sondern muss durch unangenehme Erfahrung erst erworben werden. Würden wir Säuglinge am Lebensanfang vor allen Stößen schützen, »setzten wir sie künftigen, viel größeren Gefahren aus«, warnt Emmi Pikler.[75] Am besten lassen Mama und Papa ihre Kinder von klein auf die grundlegende Erfahrung machen, dass sie selbst vorsichtig sein müssen, solange ihre Bewegungen noch langsam sind. Mit fortschreitenden motorischen Fertigkeiten und zunehmendem Tempo erhöht sich die Verletzungsgefahr. Kinder, die rechtzeitig gelernt haben, aufzupassen, sind dann im Vorteil.

Sobald sich Babys eigenständig vom Bauch zurück auf den Rücken drehen, benötigen sie einen größeren Aktionsradius, als ihnen etwa das klassische Spielgitter mit den Grundmaßen 1,20 × 1,20 m zur Verfügung stellt. In jedem Fall empfiehlt es sich, einen geschützten Bereich für sie zu schaffen. Die wichtigsten Kriterien sind: Sicherheit, ausreichende Bewegungs- und Erkundungsfreiheit sowie angemessenes Spielmaterial. Zum Beispiel kann eine entsprechend geräumige Fläche von mindestens 2 × 2 m Seitenlänge des Wohnzimmers dafür vorgesehen und als Babyspielplatz eingerichtet werden, so dass das Kind in Sicht- und Rufweite der Eltern ist. Emmi Pikler empfiehlt, diesen Platz mit einem mobilen Raumteilgitter abzutrennen. Der Kinderärztin zufolge finden sich Babys mit der Zeit sehr gut alleine darin zurecht. Das Gitter wird zu einem vertrauten Rückzugsort, an dem sie sich sicher und geborgen fühlen. Von klein auf eingeführt, erleben sie den abgezirkelten Bereich auch nicht als Ausgrenzung. Hier müssen Eltern für sich entscheiden, ob sie das Spielgitter umsetzen wollen und können. Allerdings sollte das Gitter stabil genug sein, damit sich Babys gefahrlos hochziehen und daran entlanglaufen können, ohne mitsamt der Vorrichtung umzufallen.

Sollte es nicht möglich sein, einen eigenen Spielbereich im Wohnzimmer einzurichten, kann beispielsweise dieser Raum insgesamt kindersicher gemacht werden. Für die Großen bringt ein abgegrenzter Ort den Vorzug, dass sie ihren Säugling nicht permanent im Auge behalten müssen, wenn er wach ist, sondern auch Alltagsgeschäfte erledigen können, während die Kleinen in Sicht- oder Rufweite spielen.

Spätestens, wenn das Baby mobil wird, sollte die Wohnung kindersicher gemacht werden. Treppen und Türen werden mit einem Gitter versehen. Auch Steckdosen müssen mit einer Kindersicherung ausgestattet werden. Mit zunehmenden motorischen Fähigkeiten dürfen kleine Menschen die weiteren Wohnräume der Familie schrittweise erkunden. Dabei benötigen sie zunächst die aufmerksame Gegenwart von Mama und Papa, die sie vor ernsten Gefahren schützen und auf Verbote wie etwa den Küchenherd, das elterliche Bücherregal oder den Blumentopf aufmerksam machen.[76]

### *Ein Erfahrungsbericht*

»Unsere Tochter eignet sich neue Bewegungen erst einmal langsam an, bevor sie diese in ihre vertrauten Bewegungsabläufe integriert. Die erste Drehung auf den Bauch hat sie ein paar Tage nach der ersten Seitenlage bewältigt. Es dauerte dann allerdings sieben Wochen, bis sie die Bauchlage erneut übte. Als sie sich schließlich flüssig und willkürlich auf den Bauch drehen konnte, hat sie sich am selben Tag gleich wieder zurück auf den Rücken gedreht. Doch es vergingen weitere zwei bis drei Wochen, bis sie sich mit Leichtigkeit wieder vom Bauch zurück auf den Rücken drehen konnte. Bei der Drehung bevorzugte sie zunächst die rechte Körperseite. Ein bis zwei Wochen später übte sie dann die Drehung über die linke Seite. Nach weiteren zwei Wochen ist sie wieder zu ihrer bevorzugten Körperseite zurückgekehrt. Sie dreht sich wieder nur noch über rechts.«
(Zoe mit Alma)

Das Wichtigste für Eltern auf einen Blick

- *Sorgen Sie für ausreichend Bewegungsraum für Ihr Baby, sobald es sich vom Bauch zurück auf den Rücken dreht.*
- *Gestalten Sie die Umgebung Ihres Babys stets sicher, so dass es sich gefahrlos und frei darin bewegen kann.*
- *Sichern Sie den Spielbereich Ihres Babys gegebenenfalls mit einem mobilen Spielgitter beziehungsweise Raumteilgitter oder ein Zimmer und Treppen mit einem Gitter.*

## Vierte Stufe: Das Baby kriecht auf dem Bauch

Wenn sich Babys in Bauchlage nach einem außerhalb ihrer Reichweite liegenden Gegenstand recken und strecken, ist das eine wichtige Phase in der Ausbildung des symmetrischen Körperschemas. Allerdings können sie das begehrte Objekt zunächst partout nicht erreichen. Obwohl sie ihre Aufmerksamkeit ganz nach vorne richten, schieben sich die Kleinen erst einmal nach hinten weg, also noch weiter vom ersehnten Ziel fort. Das ist ganz normal, da es einfacher ist, den Körper rückwärts zu manövrieren. Doch Geduld. Bald gelingt es Kindern, mithilfe von Kriechbewegungen vorwärts zu kommen. Dabei liegt der Bauch noch vollständig auf der Unterlage auf. Jedes Kind entwickelt seine eigene Technik, mit der es vorwärts kriecht und robbt. Entweder ziehen Babys ihren Rumpf hauptsächlich mit den Armen nach vorne oder sie stoßen

*Vorwärts kriechen*

sich verstärkt mit den Beinen und Zehen am Boden ab, wobei sie ihr Becken leicht bewegen, um vorwärts zu gelangen. Es sieht so aus, als ob sie sich schwimmend fortbewegen würden.[77]

## ! Tipps zum Kriechen und Robben

Entfernen sich Babys durch Rückwärtsschieben von ihrem Ziel, statt ihm näher zu kommen, haben viele Eltern den Impuls, den anvisierten Gegenstand in unmittelbare Reichweite des Kindes zu legen. Hilfreicher ist es aber in diesem Fall, in beschreibende Worte zu fassen, was die Kleinen gerade tun. Ansonsten sind einmal mehr Geduld gefragt und Vertrauen auf die sich entwickelnden Fähigkeiten des Babys. Kinder finden früher oder später selbst heraus, wie sie den begehrten Gegenstand aus eigener Kraft erreichen können. Die positive Haltung der Eltern sowie ihr Respekt vor den Selbstversuchen motiviert Säuglinge dazu, sich selbst gewählten Herausforderungen immer wieder neu zu stellen, bis es ihnen eines Tages gelingt, sie aus eigener Kraft zu meistern.

Sobald sich Babys kriechend oder robbend fortbewegen, bietet ihnen ein festes Polster von circa 50 × 50 × 10 cm oder eine harte Kinderbettmatratze auf dem Boden Gelegenheit, einen geringfügigen Höhenunterschied zu überwinden.[78]

### *Ein Erfahrungsbericht*

»Heute hat Antonia den nächsten Entwicklungsschritt geschafft. Mein Mann und ich waren live dabei, als sie sich von ihrer Spieldecke runtergerollt und ungefähr zwei Meter rückwärts geschoben hat. Unterm Sofa war dann erst einmal Endstation. Wir haben uns sehr über diesen nächsten Schritt gefreut, es war richtig aufregend!«
(Tanja mit Antonia)

## Fünfte Stufe: Das Baby krabbelt auf Knien und Händen

Babys bereiten das Krabbeln in der Regel vor, indem sie sich in den Knie-Hände-Stütz begeben und ihren Körper hin und her schaukeln. Sobald kleine Menschen ihr Gleichgewicht auf allen vieren sicher austarieren können, heben sie ihre Gliedmaßen kreuzweise vom Boden ab und krabbeln los. Anfangs ist das neue Bewegungsmuster oft etwas zögerlich und wackelig. Doch mit zunehmender Gleichgewichtskontrolle krabbeln die Kleinen immer sicherer. Das Krabbeln ist die erste Position, in der der Rumpf vollständig von der Unterlage abgehoben wird. Da das Rückgrat in etwa parallel zum Boden ausgerichtet ist, handelt es sich aber immer noch um eine horizontale Lage.

*Knie-Hände-Stütz*

*Krabbeln auf Knien und Händen*

*Bärenstellung*

Anstatt krabbelnd bewegen sich einige Kinder mithilfe des »Rutsch-Hopsens« auf allen vieren vorwärts. Dabei setzen sie beide Hände gleichzeitig vor, stützen sich mit ihrem Gewicht auf die Arme und ziehen dann die Knie nach. Auf diese Weise hüpfen sie regelrecht durch die Gegend. Manche Babys bewegen sich auch in Bärenstellung auf Hände und Fußsohlen gestützt fort.[79]

## Tipps zum Krabbeln

Die häusliche Umgebung von Krabbelkindern sollte so gestaltet sein, dass sich kleine Weltentdecker frei und sicher ohne Gegenwart und Hilfe der Erwachsenen fortbewegen können. Die Großen müssen dann nicht ständig eingreifen, was die angeborene Entdeckerfreude der Kinder hemmen würde.

### *Ein Erfahrungsbericht*

»Ich bin deutlich entspannter, seit ich den Kurs mit Hannes besucht habe, da ich weiß, dass wir unsere Wohnung kindersicher gemacht haben und unser Sohn sich sehr frei darin bewegen kann. Es ist eine Freude, ihn zu beobachten, wie er sich und die Welt erlebt, erobert und ausprobiert.«
(Silke mit Hannes)

### *Ein Erfahrungsbericht*

»Mit sieben Monaten konnte Karolina robben. Mit unglaublicher Gelassenheit perfektionierte meine Tochter diese Art der Fortbewegung, wurde immer schneller und wendiger, kam überallhin, wo sie hinwollte. Doch vom Krabbeln keine Spur. Zunehmend machte ich mir Sorgen und wurde ungeduldig. Verunsichert überlegte ich, ob und wie ich sie beim Krabbelnlernen unterstützen könnte. Sollte ich sie vielleicht öfters in den Vierfüßlerstand manövrieren, indem ich sie zum Beispiel über mein Bein legte? Sollte ich ihr etwa den Kniesitz beibringen? Oder sollte ich ihr gar eine sogenannte Krabbelrolle kaufen? Glücklicherweise gelang es mir, mich zurückzuhalten. Während Karolina das Robben übte und verbesserte, übte ich mich in Vertrauen und Zuversicht. Drei Wochen vor ihrem ersten Geburtstag fing meine Tochter schließlich an zu krabbeln. Ihr Krabbeln war

von Anfang an ausgereift, gut koordiniert und geschickt, als ob sie nie etwas anderes getan hätte. Die Zeit für das Krabbeln war jetzt einfach gekommen.«
(Kathrin mit Karolina)

## Die Krabbelkiste

Sobald sich Babys auf allen vieren fortbewegen, können Mama und Papa ihnen eine Krabbelkiste zur Verfügung stellen. Das Podest hat den Vorteil, dass Kinder auf eigene Faust Erfahrungen damit sammeln können, einen größeren Höhenunterschied zu überwinden. Die Maße der Holzkiste variieren zwischen 60 × 60 × 16 cm und maximal 80 × 80 × 20 cm.[80] Auch andere Gegenstände erfüllen diesen Zweck, etwa eine umgedrehte stabile Schublade, ein hartes Kissen oder eine feste Kartonschachtel. Wichtig dabei ist, dass die erhöhte Fläche stabil genug ist und ausreichend Platz zum Verweilen bietet. Eine Krabbelkiste hat den Vorteil, dass sie auch umgedreht Anreize zu neuen Bewegungsmustern und Spielmöglichkeiten bietet, indem die Kleinen hinein- und wieder herauskrabbeln können. Mit Rollen versehen bietet die ausgediente Kiste später etwa Stauraum unter dem Bett.

*Auf die Kiste krabbeln*

*Auf der Kiste spielen*

Babys schenken dem Podest erst einmal kaum oder gar keine Beachtung. Mama und Papa sind dann oft enttäuscht, weil der Nachwuchs das eigens für ihn angeschaffte oder gar selbst hergestellte Bewegungsmaterial schlichtweg ignoriert. Das ist völlig in Ordnung. Die Kleinen tasten sich gewöhnlich langsam an eine neue Herausforderung heran. Ersten Kontakt mit der Kiste nehmen sie oft so auf, indem sie Spielzeug darauf ablegen und es wieder herunterschubsen. Diese Vorgehensweise ist von Bedeutung, liefert sie doch Babys wichtige Informationen über die Fallhöhe. Zunächst erkunden sie den Höhenunterschied mithilfe von Gegenständen, bevor sie ihren eigenen Körper ins Spiel bringen. Eines Tages wagen sie sich selbst auf das Podest. Das Hochkrabbeln klappt in der Regel ohne größere Schwierigkeiten. Doch wie gelangen kleine Forscher selbstständig wieder herunter?[81]

## Mit dem Kopf voran!

Die meisten Kinder krabbeln mit dem Kopf voran von der Kiste, da sie noch kein Gefühl für den rückwärtigen Raum entwickelt haben. Schließlich wollen sie sehen, wohin die Reise geht. Dafür nehmen sie die Auge-Hand-Koordination zu Hilfe. Bevor sie sich mit dem ganzen Körper herunterwagen, ertasten sie den Weg mit den Händen, später auch mit den Füßen. Was auf den ersten Blick gefährlich aussehen mag, ist für Babys auf dieser Stufe ihrer Bewegungsentwicklung die sicherste Art, das Podest eigenständig zu verlassen. Bei einer maximalen Höhe von 20 cm können sie sich nicht ernstlich verletzen, wenn sie einmal herunterpurzeln. Sobald Babys die neuen Bewegungsabläufe verinnerlicht haben und den hinter ihnen liegenden Raum wahrnehmen können, krabbeln sie das Podest auch rückwärts herunter, und zwar, ohne dass Eltern es ihnen erklären oder zeigen müssen. Das Podest ist eine gute Vorbereitung auf die Treppe.

Viele Eltern geraten regelrecht in Panik, wenn ihre Kinder Anstalten machen, das Podest kopfüber herunterzuklettern. Selbstverständlich sind sie anfangs in der Nähe, um sie im Notfall auffangen oder durch beschreibende Worte in ihrem Tun unterstützen zu können. Das heißt jedoch nicht, dass die Großen die Kleinen ständig berühren, anspornen oder gar vor den Gefahren warnen müssen. Das kann kleine Turnkünstler zusätzlich verunsichern und motorisch ungeschickt machen. Außerdem gewöhnen sich Kinder an tatkräftige Unterstützung der Eltern. Im Ernstfall kann es fatale Folgen haben, wenn sie nicht lernen, selbst auf sich Acht zu geben. Am sichersten und geschicktesten sind Babys, die von Anfang an Gelegenheit erhalten, aus eigener Kraft von der Kiste herunterzukrabbeln. Auf diese Weise lernen Säuglinge von klein auf, selbst vorsichtig zu werden und Gefahren abzuschätzen.[82]

*Wie von der Kiste krabbeln?*

*Kopfüber von der Kiste krabbeln*

## *Ein Erfahrungsbericht*

»Nach dem Kurs ließ ich meine Tochter ihre Entwicklungsschritte selber erlernen ohne jegliche Unterstützung: keine Motivation, keine Stütze, keine Ungeduld. Tatsächlich lernte sie ganz von alleine Robben, Krabbeln, selbstständig nach nur wenigen Tagen rückwärts von der Krabbelkiste herunterkrabbeln. Sie kannte ihre Grenzen und stieg nie irgendwo hinauf oder hinunter, wie zum

Beispiel Treppen, wovon sie nicht selbst wieder heruntergekommen wäre.«
(Vanessa mit Laura)

## Die Treppe

Auch Treppenstufen krabbeln Kinder meist mit dem Kopf voran herunter, da sie anfangs die Koordination von Augen und Händen als Orientierungshilfe benötigen. Sobald sie sich sicher fühlen und ein Gespür für den hinteren Raum entwickelt haben, krabbeln sie ohne jede äußere Motivation die Treppe rückwärts herunter.

*Kopfüber die Treppe herunterkrabbeln*

*Rückwärts die Treppe herunterkrabbeln*

Selbstverständlich halten sich Eltern an der Treppe bereit, um ihre Schützlinge im Notfall aufzufangen. Ratsam ist aber, es den Kindern zu überlassen, ihr Problem zu lösen. Das klappt oft unerwartet gut, viel schneller und vor allem sicherer, als es mit Unterstützung geschehen würde. Reagieren Eltern übermäßig nervös auf die Selbstversuche ihrer Kinder oder überhäufen sie mit Erklärungen, kann sich ihre Ängstlichkeit verunsichernd auswirken. Kinder werden dadurch je nach Naturell und Temperament selbst ängstlich. Das macht sie ungeschickter, als sie es in einer ruhigen und vertrauensvollen Atmosphäre sein würden. Sollten die Großen gerade keine Zeit haben, kleine Forscher beim Erkunden der Treppe geduldig zu begleiten, kann diese mit einem Gitter gesichert werden. Das Gleiche gilt, falls die Stufen zu wenig tief sind, so dass Kinder herunterfallen könnten.[83]

*Ein Erfahrungsbericht*

»Neugierig und skeptisch zugleich beobachtete ich eine ganze Weile meine zwölf Monate alte Tochter Karolina bei ihren Versuchen, kopfüber an einen Ball zu gelangen. Sie stand mit dem Oberkörper an ihren Kinderstuhl gelehnt und beugte sich von hinten über die Rückenlehne, um mit dem Kopf voran den Ball zu erwischen, der auf der Sitzfläche lag. Zu diesem Zeitpunkt konnte sie weder frei stehen noch laufen. Sobald sie das Spielzeug in Händen hielt, legte sie es wieder zurück und begann das Spiel von Neuem. Ich befürchtete, dass sie bei der waghalsigen Übung das Gleichgewicht verlieren und mit dem Kopf auf die Sitzfläche oder gar den Boden prallen könnte. Als der Ball vom Stuhl auf den Boden rollte, sprang ich besorgt auf und setzte mich in unmittelbare Nähe meiner Tochter, um sie notfalls auffangen zu können. Innerlich ermahnte ich mich immer wieder, ihren Fähigkeiten zu vertrauen und sie nicht mit meiner eigenen Verunsicherung anzustecken. Tatsächlich beugte sie sich so weit über die Stuhllehne, dass sich ihre Füße vom Boden abhoben und sie mit dem Kopf voran über die Sitzfläche bis auf den Boden krabbelte, wobei sie sich mit den Händen geschickt abstützte. Und ich? Ich betrachtete vollkommen fasziniert mein wunderbares Kind, wie es umsichtig, konzentriert und zielsicher dieses Abenteuer souverän bewältigte. Karolina wiederholte das Spiel mehrmals. Dabei wurde sie immer zügiger und sicherer.« (Kathrin mit Karolina)

**Das Wichtigste für Eltern auf einen Blick**

- *Stellen Sie Ihrem Baby eine Krabbelkiste oder Ähnliches zur Verfügung, damit es eigenständig erste Erfahrungen mit dem Überwinden von Höhenunterschieden sammeln kann.*
- *Bleiben Sie möglichst gelassen, wenn Ihr Baby mit dem Kopf voran das Podest oder die Treppe herunterkrabbelt.*
- *Motivieren Sie Ihr Baby nicht dazu, rückwärts von der Kiste oder Treppe zu krabbeln. Das lernt es ganz von alleine.*

## Sechste Stufe: Das Baby setzt sich auf

Im Rahmen der selbstständigen Bewegungsentwicklung eignen sich Babys das Sitzen aus der Bauchlage und nicht aus der Rückenlage an. Sich unmittelbar aus der Rückenlage aufzusetzen, ist für kleine Menschen rein physiologisch nicht möglich. Viele Eltern setzen ihre Kinder hin, bevor sie es von alleine können. Das ist jedoch nicht notwendig, da Babys das zur gegebenen Zeit selber lernen. Dabei erfahren sie ganz Entscheidendes, ja geradezu Wunderbares: die selbst errungene Wahrnehmung der Welt aus der Vertikalen.

Der Aufrichtungsprozess ist verhältnismäßig langwierig. Bis es gelingt, den Oberkörper aus der Horizontale in die Vertikale zu erheben, sind mehrere Zwischenstufen nötig. Der seitliche Ellbogenstütz sowie der abgestützte Seitsitz sind charakteristische Übergangspositionen von der liegenden in die sitzende Haltung. Zunächst stützen Babys in der Seitenlage ihren leicht aufgerichteten Oberkörper mit dem Ellbogen auf der Unterlage ab. Auch in halb sitzender Position benötigen Babys noch Halt, indem sie sich mit einem Arm oder beiden Armen seitlich abstützen. Mit dem Aufsetzen üben die Kleinen gleichzeitig das Hinlegen, so dass sie das Sitzen in der Regel selbst wieder aufgeben können, ohne auf äußere Hilfe angewiesen zu sein. Sobald Kinder ihr Gleichgewicht stabil halten können und ihre Rumpfmuskulatur hinreichend trainiert ist, setzen sie sich frei auf. Kinder sitzen erst dann richtig, wenn sie ihren Rumpf aus eigener Kraft ungefähr senk-

*Seitlicher Ellbogenstütz*

*Abgestützter Seitsitz*

*Übergangspositionen vom Liegen zum Sitzen*

*Positionswechsel vom Sitzen zum Liegen*

recht über ihren Sitzhöckern balancieren können.

Im Sitzen variieren Kinder ständig ihre Körperhaltung. Mal strecken sie ihre Beine im Langsitz nach vorne aus, mal sitzen sie auf beiden Fersen, mal zwischen den Fersen im Zwischenfersensitz oder sie kombinieren verschiedene Sitzmöglichkeiten.[84]

*Frei sitzen*

*Langsitz*

*Fersensitz*

*Zwischenfersensitz*

*Sitzvariante*

## Aktives Sitzen

Kinder, die aus eigener Kraft sitzen lernen, haben in der Regel eine gerade Haltung mit aufgerichtetem Becken sowie gestreckter Wirbelsäule. Dabei verteilen sie ihr Gewicht gleichmäßig auf die Sitzhöcker, was die ökonomischste Art des Sitzens ist. Auf diese Weise können sie längere Zeit sitzen, ohne zu ermüden. Sobald es ihnen zu anstrengend wird, wechseln sie in eine andere Körperhaltung.

Doch nicht alle Kinder, die sich das Sitzen selbst beigebracht haben, halten sich von Anfang an mit kerzengeradem Rücken. Es kommt durchaus vor, dass Babys mit gebeugtem Rücken oder verkrampft dasitzen, so dass sie sich schneller unwohl fühlen. Mit der Zeit reguliert sich die Sitzhaltung jedoch von alleine, sofern die Kleinen ausreichend Gelegenheit zu freien Bewegungen haben und nicht von den Großen zum Sitzen animiert werden. Ein weiterer Vorteil des aktiven Sitzens ist, dass sich Kinder frei bewegen können. Sie beherrschen ihre Balance so souverän, dass sie sich sitzend in alle Richtungen drehen und wenden können, ohne umzufallen. Beide Hände stehen ihnen zum Spielen zur Verfügung.[85]

*Im Sitzen spielen*

## Passives Sitzen

Ganz anders stellt sich die Situation bei Kindern dar, die von klein auf hingesetzt werden. Sie hocken häufig mit gekrümmtem Rückgrat da. Die passiv ermöglichte Sitzhaltung führt dazu, dass sie anfangs unvermittelt umkippen, und zwar meistens rückwärts auf den Hinterkopf. Schließlich haben sie noch keine sichere Kontrolle über ihren Körper erlangt. Viele Eltern stützen den Rücken entweder mit Kissen ab, polstern die Umgebung aus oder setzen sich selbst hinter ihr Baby, damit es nicht umfällt. Mit der Zeit schützen sich passiv hingesetzte Kinder vor dem Fallen, indem sie ihren Oberkörper unnatürlich weit nach vorne neigen, was physiologisch nicht sinnvoll ist.

Eltern, die ihre Babys aufsetzen, bevor sie aus eigener Kraft diese Fähigkeit erlangt haben, machen ihre Schützlinge – wenn auch unbewusst – passiv und unbeweglich. Kinder müssen länger, als ihnen wohl ist, in der passiven Sitzhaltung verharren, da sie völlig unbeweglich sind. Anfangs schaffen sie es nicht einmal, Spielsachen heranzuholen. Sie würden sofort ihre Balance verlieren. Das führt dazu, dass Eltern sie permanent mit Spielzeug versorgen müssen. Zudem ist es unnatürlich für junge Kinder, lange in einer Körperhaltung zu verweilen. Schließlich sind sie ständig in Bewegung und wechseln gewöhnlich alle eineinhalb bis zwei Minuten ihre Position. Wollen Babys nicht mehr passiv sitzen, bleibt ihnen keine andere Wahl, als Mama und Papa durch Weinen darauf aufmerksam zu machen. Ihnen fehlt schlichtweg die Fähigkeit, ihre Lage selbst zu verändern.[86]

## ! Tipps zum Sitzen

Die Frage nach dem Sitzen stellt sich zumeist im Zusammenhang mit der Einführung der Beikost. Die wenigsten Babys können zu diesem Zeitpunkt aus eigener Kraft sitzen. Solange das noch nicht der Fall ist, sollten sie zum Füttern idealerweise auch nicht in den Kinderstuhl, die Babywippe, den Maxi-Cosi oder Ähnliches gesetzt werden. Stattdessen füttern Eltern ihre Schützlinge lieber auf dem Schoß. Dabei ruht das Gewicht der Kleinen vollständig auf dem Oberarm von Mama und Papa oder lehnt gegen deren Oberkörper. Auf diese Weise wird das Sitzen im rechten Winkel vermieden, was die Wirbelsäule zu früh belasten würde. Beim Füttern achten Mama und Papa darauf, dass die Arme und Hände der Kinder stets frei beweglich sind. Der Arm, der zum Oberkörper des Erwachsenen zeigt, sollte nicht eingeklemmt sein, so dass die Kleinen den Verlauf der Mahlzeit wirksam mitgestalten können. Erst wenn Kinder selbst aufrecht sitzen gelernt haben, nehmen sie die Mahlzeiten auf einem eigenen Stuhl ein. Ein Kinderstuhl, bei dem die Füße Halt finden, sei es auf dem Boden oder einer Fußstütze, bietet Kindern die bequemste Sitzhaltung.[87]

*Füttern auf dem Schoß*

*Ein Erfahrungsbericht*

»Meine erste Frage an Natalie war, aus welcher Position unsere kleine Antonia wohl das Sitzen lernen würde. Antonia war damals dreieinhalb Monate alt. Ich fand Natalies Antwort sehr stimmig, dass sich die Kleine eben nicht aus der Rückenlage hochziehen, sondern das Sitzen allmählich aus der Bauchlage heraus entwickeln würde. Mein Mann und ich waren davon überzeugt, dass wir unserer Tochter die Zeit geben wollten, das Sitzen von alleine zu lernen. In meinem neuen Eltern-Kind-Bekanntenkreis waren wir die Einzigen, die ihr Kind nicht schon ab der 16. Woche (oder früher) hingesetzt haben. Oft erhielten wir dafür verwunderte Blicke und Kommentare wie: ›Mein Sohn konnte schon mit vier Monaten sitzen!‹ Antonias gleichaltriger Cousin wurde schon mit gut fünf Monaten in seinen Hochstuhl gesetzt. Bei Familienfeiern fragte dann die Uroma erstaunt, warum Antonia das nicht auch schon könne. Wir haben jedem, der es hören wollte, kurz und prägnant den Grund erklärt. Viele zeigten zwar Verständnis dafür, wollten bei ihrem eigenen Kind aber nicht so lange warten, bis es von sich aus das Sitzen lernen würde. Natürlich war es manchmal nicht so praktisch, dass wir die Kleine bei einem Treffen mit Freunden im Café eben nicht einfach in den Hochstuhl setzen konnten. Aber wir waren davon überzeugt, dass es für uns der richtige Weg war. Als Antonia zu Beginn ihres zehnten Monats anfing, sich aus dem Vierfüßlerstand immer weiter nach hinten zu schieben, waren wir von Tag zu Tag mehr gespannt, wie sie sich das Sitzen selbst beibringen würde. Und eines Tages saß sie einfach auf dem Boden, ohne sich dabei mit den Händen abzustützen. Sie strahlte über das ganze Gesicht und wir genauso.

Eine Freundin war darüber verwundert, dass Antonia nicht wie ihre Tochter die Beine im Sitzen gerade nach vorne streckte. Antonias Beine waren im Sitzen hingegen M-förmig angewinkelt. Dadurch saß sie sehr stabil und konnte spielend leicht von der Sitz- in die Krabbelposition und wieder zurück wechseln, ohne dass sie unsere

Hilfe benötigte. Meine Freundin war dagegen ungefähr sechs Wochen, nachdem sie begonnen hatte, ihr Kind schon sehr früh und mit ausgestreckten Beinen regelmäßig hinzusetzen, überaus genervt davon, dass sie ständig hinter ihrem Kind sitzen musste, weil es sonst nach hinten umkippte. Das haben wir bei Antonia zum Glück nicht beobachtet.«
(Tanja mit Antonia)

*Ein Erfahrungsbericht*

»Das Sitzenlernen war für unser Familienleben der anstrengendste Akt. Unsere Tochter wollte es einfach nicht lernen und zeigte auch kein Interesse daran. Trotz hartnäckiger Ratschläge von Freunden, Omas und Opas und mit unermesslicher Geduld unsererseits hielten wir uns daran, unsere Tochter weder in der Babyschale, im Kinderwagen noch im Hochstuhl oder auf dem Schoß aufrecht hinzusetzen, was manche Ausflüge ins Wasser fallen ließ und Besuche und Ernährung manchmal schwierig gestaltete. Zur Belohnung erlernte sie mit zehn Monaten nach dem Krabbeln, Aufstehen und so weiter eine kerzengerade Sitzhaltung innerhalb von zwei Tagen ohne jegliche Unsicherheit und Stürze, von denen mir Bekannte und Freunde bei ihren Kindern berichtet haben.«
(Vanessa mit Laura)

## ! Tipps zum Füttern

Das wichtigste Ziel beim Essen sollte sein, dass es stets mit Freude verbunden ist. Eine angenehme und entspannte Atmosphäre sowie das aktive Mitwirken der Kleinen bei der Nahrungsaufnahme sind Voraussetzung dafür, dass Mahlzeiten nicht zu einem Kampf geraten. Beim Füttern achten Mama und Papa darauf, dass sie den Löffel, das Trinkglas oder die Flasche so führen, dass das Baby sehen kann, was auf es zukommt, um sich darauf einstellen und kooperieren zu können.

Die Kleinen müssen keinen Löffel mehr essen, als ihnen behagt. Genauso wenig müssen sie zu einem bestimmten Zeitpunkt selbst essen oder trinken lernen. Eltern warten so lange damit, bis ihr Nachwuchs von sich aus die Initiative ergreift. Die ersten Trink- und Essversuche erfordern viel Geduld, Zeit und Aufmerksamkeit. Die beste Hilfe ist, wenn die Kinder in aller Ruhe selbst probieren können, wie man aus einem Glas trinkt und mit einem Löffel isst. Erwachsene machen ihnen wiederholt vor, wie man den Löffel hält und ihn zum Mund führt, ohne ihn vorher umzudrehen oder zu voll zu beladen.

Ab wann mit gemeinsamen Familienmahlzeiten begonnen wird und wie diese umsetzbar sind, können Eltern selbst entscheiden. Solange Kinder noch nicht selbstständig essen können, empfiehlt Emmi Pikler, das Füttern der Kleinen von der Familienmahlzeit zu entkoppeln. Das hat den Vorteil, dass Mama und Papa ganz bei der Sache sind, wenn sie ihre Kinder versorgen, und nicht nebenher auch noch selbst ihren Hunger stillen müssen. Sind die Kleinen satt, kann die Familie anschließend in Ruhe essen, während Kinder nebenher spielen. Möglicherweise will das Baby auch noch am Familientisch bleiben. Dann darf es natürlich dabei sein und auf Wunsch vielleicht diese oder jene Speise kosten. Fangen Kinder jedoch an, mit dem Essen herumzumanschen, bitten Eltern sie um Rückgabe der Nahrungsmittel. Sie haben ja schon gegessen. Die meisten Kinder wollen sowieso lieber aufstehen und spielen.[88]

### Das Wichtigste für Eltern auf einen Blick

- *Füttern Sie Ihr Baby so lange auf dem Schoß, bis es sich selbst aufsetzen kann.*
- *Achten Sie darauf, dass Ihr Baby nicht im rechten Winkel sitzt, sondern sein Gewicht vollständig gegen Ihren Körper lehnt.*

- *Setzen Sie Ihr Baby erst in einen Kinderstuhl, wenn es selbstständig sitzen gelernt hat.*
- *Führen Sie Löffel, Flasche und Trinkglas stets so, dass Ihr Baby sehen kann, was auf es zukommt, also von vorne und oben.*
- *Zwingen Sie Ihr Baby nicht dazu, einen Löffel mehr zu essen, als es möchte.*
- *Lassen Sie Ihr Baby selbst die Initiative zum eigenständigen Essen- und Trinkenlernen ergreifen.*

## Siebte Stufe: Das Baby richtet sich zum Kniestand auf

Der Kniestand ist eine Vorstufe des Stehens auf zwei Beinen. Babys ziehen sich an einem stabilen Gegenstand auf beide oder ein Knie hoch. Dabei richten sie ihren Rumpf in etwa senkrecht über ihren Knien auf. Anfangs müssen sie sich dabei mit einer Hand oder beiden Händen festhalten, um die Balance nicht zu verlieren. Später gelangen sie auch ohne Stütze in diese Position.

*Kniestand*

Manche Kinder verwenden den Kniestand auch als Fortbewegungsart, indem sie ein Knie vor das andere setzen. Meist ziehen sich langsamer entwickelnde Kinder es vor, auf Knien zu gehen, bis sie das Stehen auf zwei Füßen sicher beherrschen.[89]

## Tipps zum Kniestand

Sobald die Kleinen beginnen, sich aus eigener Kraft an Möbeln hochzuziehen, sollten Mama und Papa darauf achten, dass Babys genügend stabile Gegenstände in ihrer Umgebung vorfinden. Auf diese Weise können sie das Aufrichten üben, ohne mitsamt dem Objekt umzufallen. Beispielsweise bietet ein Kletterdreieck vielfältige Bewegungsmöglichkeiten für Kleinkinder. In der Übungsphase erfordert es allerdings die Gegenwart der Eltern, um Stürze aus der Höhe zu vermeiden.[90]

**Das Wichtigste für Eltern auf einen Blick**

- *Stellen Sie Ihrem Baby stabile Gegenstände zur Verfügung, sobald es sich in den Kniestand hochzieht.*

# Achte Stufe: Das Baby steht auf

Ein weiterer Entwicklungsschritt ist erreicht, wenn sich Kinder an einem stabilen Widerstand auf die Füße hochziehen. Zunächst belasten sie ihre Füße kaum. Die Kleinen halten sich dadurch aufrecht, dass sie ihr Körpergewicht

*Auf die Füße stellen*

*Stehen mit Festhalten*

mithilfe der Arme auf einer festen Unterlage abstützen, ihren Rumpf gegen einen sicheren Halt lehnen oder die Stütze mit einer Hand oder beiden Händen fest umklammern. Den Boden berühren sie oft nur mit den Zehenspitzen. Erst nach und nach verlagern sie ihr ganzes Gewicht auf Beine und Füße. Im Stehen müssen Kinder ihren Rumpf annähernd senkrecht über beiden Füßen oder auch nur einem Fuß ausbalancieren. Das gelingt ihnen anfangs besser mit gegrätschten Beinen, was ihnen einen stabileren Halt auf der geringen Unterstützungsfläche der Füße verleiht.

Eine weitere Herausforderung ist, alleine aus dem Stand zurück auf den Boden zu gelangen. Meist verharren die Kleinen länger in der aufrechten Haltung, als sie sich damit wohlfühlen. Oft wissen sie sich nicht anders zu helfen, als die Stütze einfach loszulassen und auf das Gesäß zu plumpsen. Oder sie umklammern den Halt immer fester und beginnen verzweifelt zu weinen. Dann helfen ihnen Mama und Papa selbstverständlich in eine vertraute Lage zurück. Früher oder später finden sie aber selbst heraus, wie sie aus dem Stand heraus in eine andere Position kommen. Es gibt durchaus Kinder, die das Niederlassen gleichzeitig mit dem Aufstehen probieren.

Später hieven sich Kleinkinder nicht nur an stabilen Gegenständen empor, sondern stellen sich etwa an der Wand oder Türe auf, wobei sie sich nur noch leicht abstützen müssen. Mit der Zeit stehen sie immer sicherer, so dass sie die Stütze sogar für einen Moment loslassen können, etwa im selbstvergessenen Spiel.

Mit kleinen Nachstellschritten hangeln sich Babys schließlich seitwärts an Möbeln entlang, wobei sie sich festhalten müssen, um nicht umzufallen.

Das Entlanghangeln bedeutet allerdings nicht, dass Kinder schon laufen können, auch wenn sie auf diese Weise schnell und geschickt vorankommen.

Die Reihenfolge, in der Kinder das Aufstehen üben, variiert von Kind zu Kind. Die Mehrheit der Kleinen setzt sich erst auf, bevor sie sich hinstellen. Manche manövrieren sich jedoch erst in den Stand und lernen danach das Sitzen.[91]

*Entlanghangeln*

## ! Tipps zum Stehen

Sobald sich Babys in den Stand hochziehen, achten die Großen darauf, dass sie auf dem Boden nicht ausrutschen. Je nach Situation probieren Kinder das Stehen am besten barfuß oder etwa mit rutschfesten, weichen Lederhausschuhen. Ferner kümmern sich Mama und Papa darum, dass die Gegenstände in der Umgebung stabil genug sind, um sich gefahrlos daran hochzustemmen und entlanggehen zu können.[92]

### *Ein Erfahrungsbericht*

»Von Anfang an haben wir unserer Tochter keine Hilfestellung bei ihrer Bewegungsentwicklung gegeben. Mittlerweile zieht sie sich überall hoch und hangelt sich an Möbeln entlang. Das Schöne ist: Ich muss überhaupt keine Angst haben, dass sie umfällt. Sie geht in ihren Bewegungen wirklich nur so weit, wie sie es sich selbst zutraut. Sie macht tatsächlich nur das, was sie auch kann.«
(Anna mit Sophie)

## Neunte Stufe: Das Baby fängt an, freihändig zu gehen

Bevor Kinder erste freie Schritte unternehmen, müssen sie freihändig aus der Hocke oder dem Bärenstand aufstehen können.[93] Andernfalls lernen sie nicht laufen.[94] Die ersten autonomen Gehversuche sind meist eine recht wackelige Angelegenheit. Mit gespreizten Beinen und häufig einwärts gedrehten Füßen schwanken kleine Menschen unsicher von einem Bein auf das andere. Mit ausgestreckten Armen tarieren sie ihr Gleichgewicht aus. Bereits nach wenigen Schritten ist der schwierige Balanceakt auf zwei Beinen beendet. Die Kleinen fallen auf ihr Gesäß oder wechseln rasch in eine vertraute Fortbewegungsart zurück.[95] Nicht selten wagen Kinder ihre ersten freien Schritte mit einem Spielzeug in der Hand, als ob sie sich daran festhalten wollten.[96]

In dieser Phase bewegen sich Babys weiterhin hauptsächlich krabbelnd fort, etwa wenn es darum geht, größere Distanzen zurückzulegen oder schnell an ein begehrtes Ziel zu gelangen. Obwohl Kinder bereits einige Schritte ohne Unterstützung laufen können, sind sie noch nicht in der Lage, ihr Gleichgewicht so sicher zu kontrollieren, dass sie den aufrechten Gang selbstverständlich nutzen, um sich fortzubewegen.[97]

*Frei aufstehen*

## ! Tipps zu den ersten freien Schritten

Erste freie Schritte

Oft ist die Begeisterung der Eltern über die ersten freien Schritte ihres Nachwuchses so groß, dass sie sich dazu hinreißen lassen, ihre Kinder zu Höchstleistungen anzuspornen oder gar tatkräftig zu unterstützen. Beispielsweise hocken sie sich mit ausgebreiteten Armen vor die Kleinen und fordern sie zum Laufen auf. Kinder können dann gar nicht anders, als der gut gemeinten Ermunterung Folge zu leisten, wollen sie doch ihren Eltern stets gefallen. Nach wenigen unsicheren Schritten lassen sich Gehanfänger regelrecht in die Arme der freudestrahlenden Erwachsenen fallen, da sie ihr Gleichgewicht noch nicht sicher beherrschen. Bereitwillig wiederholen Kinder dieses Manöver, jedoch mehr, um den Großen eine Freude zu bereiten, als das Laufen auf diese Weise effektiv zu üben.

Viele Eltern reichen ihren Kindern darüber hinaus die Hände, um das Gehenlernen zu beschleunigen. Hier ist jedoch Zurückhaltung von den Großen geboten. Kinder, die noch auf wackeligen Füßen stehen, klammern sich eher an den Händen der Erwachsenen fest, als ihre Beine und Füße richtig zu belasten. Unter Umständen gewöhnen sie sich dabei eine ungünstige Statik an. Einmal auf den Geschmack gekommen, verzichten Kinder nur ungern auf das elterliche Angebot und fordern ihre Hilfestellung hartnäckig ein. Das führt in der Regel zu Nörgelei und Geschrei aufseiten der Kleinen und nicht selten zu Rückenschmerzen bei den Großen. Das permanente Gehaltenwerden an den Händen verhindert zudem, dass Kinder das Fallen richtig lernen. Im Sturz greifen Babys dann eher nach einer helfenden Hand des Erwachsenen, also nach oben, statt sich mit den Händen instinktiv am Boden abzustützen, um sich selbst zu schützen. Sosehr es der elterlichen Fürsorglichkeit auch entspricht, ihren Schützlingen beim Laufenlernen praktische Unterstützung zu gewähren, tun Eltern dennoch gut daran, sich weiterhin in Geduld zu üben und dem natürlichen Entwicklungspotenzial ihrer Kinder zu vertrauen.[98]

## Sicher ohne Lauflernhilfen!

Es gibt Kinder, die sich aus eigener Initiative Gegenstände suchen, mit deren Hilfe sie das Laufen üben. Beispielsweise schieben sie einen Stuhl oder einen großen Korb vor sich her. Sofern kleine Menschen dies aus eigenem Antrieb tun und es sich um stabile Gegenstände ohne Rollen handelt, ist dagegen nichts einzuwenden, vorausgesetzt es sind damit keine weiteren Gefahren verbunden.

In jedem Fall aber ist von handelsüblichen Lauflernhilfen abzuraten. Das betrifft sowohl Gestelle, in denen die Kleinen fixiert sind, etwa Babywalker, Gehfrei oder Türhopser, als auch alle anderen Gehhilfen wie beispielsweise ein Lauflernwagen oder Spielcenter. Alle diese Gegenstände eignen sich nicht für Babys, um gehen zu lernen. Sie sind zumeist mit Rollen beziehungsweise Rädern versehen. Aus diesem Grund sollten auch Puppenwagen von Kindern, die noch nicht sicher gehen können, ferngehalten werden. Problematisch an Gegenständen mit Rädern ist, dass Kinder dadurch an Fahrt gewinnen. Dabei verlieren sie die Kontrolle über ihr Gleichgewicht und stürzen mitsamt dem Gegenstand. Aufgrund der unsicheren Balance sind sie nicht in der Lage, das Gefährt loszulassen, da sie es als Stütze benötigen. In der Folge kommt es nicht selten zu schweren Verletzungen etwa am Kopf und zu Treppenstürzen. Nicht nur aufgrund des erhöhten Unfallrisikos, sondern auch wegen der falschen Körperhaltung sind handelsübliche Lauflern- und Gehhilfen ein No-Go. Sie schaden der motorischen Entwicklung mehr, als sie zu fördern.[99]

### Das Wichtigste für Eltern auf einen Blick

- *Animieren Sie Ihr Kind nicht zum Laufen, indem Sie sich beispielsweise mit ausgebreiteten Armen vor es hinhocken und zum Gehen auffordern.*
- *Führen Sie Ihr Kind nicht an den Händen, um mit ihm das Laufen zu üben.*
- *Verzichten Sie auf sämtliche handelsübliche Laufllern- und Gehhilfen für Ihr Baby.*
- *Stellen Sie Ihrem Kind keinen Puppenwagen oder andere fahrbare Geräte zur Verfügung, solange es nicht frei und sicher laufen kann.*

### *Ein Erfahrungsbericht*

»Mit dem Laufenlernen hat sich Anouk Zeit gelassen. Stattdessen hat sie alle einzelnen Schritte gründlich geübt. Zuerst zog sie sich an Gegenständen hoch und lernte auf diese Weise das Stehen mit Festhalten. Das hat sie sehr lange ausprobiert. Schließlich ist sie an den Gegenständen entlanggelaufen, immer schneller und geschickter, bis sie sich fast durch die ganze Wohnung hangeln konnte. Danach lernte sie frei zu stehen. In ein Spiel vertieft ließ sie immer wieder wie aus Versehen den Gegenstand los, an dem sie sich festhielt, um beide Hände frei zu haben. Dies gelang ihr immer besser. Dann versuchte sie manchmal, einen Schritt auf einen nahen Gegenstand zuzugehen. Ab und zu schob sie ihren kleinen Kinderstuhl im Gehen vor sich her.
Dann ging es plötzlich sehr schnell. Aus der Hocke richtete sie sich mit kerzengeradem Rücken zum Stehen auf und lernte so das freie Aufstehen. Auch ihre ersten Schritte hat sie alleine unternommen! In dieser Zeit streckte sie oft ihre Hand nach meiner aus. Ich gab ihr

meine Hand allerdings nur, wenn ich saß, und nicht, wenn ich selbst gelaufen bin – denn ich wollte ihr diesen letzten Schritt so gerne selbst überlassen. Immer öfter ging meine Tochter einige Schritte alleine. Ich hatte das Gefühl, dass es umso besser gelang, je unbewusster sie dies machte. Sobald sie bemerkte, dass sie frei lief, ist sie hingefallen. Eines Tages hat es ›klick‹ gemacht – so als ob sie begriffen hätte, dass sie es jetzt kann –, und sie ist frei losgelaufen.« (Marie mit Anouk)

## Zehnte Stufe: Das Baby geht frei und sicher

Die letzte Stufe der selbstständigen Bewegungsentwicklung ist erreicht, wenn das Gehen zur bevorzugten Fortbewegungsart der Kinder geworden ist. Kleine Menschen sind jetzt in der Lage, ihre Balance so stabil im Raum zu halten, dass sie sich frei und sicher auf zwei Beinen fortbewegen können. Sie wechseln nicht mehr andauernd in eine andere Position, um voranzukommen. Das freie Gehen ist dadurch charakterisiert, dass Kinder ohne Schwierigkeiten die Richtung während des Laufens ändern, mit Leichtigkeit stehen bleiben und wieder losgehen können, ohne sich auf das Austarieren ihrer Balance konzentrieren zu müssen. Auf diese Weise gelangen sie ohne Hilfe an ihr Ziel.[100]

*Frei gehen*

## ! Tipps zum freien Gehen

Kinder, die auf eigenen Beinen die Welt erkunden, suchen sich immer neue Übungsfelder, um ihre Körperkompetenzen zu erweitern. Beispielsweise trainieren sie das rückwärtige Hinsetzen mit dem Gesäß voran, Treppensteigen im Wechselschritt, Hüpfen aus dem Stand, Herunterspringen, Klettern und Balancieren. Kleine Menschen benötigen auch weiterhin möglichst viele Gelegenheiten zur freien Bewegung.[101] Dafür eignet sich ganz besonders die Natur. Sie liefert kleinen Weltentdeckern optimale Voraussetzungen, ihrem angeborenen Bewegungsdrang uneingeschränkt zu folgen und sich neuen Herausforderungen bedingungslos zu stellen.

Auch draußen sollten die Kleinen nicht ununterbrochen an der Hand geführt, ausschließlich im Kinderwagen gefahren oder getragen werden. Mama und Papa stellen sich am besten darauf ein, dass sich ein fünf Minuten langer Weg mit kleinen Kindern durchaus zu einem zweistündigen Spaziergang hinziehen kann. Während es für Lebensanfänger auf Schritt und Tritt unendlich viel Neues zu entdecken gibt, fühlt sich das langsame Vorankommen für Erwachsene eher wie herumstehen als spazieren gehen an. Wer kleine Menschen auf ihrer Entdeckungsreise in die weite Welt genau beobachtet und sich mit ihnen über all die kleinen und großen Wunder mitfreut, profitiert selbst auch davon. Beim Überqueren der Straße oder sonstigen Gefahren nehmen die Großen ihre Schützlinge selbstverständlich an der Hand, tragen sie auf dem Arm oder setzen sie in den Kinderwagen.[102]

### Das Wichtigste für Eltern auf einen Blick

- *Sorgen Sie dafür, dass Ihr Kind weiterhin viele Gelegenheiten zu uneingeschränkter Bewegung hat.*
- *Führen Sie Ihr Kind auch außerhalb der eigenen vier Wände nicht ständig an der Hand, sondern nur, wenn es die Situation erfordert.*
- *Begleiten Sie Ihr Kind unterwegs stets wachsam und geduldig.*

*Ein Erfahrungsbericht*

»Lange bevor Noemi laufen konnte, ist sie bereits wie wild geklettert: auf sämtliche Schrägen, Leitern, Stufen, Treppen, Stühle, Bänke und so weiter. Ich hatte den Eindruck, dass sie gerade deshalb, weil sie noch nicht laufen konnte, besonders viel Freude am Klettern hatte. Es schien mir, als ob meine Kleine nach der Horizontalen nun die Vertikale für sich entdeckt hat und richtig auskosten wollte.
Inzwischen läuft meine 19 Monate alte Tochter frei und sicher. Auf Spielplätzen erklimmt sie hohe Klettergerüste. Dabei geht sie sehr präzise und konzentriert vor. Die einzige Einschränkung ist dabei oft ihre geringe Körpergröße. Für einige Stufen und Spielgeräte ist sie einfach noch zu klein, so dass wir ihr manchmal helfen. Insgesamt ist es wirklich eine große Freude, wie sicher und selbstbewusst sich unsere Tochter bewegt und wie gut wir uns auf sie verlassen können!«
(Mila mit Noemi)

## Vorteile der selbstständigen Bewegungsentwicklung

Kinder, die von Anfang an Gelegenheit erhalten, sich aus eigener Initiative und Kraft die einzelnen Stufen der Bewegungsentwicklung zu erarbeiten, verfügen in der Regel über gute Körperkompetenzen. Sie bewegen sich nicht nur auffallend geschickt, harmonisch, ökonomisch, variantenreich, effizient und sicher, sondern auch mit unverkrampfter Muskulatur. Dank ausgefeilter Koordinationsfähigkeiten und ausgeprägtem Gleichgewichtssinn erzielen kleine Menschen maximale motorische Leistungen mit minimalem Kraftaufwand. Das ist selbst bei Kindern mit angeborenen Besonderheiten der Fall, da sie lernen, ihr Potenzial im Rahmen ihrer individuellen Möglichkeiten voll auszuschöpfen.

Charakteristisch für die selbstständige Bewegungsentwicklung ist zudem, dass sie kontinuierlich verläuft. Auf jeder Stufe erweisen sich Babys gelenkig und aktiv. Da sie von klein auf lernen, ihre Kompetenzen gut einzuschätzen, überfordern sie sich gewöhnlich nicht selbst. Vorsichtig und schrittweise tasten sie sich an Neues heran. Sie gehen in der Regel nur so weit, wie sie ihre Balance selbst wahren können. Fühlen sie sich nicht sicher, halten sie inne und kehren in eine vertraute Position zurück.[103]

Aufgrund des sensiblen Gespürs für ihre Körpergrenzen stoßen sich kleine Weltentdecker, denen viel Raum zu selbstständiger Entfaltung gelassen wird, deutlich weniger. Sie erweisen sich nicht zuletzt im Fallen besonders geübt, indem sie rechtzeitig ihren Kopf einziehen und sich mit den Händen gekonnt abstützen, wodurch so manche Knochenbrüche vermieden werden. Überhaupt schützt motorische Umsichtigkeit nachweislich vor ernsteren Verletzungen.[104] Wie Emmi Pikler berichtet, hat sich im Zeitraum von 34 Jahren keines der Kinder, die seit dem jungen Babyalter im Säuglings- und Kinderheim Lóczy aufwuchsen, einen Knochen gebrochen. Lediglich bei einem Kind kam es zu einem Unfall mit Knochenbruch. Ausnahmsweise war es zu einem Zeitpunkt ins Säuglingsheim aufgenommen worden, zu dem es bereits laufen konnte.[105] Diese Statistik ist bemerkenswert, rangieren doch Unfälle weltweit ganz oben auf der Liste der Gesundheitsrisiken für Kinder. Gemäß der bundesweiten Langzeitstudie KiGGS zur Kindergesundheit ereignen sich Unfallverletzungen mit steigender Tendenz im häuslichen oder privaten Umfeld. Vor allem Ein- bis Zweijährige sind davon betroffen. Als häufigste Unfallursache gelten »kindbezogene Faktoren wie Faktoren wie mangelnde Aufmerksamkeit, Aktivität, Gefahrenbewusstsein und Risikoverhalten« sowie »motorische Leistungsunfähigkeit«, so die Studienautoren.[106] Zu entsprechenden Ergebnissen kam auch eine Studie 2004 in Griechenland. Sie belegt, dass bei 77 Prozent der Unfälle, die sich im Kindergarten ereigneten, motorische Defizite ausschlaggebend waren.[107]

Kinder, die von klein auf Gelegenheit haben, sich in einer misslichen Lage selbst zu helfen, haben nicht nur weniger Unfälle. Mit zunehmenden Fähigkeiten werden sie immer unabhängiger. Weil sie immer weniger auf elterliche Hilfe angewiesen sind, ist die Beziehung zwischen Groß und Klein deutlich unbelasteter. Babys müssen nicht ständig Unterstützung einfordern, da sie ihre Position und ihren Platz von alleine wechseln können. Infolgedessen sind kleine Menschen insgesamt zufriedener, genügsamer und ausgeglichener. Das wirkt sich wiederum positiv auf die gesamte Familienatmosphäre aus.

Die autonome Bewegungsentwicklung bietet schon den Jüngsten ein weites Feld der Selbstwirksamkeit.[108] Dabei ist es ganz wichtig, dass sie das »Gefühl erleben, etwas selbst bewirkt und auf den Weg gebracht zu haben«, sagt Karl Heinz Brisch.[109] In der Tat können Babys sehr viel mehr aus sich selbst heraus zu ihrer Entwicklung beitragen, als wir gemeinhin annehmen.

Indem sich kleine Menschen motorische Fähigkeiten nach dem Motto *trial and error* selbst aneignen, entwickeln sie ein gesundes Selbstwertgefühl. Von Kindesbeinen an bauen sie Vertrauen in ihre eigenen Fähigkeiten und Wirkungsmöglichkeiten auf. Das stärkt ihr Selbstbild und ihre Persönlichkeitsentfaltung.[110]

Im Zuge der selbstständigen Bewegungsentwicklung lernen Kinder außerdem das Lernen.[111] Der Nachwuchs lernt Grundlegendes wie etwa »sich selbständig mit etwas zu beschäftigen, an etwas Interesse zu finden, zu probieren, zu experimentieren«, sagt Emmi Pikler. »Er lernt Schwierigkeiten zu überwinden. Er lernt die Freude und die Zufriedenheit kennen, die der Erfolg – das Resultat seiner geduldigen, selbständigen Ausdauer – für ihn bedeutet.«[112] Dieser Lernprozess wirkt sich nachhaltig positiv auf das weitere Leben aus.

Das Wichtigste aber ist, dass Babys ihre unermüdlichen Bewegungsversuche auf jeder Stufe im Großen und Ganzen als lustvoll und befriedigend erleben. Während der gesamten Ausbildung der Motorik bereitet ihnen »die ständige aktive Tätigkeit, das Experimentieren und Üben« Freude.[113] Die moderne Neurowissenschaft fand heraus, »dass Bewegung und Glück im Gehirn nah beieinanderliegen«.[114]

Je mehr Eltern ihren Kindern zugestehen, sich von Geburt an aus sich selbst heraus zu entfalten, desto größer ist die Wahrscheinlichkeit, dass die angeborene Lebensfreude der Kleinen lange erhalten bleibt. Karl Heinz Brisch formuliert: »Das Strahlen und das Glück in den Augen eines Kindes sind durch nichts auf der Welt zu ersetzen und gehören zu den Kostbarkeiten des Lebens.«[115] Und Gerald Hüther resümiert: »Wahrscheinlich lernen alle Kinder alles, wenn man sie entlang des Leuchtens in ihren Augen begleitet.«[116]

*Ein Erfahrungsbericht*

»Meine vierjährige Tochter war im Vergleich zu gleichaltrigen sowie ein Jahr älteren Kindern dadurch, dass sie alles aus sich heraus gelernt hat, diejenige, die sämtliche Herausforderungen wie Laufrad-, Roller- und Fahrradfahren oder riskante Klettereien immer am sichersten beherrschte. Um genau zu sein: Andere konnten auch Roller oder Rad fahren, rutschen, klettern, was auch immer, aber nie selbstständig, da sie es nicht selbst gelernt hatten. Meist brauchten sie Hilfe, zum Beispiel eine Hand, an der sie sich festhalten konnten, die das Fahrrad aufstellte, die sie beim Losradeln festhielt oder einen Erwachsenen, der mit ihnen zusammen rutschte.
Da ich großen Wert darauf gelegt habe, dass meine Tochter all diese Dinge ohne jeglichen Einfluss von außen lernt, war und ist sie stets die Geschickteste und vor allem Unfallfreieste. Manchmal brauchte sie zwar länger als die anderen, aber dafür konnte sie das, wofür sie bereit war, auch alleine machen, da sie sich sicher fühlte.
Aus eigener Erfahrung als Mutter einer Tochter und eines Sohnes möchte ich erwähnen, dass es Kinder gibt, bei denen die Begleitung der eigenständigen Bewegungsentwicklung tatsächlich leichter oder schwieriger sein kann, je nach Temperament der Kinder. Aber sie ist ganz sicher besser und langfristig gesehen immer der einfachere Weg, da man insgesamt viel weniger Sorgen und Bedenken haben muss.«
(Vanessa mit Laura und Raphael)

## Universelles Ziel – individueller Weg

Der aufrechte Gang ist das erste universelle Entwicklungsziel aller Menschenkinder. Gleichzeitig folgt jedes Baby seinem individuellen Weg. Der Zeitpunkt, zu dem die einzelnen Entwicklungsstufen der Motorik durchlaufen werden, ist bei jedem Kind ein anderer. Folglich existiert eine große Bandbreite an natürlichen Entwicklungsverläufen. Sie reicht von Kindern, die sich motorisch besonders schnell entfalten, bis hin zu solchen, die sich ausgesprochen viel Zeit dabei lassen.[117]

Eines haben sowohl Früh- als auch Spätentwickler im Rahmen der selbstständigen Bewegungsentwicklung gemeinsam: Auf jeder Stufe ihrer motorischen Bemühungen bewegen sie sich geschmeidig und harmonisch. Sie können ihre Muskulatur vom Kopf bis zu den Füßen gut koordinieren und ihr Gleichgewicht sicher austarieren. Sie erlangen dieselbe Bewegungsqualität zu unterschiedlichen Zeitpunkten. Fließende Übergänge von einer Position in die andere sind charakteristisch dafür, dass sie sich die Willkürmotorik selbstbestimmt aneignen.

Wie schnell Babys in ihrer motorischen Entwicklung voranschreiten, ist weniger ausschlaggebend.[118] Viel wichtiger ist, »wie und in welcher Reihenfolge« sie die einzelnen Stufen erreichen, sagt Emmi Pikler.[119] Haben junge Kinder Gelegenheit, das Gehenlernen selbst zu initiieren und aus eigener Kraft zu meistern, schöpfen sie ihr Potenzial voll aus. Dazu gehört, dass sie sich in ihrem individuellen Rhythmus entfalten dürfen.

Vor allem Langsamentwickler profitieren davon, wenn die Großen auf die individuellen Fähigkeiten der Kleinen vertrauen. Statt motorische Leistungen erzwingen zu wollen, üben sich Mama und Papa in Geduld. Schließlich haben sich gemächlich entwickelnde Kinder immer einen Grund, den Erwachsene respektieren sollten, auch wenn sie ihn nicht kennen. Babys warten so lange mit dem nächsten Entwicklungsschritt, bis sie körperlich und emotional reif dafür sind. Sofern sie sich insgesamt harmonisch entfalten, sind zeitliche Abweichungen an der Tagesordnung und unter günstigen Entwicklungsbedingungen unproblematisch.[120] Das Tempo kleiner Spätzünder kann genauso wie jenes junger Durchstarter »als eine individuelle Eigenart der Entwicklung betrachtet« werden, erklärt Emmi Pikler.[121] Und auch Remo H. Largo resümiert, dass es keine Fähigkeit und kein Verhalten gibt, das bei allen Kindern im selben Alter auftritt und gleich ausgeprägt ist:[122] »Das Normale an der kindlichen Entwicklung ist die Vielfalt«, konstatiert der Schweizer Kinderarzt.[123]

Die selbstständige Bewegungsentwicklung verläuft nur teilweise in einer festgelegten Reihenfolge. Vorausgesetzt Babys werden von Geburt an konsequent und flach auf den Rücken gelegt, lernen sie zuerst, sich vom Rücken über die Seite auf den Bauch und in einem weiteren Schritt zurück auf den Rücken zu drehen. Immer geht der Kniestand dem Aufstellen voran. In jedem Fall müssen kleine Menschen ohne Festhalten aufstehen und erste freie Schritte unternehmen, bevor sie frei und sicher laufen lernen. In der Übergangsphase von der Horizontale in die Vertikale gibt es dagegen voneinander abweichende Entwicklungsverläufe. 90 Prozent der Kinder setzen sich zuerst hin, bevor sie sich aufstellen. Nur etwa 10 Prozent stellen sich auf ihre Füße, ehe sie sich hinsetzen.

Es kommt auch vor, dass Kinder einzelne Stufen überspringen, wie etwa das Kriechen oder Robben.[124] Beispielsweise gelangen sie rollend an jeden beliebigen Ort. Auf das fortlaufende Drehen folgt dann möglicherweise ohne Zwischenstufe das Krabbeln. Vorausgesetzt Babys werden nicht durch äußere Umstände an der freien Entfaltung ihrer Bewegungen gehindert, ist das Übergehen einer Stufe Ausdruck ihres individuellen Entwicklungsplans, da es von innen heraus motiviert ist. Hindern dagegen ungünstige Rahmenbedingungen wie eingeschränkte Bewegungsmöglichkeiten oder Intervention von außen kleine Menschen daran, ihrem ureigenen inneren Fahrplan zu folgen, kann sich das Vernachlässigen einer Stufe nachteilig auf ihre Gesamtentwicklung auswirken. Wichtig ist, dass kleine Menschen möglichst alle Stufen der Motorik durchlaufen, je gründlicher, desto besser.

### *Ein Erfahrungsbericht*

»Unsere Tochter ist ein sehr gemütliches Kind. Die ersten Monate hat sie völlig verschlafen oder mit Gucken verbracht. Bewegt hat sich Ella so gut wie gar nicht. Als ich mit dem Kurs begann, war sie fünf Monate alt und konnte sich noch nicht drehen und auch nicht richtig greifen. Das hat mich oft verunsichert, da viele gleichaltrige Kinder beides schon konnten und einem oft suggeriert wird, dass ein Kind dies alles ganz schnell lernen muss.
Im Kurs durfte ich dann erfahren, dass jedes Kind seinen eigenen Fahrplan hat. Unsere Tochter hat erst einmal alles visuell aufgenom-

men. Ihre erste Drehung machte sie im Alter von sieben Monaten. Mittlerweile ist sie elf Monate alt und robbt durch die Gegend. Bevor sie eine neue Fähigkeit erwirbt, schaut sie sich immer alles genauestens an. Sie geht kein Risiko ein. Es erfordert oft Geduld, nicht nachzuhelfen, aber es lohnt sich.«
(Dorothee mit Ella)

## Fortschritt und Stillstand

Im Rahmen der selbstständigen Bewegungsentwicklung wechseln sich Phasen sichtbaren Vorankommens und Zeiten scheinbaren Stillstands ab. Beispielsweise kann es sein, dass eine neue Fertigkeit nach ihrem ersten Auftauchen in den folgenden Tagen, Wochen und Monaten kaum oder gar nicht mehr geübt wird. Eltern sorgen sich dann, dass ihr Nachwuchs keine wahrnehmbaren Fortschritte macht. Manchmal bezweifeln sie sogar den Wert der von den Kleinen initiierten Motorik und geraten in Versuchung, einzugreifen.

Doch auch hier gilt wieder: Eltern sollten es mit Geduld versuchen. Kinder fühlen sich noch nicht sicher genug, um das Neue regelmäßig auszuführen.[125] Denn »[a]uch vermeintliche Nicht-Lernphasen sind für das Lernen wichtig«, beruhigt die Hirnforschung.[126] Zahlreiche Studien belegen, dass Menschen immer wieder Auszeiten brauchen, ganz besonders in intensiven Lernphasen.[127] Sie bereiten dann Neues vor. Das Gehirn macht schließlich keine Pause. Es verarbeitet das Gelernte nach. Auf diese Weise wird Hinzugelerntes vertieft.[128]

Mit der Zeit machen Babys neue Bewegungsmuster aus eigenem Impuls immer häufiger. Andere treten mehr und mehr in den Hintergrund oder verschwinden ganz. Manche Kinder nehmen frisch erworbene Fertigkeiten bereits nach vier Wochen in ihr Repertoire auf, während andere sich etwa 24 Wochen Zeit damit lassen.[129] Scheinen Babys auf der Stelle zu treten, dürfen Mama und Papa den neuen Schritt zuversichtlich abwarten. Im Übrigen vertrauen sie auf das Selbstbildungspotenzial ihrer Kinder.

### *Ein Erfahrungsbericht*

»Maximilian ist mein erstes Kind. Er hat in den ersten Monaten eine normale, kontinuierliche Entwicklung der Grobmotorik gezeigt. Aber mit sechs Monaten gab es plötzlich einen Stillstand. Mittlerweile habe ich verstanden, dass er genau weiß, was ihm guttut, und mir deutliche Signale gibt, wo seine Grenzen liegen. Heute sehe ich, dass er in der ›Stillstandzeit‹ andere Fähigkeiten wie zum Beispiel ein sehr großes Feingespür in den Füßen entwickelt hat. Er nahm das Spielzeug zwischen die Füße, hob es hoch und spielte damit.

Mit zwölfeinhalb Monaten hat sich dann der Schalter umgelegt. Ab diesem Moment hat Maximilian wieder eine kontinuierliche Bewegungsentwicklung gezeigt. Zuerst eignete er sich von alleine das Sitzen an. Langsam kam der Übergang vom Robben zum Krabbeln. Er zog sich hoch, kletterte auf das Sofa und Bett sowie rückwärts wieder runter. Heute ist er eineinhalb Jahre alt, hat angefangen, alleine zu stehen, und ist schon drei Schritte auf Papi zugelaufen. Im Nachhinein betrachtet hat Maximilian alle Entwicklungsschritte durchlaufen, nur eben verzögert. In dieser Zeit habe ich bei mir sehr viel innere Arbeit geleistet, konnte mich loslösen von allen Vergleichen mit anderen Babys, habe an innerer Stärke gewonnen und kann Maximilian nun alle Zeit der Welt geben, sich zu entwickeln. Das spürt er natürlich. Ich bin froh, dass ich diesen Lernprozess machen durfte, da unsere Bindung dadurch noch stärker geworden ist und ich jetzt meinen Sohn bedingungslos lieben kann.«
(Renate mit Maximilian)

### *Ein Erfahrungsbericht*

»In meiner Arbeit als Heilpädagogin an einer interdisziplinären Frühförderstelle mit behinderten und entwicklungsverzögerten Kindern habe ich durch den Kurs ›Babyschritte‹ eine sehr viel ge-

lassenere und zuversichtlichere Haltung angenommen. Ich beobachte die Kinder inzwischen sehr genau und versuche, ein passendes Umfeld für sie zu gestalten, welches sie sich dann selbstständig und aus eigener Motivation heraus erobern können. Mittlerweile habe ich ein sehr großes Vertrauen in die eigenständigen Entwicklungskräfte der Kinder sowie der Familien gewonnen. Zu meiner großen Freude entwickeln sich die mir Anvertrauten zwar oft etwas langsamer, aber dafür qualitativ deutlich wertvoller und mit mehr Selbstvertrauen.«
(Kathrin mit Karolina)

# 3
# Welche Bedingungen brauchen Babys, um gehen zu lernen?

Obwohl Babys physiologisch zum aufrechten Gang veranlagt sind, lernen sie nicht automatisch laufen. Gehenlernen folgt keinem genetischen Programm wie etwa das Wachstum der Zähne. Vielmehr handelt es sich um ein Potenzial, das kleine Menschen auf der Grundlage von Eigenaktivität entfalten, sofern sie angemessene Entwicklungsbedingungen vorfinden.

## Vorbild Mensch

Da der aufrechte Gang keine Gabe der Natur ist, müssen junge Kinder selbst dafür sorgen, wie sie auf die Beine kommen. Dazu brauchen sie menschliche Vorbilder. Schließlich lernen sie laufen durch Nachahmung. Indem Babys beobachten, dass Mama und Papa aufrecht gehen, erhalten sie den Impuls, sich ebenfalls aufzurichten. Bekanntlich wollen die Kleinen so werden wie die Großen. Eltern sind allein dadurch wichtige Vorbilder, dass sie auf zwei Beinen herumspazieren. Aber auch die Art und Weise, wie sich Erwachsene in der Umgebung der Kleinen bewegen, wirkt modellhaft für Kinder.[130] Beispielsweise übernehmen sie von nahestehenden Vorbildern das charakteristische Bewegungsverhalten. Man kann etwa bemerken, wie ein kleiner Sohn voller Hingabe die Gangart seines Vaters zu imitieren sucht.[131]

## So wenig wie möglich eingreifen

Die selbstständige Bewegungsentwicklung hat zur Grundlage, dass Erwachsene so wenig wie möglich in deren Verlauf eingreifen. Schon Rousseau monierte überflüssiges Intervenieren vonseiten der Erwachsenen: »Pedantisch und lehrsüchtig, wie wir sind, wollen wir den Kindern beibringen, was sie allein viel besser lernen, und vergessen das, was wir allein ihnen hätten beibringen können. Gibt es etwas Dümmeres, als sie mühevoll gehen zu lehren?«[132] Eltern kommt die wichtige Aufgabe zu, das, was in den Kleinen steckt, geduldig abzuwarten sowie aufmerksam und liebevoll zu begleiten. Dazu gehört, dass sie ihre Kinder nicht in Positionen bringen, für die sie noch nicht reif sind. Genauso wenig sollten sie irgendwelche Bewegungsabläufe mit ihnen trainieren. Auch ist es eher nachteilig, die Kleinen zu Fertigkeiten zu animieren, die sie nicht von sich aus zeigen, indem Erwachsene sie etwa dazu auffordern oder verlocken.[133] Schließlich können sich Kinder nach Emmi Pikler Kenntnisse aus eigener Initiative sehr viel besser erarbeiten und aneignen als durch elterliches Training.[134]

Verlangen Eltern ihren Schützlingen Körperhaltungen ab, die sie aktuell überfordern, können sie – wenn auch unbewusst – die selbstwirksame Entwicklung ihrer Kinder stören. Darunter leidet häufig die Qualität kindlicher Bewegungen. Ambitioniertes Helfen macht Babys weder sicherer noch beschleunigt es das Gehenlernen. Im Gegenteil verunsichert es die Kleinen eher, so dass sie häufiger stürzen. Das ist auch der Fall, wenn Eltern übertrieben ängstlich auf die Erkundungsreisen ihrer Kinder reagieren, sie ständig vor sämtlichen Gefahren warnen oder bewahren wollen. Genauso kontraproduktiv ist es, die Kleinen auf Schritt und Tritt überschwänglich zu loben.

Mischen sich Eltern in die kindlichen Selbstversuche ein, indem sie die Kleinen viel zu früh aufsetzen, hinstellen und mit ihnen das Laufen üben, gewöhnen sie Babys möglicherweise fehlerhafte Körperhaltungen an. Es kann sein, dass sich kleine Füße deformieren, die zu früh belastet werden. Das, was Kinder mit fremder Hilfe erwerben, ist nicht etwa Ausdruck ihres individuellen Potenzials, sondern lediglich ein Zerrbild desselben, »denn man greift ja immer ein und was man im Allgemeinen als Entwicklung sieht, ist ein Kunstprodukt«, resümiert Emmi Pikler.[135]

Eltern, die ihren Kindern alles abnehmen, um ihnen den Weg ins Leben zu ebnen, erzeugen eine Pseudoabhängigkeit der Kleinen von den Großen. Sie fügen der natürlichen Abhängigkeit eine künstliche, selbst verursachte hinzu. Indem Mama und Papa beschleunigend eingreifen, machen sie ihren Nachwuchs zu einem »Objekt ihrer eigenen Aktivität – dem sie alles beibringen müssen«, so Pikler.[136] Selbstverständlich helfen Erwachsene ihren Kindern, wenn es nötig ist. Allerdings sollten sie nicht voreilig intervenieren, sondern erst dann, wenn die Kleinen sie unmissverständlich wissen lassen, dass sie von einer Situation überfordert sind.[137] Schließlich sind es gerade die eigenständigen Bemühungen, die Kinder immer kompetenter machen.

Kleine Menschen, die nicht in Körperhaltungen gebracht werden, die sie noch nicht draufhaben, verspüren auch kein Verlangen danach. Hingebungsvoll und ausdauernd üben sie den nächsten Entwicklungsschritt. Gelingt ihnen dieser nicht schnell genug, kann es durchaus sein, dass sie aus Frust zu quengeln beginnen. Dann tun Eltern gut daran, sich nicht von der Ungeduld der Kinder anstecken zu lassen, und voreilig einzugreifen. Besser fassen sie den Gemütszustand der Kleinen in beschreibende Worte, um ihnen zu verstehen zu geben, dass sie mitbekommen, was sie gerade beschäftigt. Ansonsten üben sich Mama und Papa am besten in Geduld und vertrauen darauf, dass ihr Nachwuchs in der Lage sein wird, zur gegebenen Zeit das Problem selbstständig zu lösen. Das Wartenkönnen lohnt sich. Kinder, die von klein auf gelernt haben, jede Körperhaltung aus eigener Kraft einzunehmen, können diese in fast allen Fällen auch selbstständig wieder verlassen. Sie müssen dann nicht quengeln, um Eltern darauf aufmerksam zu machen, dass sie in eine andere Position gebracht werden wollen. Sie tun es selbst. Das hat zur Folge, dass Babys auf jeder Stufe der Bewegungsentwicklung friedlicher sind, da sie sich meistens selbst helfen können.

Kinder, deren Bewegungsfreiheit nicht eingeschränkt ist, verändern im Durchschnitt alle dreißig Sekunden ihre Lage, und zwar sobald sie sich eigenständig auf den Bauch drehen können. Emmi Piklers Beobachtungsprotokollen des Kinder- und Säuglingsheims Lóczy ist zu entnehmen, dass kein Kind länger als zwei Minuten in derselben Körperhaltung verharrte.[138] Die wachsende Selbstständigkeit der Kleinen hat wiederum einen positiven Rückkoppelungseffekt. Eltern friedlicher Kinder sind im Allgemeinen auch entspannter. Überhaupt gestaltet sich das Zusammenleben in der Familie dadurch viel harmonischer.[139]

Das Nicht-Eingreifen in die selbstständige Bewegungsentwicklung ist nicht mit Gleichgültigkeit oder gar Lieblosigkeit zu verwechseln. Vielmehr ist es »Ausdruck unseres Respektes für die Autonomie des Säuglings«, stellt Anna Tardos klar.[140] Es setzt ein tiefes Vertrauen in das Selbstbildungspotenzial kleiner Menschen voraus. Vertrauen sorgt dafür, dass Mama und Papa der kindlichen Entwicklung gelassen entgegensehen und sich auch an den kleinsten Fortschritten erfreuen können.[141]

### Das Wichtigste für Eltern auf einen Blick

- *Greifen Sie nicht unnötig in die selbstständigen Bewegungsversuche Ihres Babys ein.*
- *Bringen Sie Ihr Kind nicht in Positionen, die es aus eigener Kraft noch nicht einnehmen kann.*
- *Helfen Sie Ihrem Baby erst, wenn es deutlich signalisiert, dass es Unterstützung braucht.*
- *Vertrauen Sie dem natürlichen Entwicklungspotenzial Ihres Babys.*

### *Ein Erfahrungsbericht*

»Es ist mir ziemlich schwergefallen, mich zurückzuhalten und nicht ständig einzugreifen. Ich habe gelitten, weil ich meinem Sohn immer helfen und die Hand geben wollte. Aber eigentlich muss ich ihn kaum festhalten. Wichtig ist nur, bei ihm zu sein, um Verletzungen zu verhindern, was aber nicht bedeutet, ständig die Hand an ihm dran zu haben. Hannes ist ganz schön temperamentvoll, wenn etwas nicht so funktioniert, wie er es möchte. Allerdings

ist er auch sehr hartnäckig. Natürlich ist es für ihn einfacher und auch für mich stressfreier, wenn ich den Ball, der unter die Couch gerollt ist, für ihn hervorhole. Unbezahlbar aber ist sein freudiges Strahlen, wenn er es nach mehreren Versuchen und einigem Geschimpfe selbst geschafft hat.«
(Silke mit Hannes)

### *Ein Erfahrungsbericht*

»In der Eltern-Kind-Gruppe fiel mir auf, wie friedlich die Kinder mit den angebotenen Spielsachen spielten und sich fortbewegten. Auch die Mütter schienen sehr entspannt zu sein. Meine Tochter war in dieser Runde die Jüngste und konnte nur auf dem Rücken liegen. Da die anderen Kinder bereits auf dem Bauch lagen oder saßen, dachte ich, dass meine Kleine das wohl auch so machen sollte. Ich setzte sie auf, wobei ich hinter ihr saß und sie festhielt. Natürlich fing meine Tochter bald zu quengeln an. Ich wurde etwas nervös, da ich in der Runde nicht unangenehm auffallen wollte. Die Gruppenleiterin machte mich darauf aufmerksam, dass meiner Kleinen die Körperhaltung wohl gerade unangenehm sei, und schlug mir vor, sie auf den Rücken zurückzulegen. In der Fragerunde fand ich es so beruhigend zu erfahren, dass es in Ordnung ist, wenn sich jedes Kind in seinem eigenen Rhythmus entwickelt. Dadurch verlor das Vergleichen mit den anderen Kindern nach und nach an Bedeutung. Ich fühlte mich viel besser, da ich wusste, dass es okay ist, wenn sich meine Tochter langsam entwickelt. Ich freute mich über jede neue Bewegung, die bei ihr nach und nach zum Vorschein kam. Inzwischen bemühe ich mich, meine Tochter so wenig wie möglich in Stellungen zu bringen, die sie von sich aus noch nicht bewältigen kann, wie zum Beispiel das Sitzen. Obwohl ihr das Spielen im Sitzen sehr gefällt, lege ich sie hin und halte ihr Quengeln aus. In den letzten Wochen hat sie große Fortschritte in ihrer Bewegungsentwicklung gemacht. Mittlerweile robbt sie durch den

Raum, dreht sich vom Rücken auf den Bauch und wieder zurück, kniet auf allen vieren oder stützt sich auf einen Arm in halb sitzender Stellung, um mit der anderen Hand zu spielen. Die ›natürliche‹ Entwicklungsansicht, die in der Eltern-Kind-Gruppe vermittelt wird, ist für mich eine große Bereicherung und entspricht genau meiner inneren Haltung: Geduld haben, Zeit geben, liebevollen Umgang pflegen und Zwanglosigkeit erleben.«
(Maria)

## Volle Bewegungsfreiheit

Eine wichtige Voraussetzung für den selbstständigen Erwerb motorischer Fähigkeiten ist volle Bewegungsfreiheit. Kinder brauchen stets genügend Platz für ihre spontanen Aktivitäten, etwa ein geräumiges Spielgitter oder einen geschützten Bereich am Boden. Es obliegt den Großen, die räumliche Umgebung absolut sicher und zuverlässig zu gestalten, so dass die Kleinen ihrer angeborenen Bewegungsfreude freien Lauf lassen können.

Was die Kleinen in jedem Fall einschränkt, sind Babywippen, Babyhopser, Babyschaukeln, Lauflernhilfen und dergleichen mehr. Allen Hilfsmitteln gemeinsam ist, dass Kinder darin fixiert sind. Dadurch können sie sich nicht umdrehen, rollen, kriechen, krabbeln, kurz ihre Körperhaltung verändern, wie es ihrem natürlichen Bewegungsdrang entspricht.

Kinder benötigen außerdem bequeme Kleidung, die sie in ihren Bewegungen nicht hindert. Kleider sollten weder zu klein noch zu groß, zu eng oder zu weit sein. Zum Beispiel haben viele Babyhosen einen zu engen Bund oder sind aus einem zu steifen Stoff gefertigt wie etwa Jeans. Strampelhosen, Latzhosen oder Hosen mit einem elastischen weichen Bund sind dagegen eine Wohltat für runde Babybäuchlein.

Zu bevorzugen sind Kleider aus Naturmaterialien wie Baumwolle, Wolle und Seide oder einer Mischung daraus. Sie lassen die zarte Kinderhaut besser atmen als Kunststofffasern. Insbesondere Wolle hat den Vorteil, dass sie nicht nur wärmt, sondern auch Feuchtigkeit nach außen transportiert.

Kinder brauchen erst Lauflernschuhe, wenn sie anfangen, richtig zu gehen. Beim Schuhkauf achten Eltern darauf, dass sich die kleinen Füße und Zehen stets gut bewegen können.

Babyschlafsäcke, Pucksäcke beziehungsweise Wickelsäcke in der richtigen Länge und Breite leisten gute Dienste, sofern sie genügend Beinfreiheit gewähren.[142] Mit nackten Beinen und Füßen haben Lebensanfänger mehr Hautkontakt, so dass sie sich besser spüren können. Zudem halten Wickelsäcke wärmer als Strampelhosen. Neben der Bekleidung sollten auch Zudecken nicht zu schwer sein und Windeln nicht zu eng, damit sie die freie Beweglichkeit junger Kinder nicht beeinträchtigen.[143]

### Das Wichtigste für Eltern auf einen Blick

- *Sorgen Sie dafür, dass Ihr Baby stets ausreichend Platz für seine spontanen Bewegungen hat.*
- *Verzichten Sie auf Babywippen, Babyhopser, Babyschaukeln und dergleichen mehr.*
- *Wählen Sie ausschließlich bequeme und gut sitzende Kleidung und Schuhe für Ihr Baby.*
- *Bevorzugen Sie Kleider aus Naturmaterialien für Ihr Baby.*

### *Ein Erfahrungsbericht*

»Der Kurs ›Babyschritte‹, an dem ich mit meiner jüngeren Tochter Valentina teilgenommen habe, beantwortete viele meiner Fragen, auf die ich bei meiner älteren Tochter Seraphina keine Antworten gefunden habe. Seraphina lernte erst spät das Krabbeln. Inzwischen weiß ich auch, warum. Sie musste sich nicht besonders anstrengen. Mit acht Monaten konnte sie sitzen, weil wir sie so lange hingesetzt haben, bis sie sich selbst halten konnte. Nur leider

konnte sie außer Sitzen nichts anderes. Sie saß ganz steif da und war dementsprechend immer unzufrieden. Ich musste alles vor sie hinlegen und ihr reichen. Dann haben wir Seraphina das Gehen beigebracht, indem wir sie ganz stur hingestellt und mit ihr das Laufen geübt haben. Mit zwölf Monaten lief sie bereits frei, aber sie konnte sich weder bücken noch etwas aufheben oder aus dem Sitzen aufstehen. Zu krabbeln hat sie erst mit 15 Monaten begonnen. Auch waren wir immer sehr vorsichtig und haben Seraphina vor allen Gefahren beschützt. Infolgedessen konnte sie mit über zwei Jahren nicht einmal die Treppe richtig hoch- und runtersteigen. Inzwischen ist Seraphina fünf Jahre alt und hat alles gelernt, aber es hat lange gedauert. Bis heute traut sie sich oft selbst wenig zu. Sie hat von uns alles serviert bekommen. Ich denke, das ist auch ein Grund für ihre sehr niedrige Frustrationstoleranz.
Meine jüngere Tochter Valentina war ziemlich langsam in ihrer Bewegungsentwicklung. Im Alter von sechs Monaten konnte sie eigentlich nichts von alleine. Während des Kurses hat sie sich dann zum ersten Mal selbstständig vom Rücken auf den Bauch gedreht. Ich war so stolz! Ich sah Valentina plötzlich mit ganz anderen Augen. Doch dann war zwei Monate lang Pause. Aber ich war nicht ungeduldig und habe gewartet, bis der nächste Entwicklungsschritt von alleine kam. Mit acht Monaten drehte sie sich schließlich vom Rücken auf den Bauch und wieder zurück. Wie ein kleiner Soldat ist sie ungefähr zwei Monate später gerobbt. Mit genau zwölf Monaten konnte sie schließlich krabbeln. Nachdem der Knoten einmal geplatzt war, ging alles relativ schnell. Kurz darauf zog sie sich hoch und fing an, sich an Möbeln oder Betten entlangzuhangeln. Als sie sich sicher genug fühlte, übte sie immer häufiger, frei aufzustehen. Sie wollte dabei auch nicht festgehalten werden. Sie stand einfach auf und trainierte ihr Gleichgewicht ungefähr einen Monat lang selbstständig. Es war so schön mit anzusehen, wie stolz sie dabei war. Mit 15 Monaten stand sie einfach auf und lief freihändig los. Valentina ist sehr ehrgeizig, da sie die Erfahrung machen durfte, dass sie etwas alleine ohne Hilfe erreichen kann. Für mich war die

selbstständige Bewegungsentwicklung das Richtige, und dementsprechend haben wir unsere jüngere Tochter auch begleitet. Ich bin so froh, diesen Weg mit Valentina gegangen zu sein, und würde es immer wieder so machen.«
(Klaudyna mit Seraphina und Valentina)

## Babys und Kleinkinder transportieren

Die Sicherheit der Kinder beim Transport hat oberste Priorität. Außerdem sollten sich die Kleinen auch unterwegs so viel wie möglich ungehindert bewegen können. Da jede Transporthilfe die Bewegungsfreiheit generell einschränkt, ist es wichtig, dass Kinder nicht stundenlang darin festgehalten werden. Grundtenor der Experten ist, die Bewegungszeit der Säuglinge nicht unnötig zu begrenzen.[144]

Ein klassischer Kinderwagen mit flachem und geräumigem Aufsatz ist ein geeignetes Transportmittel für Babys und Kleinkinder. Die Liegeschale gewährleistet, dass Säuglinge ihren Rumpf in alle Richtungen frei bewegen können. Zu bevorzugen ist ein Modell, bei dem der Aufsatz so angebracht werden kann, dass sich Groß und Klein beim Schieben anschauen können. Im Fall eines überraschenden oder verunsichernden Ereignisses suchen schon ganz kleine Kinder Augenkontakt zu den Eltern. Auf diese Weise vergewissern sie sich, ob alles in Ordnung ist.[145] Werden Kinder dagegen mit dem Gesicht in Fahrtrichtung transportiert, stürmen Umwelteindrücke ungefiltert auf sie ein. Je nach Umgebung sind sie dann schnell überreizt und können sich bei Irritationen nicht bei den Erwachsenen rückversichern.

Erst wenn Babys aus eigener Kraft sitzen gelernt haben, ist es an der Zeit, sie auch im Sitzen spazieren zu fahren. Meistens ist der Liegeaufsatz dann bereits zu klein. Am besten suchen Mama und Papa nach kreativen Übergangslösungen. Beispielsweise werden Babys bäuchlings in der Liegeschale des Kinderwagens von A nach B gefahren, vorausgesetzt sie beherrschen die Bauchlage schon. Ist die Sicherheit der Kinder dabei nicht mehr gewährleistet, werden sie im Sportaufsatz transportiert. Eine verstellbare Rückenlehne hat den Vorteil, dass die Kleinen anfangs mehr liegend als sitzend herumgefahren werden können. Der Kinderwagen sollte frei von Mobiles, Kinderwagenketten oder anderen fixierten Spielsachen sein.[146]

Auf Autofahrten ist eine Babyschale beziehungsweise ein Kindersitz gesetzlich vorgeschrieben. Diese Transportmittel sollten den neuesten Sicherheitsstandards entsprechen und unfallfrei sein. Wichtig ist, dass sie sachgerecht im Auto angebracht werden. Sobald die Fahrt beendet ist, nehmen Eltern ihre Kinder am besten heraus und sorgen für eine Position, in der sie sich möglichst frei bewegen können. Über das Autofahren hinaus eignet sich die Babyschale weder als Aufsatz für den Kinderwagen noch als Daueraufenthaltsort oder zum Füttern. Allen Kindersitzen gemeinsam ist, dass sie den Kleinen eine gekrümmte Körperhaltung abverlangen und die Beweglichkeit wesentlich einschränken. Auch an der Babyschale sollte kein Mobile oder sonstiges Spielzeug befestigt werden.[147]

Eine Tragehilfe leistet unterwegs ebenfalls gute Dienste. Babys sollten erst dann vertikal getragen werden, wenn ihre Hals- und Rückenmuskulatur ausreichend trainiert ist. Dies erreichen Säuglinge besonders intensiv in der Bauchlage. Deshalb sollten sich Babys im Sinne der Pikler-Pädagogik zumindest eigenständig auf den Bauch drehen beziehungsweise selbst in die Vertikale begeben können, bevor sie aufrecht getragen werden. So ist sichergestellt, dass ihre Kopfhaltekontrolle genügend ausgereift ist. Andernfalls verkrampft sich ihre Halsmuskulatur. Außerdem wird ihre Wirbelsäule zu früh belastet.

Wer sich für eine Tragehilfe entscheidet, lässt sich am besten fachkundig beraten. Die anatomisch korrekte Haltung ist entscheidend. Besonders wichtig ist, dass der Kopf ausreichend gut und sicher gestützt wird. Aus physiologischen Gründen ist es besser, Babys mit dem Gesicht zum Erwachsenen zu tragen. Auf diese Weise wird außerdem vermieden, dass zu viele Reize auf die Kleinen einströmen. Keine Tragevorrichtung eignet sich als Daueraufenthaltsort für Säuglinge, schränkt sie doch die Bewegungsmöglichkeit der Kleinen just in einer Phase ein, in der es entscheidend darauf ankommt, dass sie sich frei bewegen können.[148]

## Das Wichtigste für Eltern auf einen Blick

- *Bevorzugen Sie einen Kinderwagen mit flachem und geräumigem Liegeaufsatz, bei dem Sie Ihr Baby sowohl im Liegen als auch im Sitzen anschauen können.*
- *Montieren Sie den Sitzaufsatz des Kinderwagens möglichst erst dann, wenn Ihr Baby von sich aus das Sitzen gelernt hat.*
- *Verwenden Sie auf Autofahrten einen hochwertigen, unfallfreien, TÜV-geprüften Kindersitz, der dem Alter Ihres Kindes entspricht.*
- *Warten Sie mit dem aufrechten Tragen Ihres Babys so lange, bis es sich zumindest eigenständig auf den Bauch drehen kann.*
- *Setzen Sie keine Transporthilfe als Daueraufenthaltsort Ihres Babys ein.*

### *Ein Erfahrungsbericht*

»Solange Alma noch nicht sitzen konnte, haben wir sie in der Kinderwagenschale herumgefahren. Irgendwann hat sie es geliebt, sich darin auf den Bauch zu drehen und vorne herauszuschauen. Als sie begann, über den Rand der Schale zu krabbeln, haben wir den Sportwagenaufsatz installiert, in dem wir sie anschnallen konnten. Die Rückenlehne ließ sich ganz flach stellen, was sie gut toleriert hat.«
(Zoe mit Alma)

# 4 Beziehung aufbauen

Emotionale Sicherheit ist das wichtigste Gut, das Eltern ihren Kindern auf dem Weg ins Leben mitgeben können. Das Gefühl, sicher und geborgen zu sein, ist die Grundlage jedweden Lernens.[149] Damit Babys die Herausforderungen des Großwerdens aus sich selbst heraus meistern können, sind sie auf tragfähige, authentische und vor allem Sicherheit bietende Beziehungen angewiesen.[150] »[D]ie für das Kind verlässliche Bindung zu seinen Eltern [ist] nicht etwa ein Widerspruch zur Entwicklung von Autonomie«, betont Joachim Bauer, »sondern die Voraussetzung dafür.«[151]

Selbstverständlich lassen Eltern ihre Kinder spüren, dass sie sie liebhaben. Das bedeutet jedoch nicht, dass sie sie mit Liebkosungen überhäufen müssen.[152] Ein Zuviel an Zuwendung kann einer harmonischen Entwicklung sogar eher abträglich sein. Werden sie überbehütet, macht die Kleinen das emotional abhängig von den Großen und führt letztlich zu Unselbstständigkeit.[153] Genauso wenig müssen Eltern ständig etwas mit ihrem Nachwuchs tun. »Um das Kind unsere Liebe fühlen zu lassen, müssen wir es (…) nur kennenlernen, gut beobachten, bemerken, wie und was *ihm* gut [tut] und was schlecht für *es* ist«, sagt Emmi Pikler.[154]

Ein wichtiger Baustein beim Beziehungsaufbau und eine gute Gelegenheit für Eltern, ihre Kinder kennenzulernen, ist die Versorgung des Babys. Wickeln, An- und Ausziehen, Baden, Stillen und Füttern bieten natürliche und regelmäßig wiederkehrende Anlässe, sich dem Baby mit ungeteilter Aufmerksamkeit zuzuwenden, seine Regungen feinfühlig wahrzunehmen sowie angemessen und prompt darauf einzugehen. Es kommt nicht allein darauf an, was Erwachsene mit Babys tun, sondern vor allem darauf, wie sie das, was sie sowieso mit ihnen tun müssen, gestalten.[155] Oft wird unterschätzt, wie sehr die Art des Umgangs mit den Kleinen bei ganz alltäglichen Handlungen wie Wickeln, Mundabwischen oder Hochnehmen zu einer tragfähigen Eltern-Kind-Beziehung und somit zu einer gelungenen Entwicklung beitragen kann.[156]

## Kooperation von Anfang an. Zum Pflegeansatz Emmi Piklers

Das von Emmi Pikler erarbeitete Pflegekonzept berücksichtigt über die körperlichen Belange hinaus sowohl die Autonomie kindlicher Bewegungen als auch das tiefe Bedürfnis der Säuglinge nach emotionaler Sicherheit und Geborgenheit sowie Selbstwirksamkeit von Anfang an. Körperpflege wird im Allgemeinen als hygienische Notwendigkeit aufgefasst. Meistens wird sie eher schnell erledigt, um anschließend mehr Zeit zum gemeinsamen Spielen oder für andere Aktivitäten zu haben. Im Unterschied dazu räumt Emmi Pikler pflegerischen Aktivitäten einen hohen Stellenwert im Alltag mit Säuglingen ein. Pflege beschränkt sich nicht darauf, die Kleinen bloß zu sättigen oder frisch zu machen, sondern bietet darüber hinaus Gelegenheit, die emotionalen Bedürfnisse gleichermaßen zu nähren. Schließlich wirkt sich die Art und Weise, wie die körperlichen und emotionalen Bedürfnisse der Kleinen zu Beginn des Lebens befriedigt werden, entscheidend auf die Entwicklung ihres Selbstbilds, Selbstwertgefühls sowie ihres Verhältnisses zur Welt aus.

Werden Babys nicht in eiliger Routine, sondern in aller Ruhe einfühlsam, respektvoll und kooperativ gepflegt, kann sich eine besondere Beziehungsqualität entfalten, die beide Seiten als befriedigend erleben. Das setzt voraus, dass Eltern ihre Säuglinge von Geburt an als kompetent wahrnehmen und ihnen Gelegenheit zum Mitwirken geben. Dadurch fühlen sich Kinder ermutigt, sich immer differenzierter an der Pflegepraxis zu beteiligen, anstatt alles nur passiv über sich ergehen zu lassen. Die innige gemeinsame Zeit bei der Pflege sollte so regelmäßig und verlässlich im Alltag der Säuglinge und Kleinkinder wiederkehren wie der tägliche Sonnenaufgang.

Anfänglich empfinden Neugeborene das An- und Ausziehen, Wickeln und Baden oft als unangenehm, auch wenn sie sanft und behutsam berührt werden. Fühlen sie sich unwohl, beginnen sie möglicherweise zu weinen. Das ist nicht weiter schlimm, müssen sie sich doch an das Leben außerhalb des Mutterleibes mit all den Unannehmlichkeiten erst gewöhnen. Wichtig ist, dass sie bei sämtlichen Interaktionen Geborgenheit und Sicherheit erleben, auch in weniger behaglichen Situationen. Eltern nehmen die Fürsorge ihrer Neugeborenen nach Möglichkeit selbst in die Hand. Auch wenn sie anfangs unsicher und ungeübt sein sollten, tragen sie durch ihre feinfühlige Art wesentlich effektiver zu einem guten Start ins Leben bei, als es routinierte Handgriffe tun. Je umsichtiger, respektvoller und aufmerksamer Säuglinge gepflegt und je früher sie zum Mitmachen eingeladen werden, desto eher gewinnen sie emotionale Sicherheit und Vertrauen in das Leben.[157]

Damit beide Seiten die Pflege als angenehm und bereichernd erleben, bedarf es bestimmter Voraussetzungen.

## Der Wickeltisch

Optimaler Ort für die Babypflege ist der Wickeltisch. Allerdings ist die Liegefläche bei herkömmlichen Wickelkommoden meistens zu klein. Abhilfe kann beispielsweise eine circa zwei Zentimeter dicke Holzplatte mit einer Tiefe von 70 bis 90 Zentimetern und einer Breite von 90 bis 100 Zentimetern schaffen, die am Unterbau sicher befestigt wird. Der Wickeltisch hat eine gute Höhe (circa 85 Zentimeter), wenn sich die Großen bequem über das Gesicht der Kleinen beugen können, ohne Rückenschmerzen zu bekommen. Die Liegefläche sollte so tief sein, dass die Füße der Heranwachsenden im Liegen nicht über den Rand hinausragen. Mit zunehmenden motorischen Fertigkeiten wollen Kinder sich auch während des Windelwechselns frei bewegen. Deshalb ist eine Wickelfläche gut, die breit genug ist, damit sich die Kleinen gefahrlos vom Rücken auf den Bauch und wieder zurück drehen können.

Ein Fallschutz an drei Seiten bietet Sicherheit und Orientierung. Ist das Gitter hoch genug (circa 60 Zentimeter), können sich Kinder später im Stehen

*Sicherheitsgriff auf dem Wickeltisch*

daran festhalten. Sicherheitshalber lassen Eltern sie niemals unbeobachtet auf dem Wickeltisch. Das gilt schon für Neugeborene. Wenden sich die Großen auch nur für einen Augenblick ab, legen sie stets eine Hand auf den Oberkörper der Kleinen. Berührung ersetzt die Wahrnehmung mit den Augen. Durch Körperkontakt entgeht Pflegepersonen nicht, falls sich Babys unvermutet von der Stelle rühren und somit Gefahr laufen, vom Wickeltisch zu fallen. Sollten sich Mama und Papa während der Pflegeprozedur ausnahmsweise vom Wickeltisch entfernen müssen, nehmen sie die Kleinen auf den Arm oder bringen sie an einen sicheren Ort.[158]

Manche Eltern wickeln ihre Sprösslinge aus Sorge vor Stürzen von der Wickelkommode auf dem Boden. Zu bedenken ist, dass Kinder nur in den ersten Lebensmonaten beim Wickeln auf dem Rücken liegen bleiben. Sobald sie motorisch fit werden, wechseln sie ständig ihre Körperhaltung. Erfahren sie keine räumliche Begrenzung wie zum Beispiel durch eine Wickelkommode mit hohem Gitter, machen sie sich unweigerlich davon. Hinzu kommt, dass das Wickeln auf dem Boden mit der Zeit unbequem für Erwachsene wird, worunter die Qualität der Zuwendung leidet.

Kinder, die bereits stehen können, wollen oft auch in dieser Haltung gewickelt werden. Dafür eignet sich etwa ein niedrigerer und kleinerer Umkleidetisch (circa 60 Zentimeter hoch, 75 Zentimeter breit und 50 Zentimeter tief). Je nach räumlicher Gegebenheit sollte er wie die Wickelkommode an drei Seiten mit einem hohen Gitter versehen werden, damit sich die Kleinen im Stehen daran festhalten können. Die Großen nehmen auf einem Hocker davor Platz. Können sich Kleinkinder bereits mehr oder weniger selbstständig anziehen, erhalten sie zum Umkleiden einen festen Ort auf dem Boden, der zum Beispiel durch ein Handtuch gekennzeichnet wird, auf dem sie sicher stehen oder sitzen können. Die Erwachsenen lassen sich bei Bedarf auf einem Schemel davor nieder. Die verschiedenen, dem Entwicklungsstand der Kinder angepassten Wickelorte haben den Vorteil, dass sich Klein und Groß gleichermaßen wohlfühlen und sich auf Augenhöhe begegnen können, was eine wichtige Voraussetzung für eine gute Zusammenarbeit bei der Pflege ist.[159]

## ! Tipp: Die Wickelauflage

Auch auf der Wickelkommode empfiehlt Pikler, dass Säuglinge eher hart und flach liegen. Eine ein bis zwei Zentimeter dicke Auflage reicht vollkommen aus. Für den Hausgebrauch eignet sich beispielsweise ein großes Duschhandtuch, gefaltet auf die entsprechenden Maße, oder eine waschbare Decke aus Baumwolle. Mit einem einfachen Nässeschutz sowie einem weiteren Handtuch darüber ist die Auflage leicht zu reinigen. Nicht zu empfehlen sind dagegen handelsübliche Wickelauflagen aus dickem Schaumstoff, da sie zu weich sind. Babys sinken darin ein, so dass ihre Bewegungsfreiheit eingeschränkt wird. Besonders ungünstig erweisen sich Wickelauflagen mit einem Keil, da sie eine Vertiefung bilden, was die Pflege erschwert.[160]

## ! Tipp: Mobiles und Bilder über dem Wickelplatz vermeiden

Über der Wickelkommode sollten weder Mobiles noch Bilder oder Regale mit Pflegeutensilien oder Kinderkleidern angebracht werden, da sie die Aufmerksamkeit der Babys auf sich ziehen. Derlei Dinge lenken Säuglinge gerade von dem ab, worauf es bei der Pflege ankommt: ein gelungenes Miteinander.[161]

## Tipp: Alles Notwendige für die Pflege herrichten

Vor jedem Wickeln, Baden oder Füttern richten Mama und Papa zuerst alles Notwendige her, damit sie das innige Zusammensein bei der Pflege nicht unnötig unterbrechen müssen. Erst wenn alles in greifbarer Nähe ist, holen Eltern ihre Kinder herbei. Dank der ungestörten Zuwendung erleben Babys sämtliche Pflegehandlungen schon bald als wohltuende Einheit und genießen die gemeinsame Zeit mit den Großen.[162]

### Das Wichtigste für Eltern auf einen Blick

- *Achten Sie darauf, dass die Liegefläche des Wickeltischs groß genug ist.*
- *Sichern Sie den Wickeltisch mit einem hohen Gitter an den Seiten.*
- *Lassen Sie Ihr Baby sicherheitshalber niemals unbeobachtet auf dem Wickeltisch liegen – auch nicht für einen Moment.*
- *Berühren Sie Ihr Baby mit einer Hand, falls Sie sich kurz vom Wickeltisch abwenden müssen.*
- *Verwenden Sie eine feste und flache Wickelauflage.*
- *Verzichten Sie auf Mobiles und andere Dekorationsobjekte über dem Wickeltisch.*
- *Bereiten Sie alles Notwendige für die Pflege vor, bevor Sie Ihr Baby aufnehmen.*

## Das Baby auf jeden Situationswechsel vorbereiten

Bevor Eltern etwas mit ihren Säuglingen tun, bereiten sie sie stets darauf vor, indem sie die Kleinen persönlich ansprechen und ihren Blick suchen. Mit einfachen und präzisen Worten kündigen sie jeweils an, was sie mit ihnen vorhaben. Das hilft Säuglingen, ihre Aufmerksamkeit auf das zu richten, was auf sie zukommt, und sich immer besser darauf einzustellen.[163] Die Kinder auf jede kleinste Veränderung ihrer Situation aufmerksam zu machen, lag Emmi Pikler besonders am Herzen: »Von Geburt an sagen wir dem Säugling, was wir mit ihm tun, was wir von ihm erwarten, was jetzt folgen wird, als würden wir laut denken.«[164] Das begleitende Sprechen dient weniger dazu, Kindern alles intellektuell zu erklären, als sie vielmehr in warmem, ruhigem Plauderton darüber zu informieren, was als Nächstes mit ihnen passiert, und zwar, noch ehe es geschieht.[165] Selbst ein so scheinbar belangloser Vorgang wie das Auf-den-Arm-Nehmen teilen Eltern vorher mit. Eine entsprechende Geste der Erwachsenen hilft den Kleinen, das Gesagte besser nachzuvollziehen.[166]

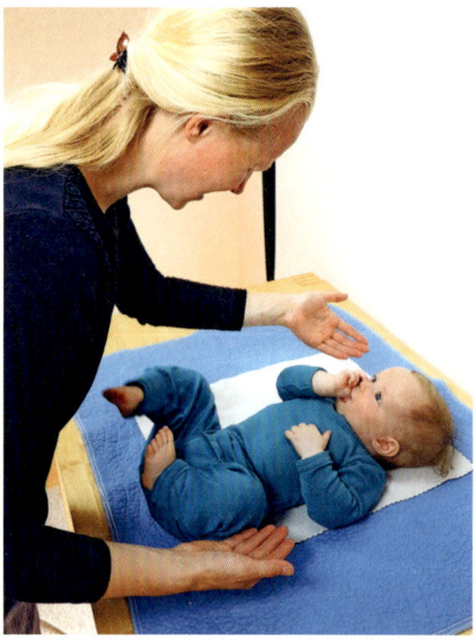

*Ankündigen mit Gesten*

Eltern sollten ihren kleinen Kindern beispielsweise auch sagen, dass sie den Raum verlassen und zurückkommen werden, um zu vermeiden, dass sich die Kleinen plötzlich im Stich gelassen fühlen. Haben Babys oft genug mitbekommen, dass Erwachsene ihre Abwesenheit zuvor ankündigen und verlässlich wiederkehren, verlieren sie in Phasen verstärkter Anhänglichkeit auch nicht das Vertrauen. Selbst auf die Gefahr hin, dass die Kleinen zu weinen beginnen, sollten Mama und Papa sie über ihr Weggehen vorab unterrichten. Stehlen sie sich heimlich davon, ist das ein Vertrauensbruch für Kinder. Darunter leiden sie langfristig mehr als kurzfristig unter der Wahrheit.[167]

Kündigen Bezugspersonen eine Veränderung an, hat das den Vorteil, dass die Kleinen nicht jedes Mal unangenehm überrascht oder gar überrumpelt werden, indem sie etwa unvorbereitet beim Spielen oder Schlafen unterbrochen oder unvermutet auf den Arm genommen werden. Auch auf dem Bauch liegende Säuglinge sollten Mama und Papa nicht einfach von hinten aufheben. Sie drehen das Baby besser zuerst auf den Rücken, so dass sie Blickkontakt aufnehmen können. Dann erst nehmen sie es hoch.[168] Überhaupt empfiehlt Emmi Pikler, dass sich Erwachsene ihren Kindern immer von vorne nähern. Auch Objekte, mit denen die Kleinen gleich in Kontakt kommen werden, bringen sie nach Möglichkeit stets von oben und vorne ins Gesichtsfeld der Kinder: sei es den Waschlappen beim Reinigen des Windelbereichs, den Ärmel der Jacke beim Anziehen oder den Löffel beim Füttern.[169]

Die Erwachsenen profitieren auch selbst davon, dass sie ihre Handlungen kommentieren. Das begleitende Sprechen unterstützt sie darin, während des intensiven Zusammenseins in Gedanken nicht abzuschweifen.[170] Für viele mag es zunächst ungewohnt erscheinen, bereits Neugeborenen zu sagen, was sie mit ihnen vorhaben. Sobald sie aber bemerken, wie aufmerksam die Kleinen ihren Worten folgen, wird der Dialog aus Worten, Blicken und Gesten bald zu einer guten Gewohnheit.[171]

### Das Wichtigste für Eltern auf einen Blick

- *Kündigen Sie Ihrem Baby stets an, was Sie mit ihm vorhaben.*
- *Begleiten Sie Ihre Worte gegebenenfalls mit einfachen Gesten.*
- *Sagen Sie Ihrem Baby beispielsweise auch, dass Sie den Raum verlassen werden.*
- *Nehmen Sie Ihr Baby nicht überraschend von hinten auf oder unterbrechen es unvorbereitet beim Spielen oder Schlafen.*
- *Bringen Sie einen Gegenstand zuerst ins Gesichtsfeld Ihres Babys, bevor es damit in Berührung kommt.*

*Ein Erfahrungsbericht*

»Einige Dinge, die sich bei unserem ersten Kind anfangs ungewohnt angefühlt haben, ergeben sich bei unserem zweiten Kind wie von selbst – es fühlt sich sogar unnatürlich an, wenn ich sie nicht tue. Das betrifft beispielsweise das Sprechen mit dem Kind. Bei jeglicher Interaktion entsteht ganz selbstverständlich eine Unterhaltung mit ihm, und das seit der Geburt. Ohne groß darüber nachzudenken kündige ich Inti alles an, was ich mit ihm vorhabe. Ab und zu vergesse ich es, weil ich in Gedanken mit anderen Dingen beschäftigt bin. Prompt bekomme ich Rückmeldung von ihm: Er wehrt sich, erschrickt oder beginnt zu weinen. Dann fühlt sich unser Zusammensein auch nicht so harmonisch an wie sonst.«
(Irene mit Inti)

*Ein Erfahrungsbericht*

»Die Schulung meiner Aufmerksamkeit im Pflegekurs bei Natalie für den Umgang mit Babys und Kleinkindern hat sich auch positiv auf den Patientenkontakt im Rahmen meiner ärztlichen Tätigkeit ausgewirkt. Ich arbeite teilweise mit neurologisch schwer betroffenen Patienten, die aufgrund ihrer Erkrankungen häufig ähnlich verletzlich und hilfsbedürftig sind wie kleine Kinder. Welch enormen Unterschied allein die persönliche Ansprache und das Ankündigen meines Handelns für den Patienten macht, erstaunt mich immer wieder aufs Neue: Die Menschen finden zu einer Ruhe und einem Vertrauen, die letztlich auch für mich selbst den Kontakt einfacher und erfüllender werden lassen, so dass beide Seiten profitieren – genau wie in der Begegnung mit meiner zweijährigen Tochter.«
(Moritz mit Anouk)

## Die kindliche Reaktion abwarten

Wesentlich für ein gelungenes Miteinander ist, dass Erwachsene den Kleinen ausreichend Zeit und Raum lassen, um auf ihre Ankündigung hin zu reagieren. Schon junge Säuglinge zeigen durch ihre Körpersprache und Mimik an, ob sie bereit sind zu kooperieren oder nicht. Deshalb suchen die Großen immer wieder Blickkontakt zu den Kleinen. Besonders sensibel nehmen sie die kindliche Befindlichkeit mit ihren Händen wahr.[172] Auch die Winzlinge spüren, ob sanft und geduldig oder eher eilig und grob mit ihnen umgegangen wird. Die Hände der Erwachsenen stellen die erste Beziehung des Babys zu seiner Umgebung dar.[173] Sie bedeuten ihm »alles, sie sind der Mensch, die Welt. Die Art, wie wir ihn anfassen, aufheben, kleiden: Das sind wir, genauer, charakteristischer, als unsere Worte, unser Lächeln, unser Blick«, resümiert Emmi Pikler.[174]

Bereits in den ersten Lebenstagen zeigen Säuglinge durch ihr Verhalten, ob ihnen die Berührung der Großen behagt oder nicht, indem sie sich etwa entspannen oder verspannen. Wie Eltern ihre Kinder zu Beginn des Lebens anfassen und mit ihnen umgehen, wirkt sich entscheidend darauf aus, ob sie sich sicher und geborgen in ihrer Obhut fühlen. Hegen Erwachsene echtes Interesse an den Kleinen und bemühen sich ernsthaft um Kooperation, wird es ihnen auch gelingen, pflegerische Tätigkeiten mit einfühlsamen, tastenden, fragenden Händen auszuführen.[175]

Bevor Eltern eine angekündigte Handlung in die Tat umsetzen, etwa den Ärmel überstreifen, warten sie die kindliche Reaktion ab und fassen diese in beschreibende Worte. Bleibt die Reaktion aus, obwohl die Großen lange genug gewartet haben, setzen sie die begonnene Tätigkeit selbstverständlich fort, indem sie sich die spontanen Bewegungen der Babys zunutze machen. Stoßen sie aber auf Widerstand etwa in Form angespannter Muskeln, halten sie inne und machen erst weiter, wenn die Spannung der Säuglinge spürbar nachgelassen hat. Je jünger Kinder sind, desto kürzer darf die Wartezeit sein.

Indem die Kleinen stets Rückmeldung von den Großen erhalten, lernen sie sich selbst sowie ihre Bedürfnisse immer besser kennen. Durch die abwartende Haltung der Erwachsenen, das Berücksichtigen der kindlichen

Befindlichkeit sowie ihrer individuellen Vorlieben haben kleine Menschen außerdem die Chance, den Moment der Reaktion selbst zu wählen und den gemeinsamen Prozess zu beeinflussen. Würden Mama und Papa ihrem Kind einfach alles nur überstülpen, ohne dass es Bereitschaft dazu signalisiert, würden sie ihm die Möglichkeit nehmen, sich wahrgenommen zu fühlen und sich immer aktiver in pflegerische Tätigkeiten einzubringen. In diesem Fall verlieren Kinder ihren Subjektcharakter. Stattdessen werden sie zu einem Objekt elterlicher Bemühungen.[176]

Echte Kooperation setzt voraus, dass Mütter und Väter die Reaktionen ihrer Babys stets aufmerksam wahrnehmen, geduldig abwarten und angemessen darauf eingehen. Sie bieten ihren Kleinen die Möglichkeit, sich aktiv in die Pflege einzubringen, und ermutigen sie dazu, ohne ihnen etwas abzuverlangen. Auf der Basis einer gelungenen Beziehung, die ihrerseits auf einer echten Zusammenarbeit von Erwachsenem und Kind bei der Pflege beruht, sind die Kleinen in der Regel gerne bereit mitzuwirken. Mit der Zeit werden sie auf diese Weise immer selbstständiger. Charakteristisch für diese Art der Selbstständigkeit ist, dass Kinder sie aus purer Freude am Selbermachen erwerben. Sie wollen selbst etwas können, zum Beispiel die Schuhe anziehen. Sie führen eine Aktivität nicht etwa deshalb alleine aus, weil dies von den Erwachsenen eingefordert wird. Eine von außen auferlegte Selbstständigkeit würde die Kleinen womöglich emotional und sozial überfordern. Sie fühlen sich dann in ihrer Hilfsbedürftigkeit nicht wirklich wahr- und ernst genommen. Unter Umständen empfinden sie die unterlassene Unterstützung als Ablehnung ihrer Persönlichkeit. Lernen Kleinkinder nur auf Geheiß, sich selbst an- und auszuziehen, zu essen, Hände zu waschen oder auf die Toilette zu gehen, kann das Selbstständigwerden von Gefühlen der Unsicherheit, des Unwohlseins und der Verlassenheit begleitet werden. In diesem Fall handelt es sich eher um eine »Pseudoautonomie«.[177]

**Das Wichtigste für Eltern auf einen Blick**

- *Geben Sie Ihrem Baby ausreichend Zeit, auf Ihre Ankündigung zu reagieren.*
- *Fassen Sie die Reaktionen Ihres Babys in beschreibende Worte.*
- *Führen Sie pflegerische Tätigkeiten nicht gegen den Willen Ihres Babys aus.*
- *Stoßen Sie auf Widerstand, warten Sie, bis Ihr Baby Bereitschaft signalisiert hat.*
- *Setzen Sie eine Pflegehandlung erst fort, wenn Ihr Baby entspannt ist.*
- *Machen Sie sich dabei die spontanen Bewegungen Ihres Babys zunutze.*

## Das Baby an- und ausziehen

Babys werden stets in derselben Reihenfolge gepflegt. Dadurch können sich Säuglinge besser orientieren und auf das Bevorstehende einstellen. Beispielsweise beginnen Eltern beim An- und Auskleiden immer mit denselben Handgriffen an derselben Körperseite. So gewinnen Babys allmählich Vertrauen in das, was mit ihnen geschieht.[178]

### ! *Tipp: Mit der Drehung arbeiten*

Damit sich Säuglinge während der Pflege sicher fühlen, sollte ihr labiles Gleichgewicht nicht unnötig irritiert werden. Deshalb wird ihre Lage so wenig wie möglich verändert. Um beispielsweise an den Rücken des Babys zu gelangen, müssen Eltern es nicht zwingend auf den Bauch legen oder gar aufsetzen. Stattdessen heben sie es entweder in Rückenlage horizontal von

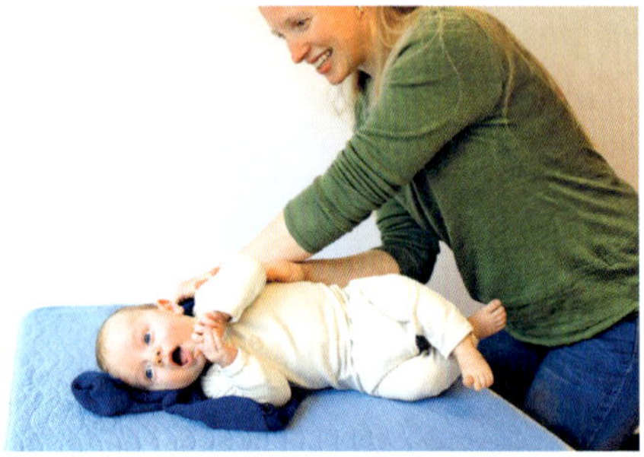

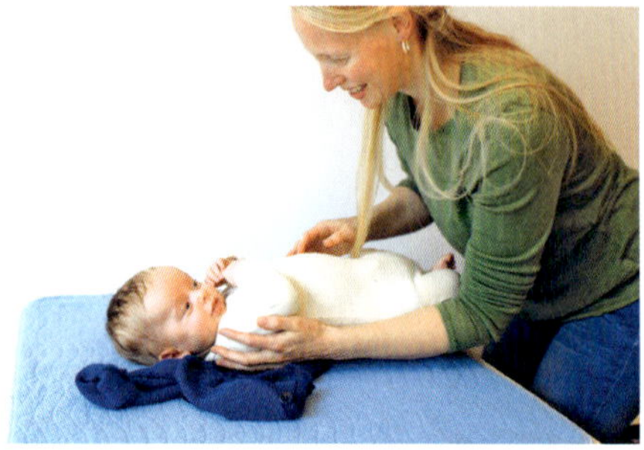

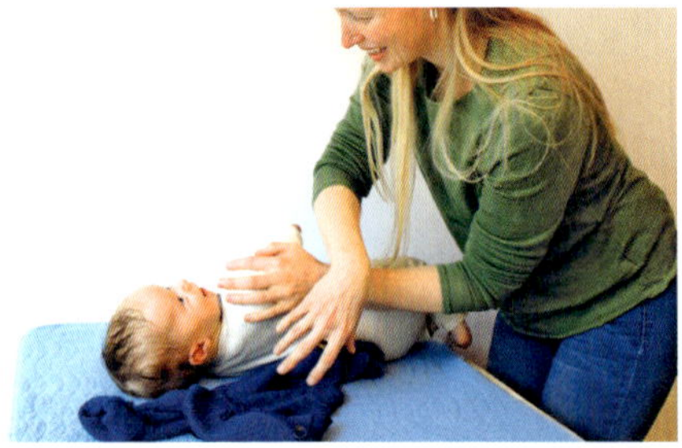

*Drehung beim Wickeln*

der Unterlage ab, wobei sie den Kopf gut unterstützen, und schieben das Kleidungsstück unter seinem Rumpf hindurch. Oder sie drehen die Kleinen in die Seitenlage und stabilisieren sie gegebenenfalls mit einem Unterarm, so dass sie mit beiden Händen agieren können.[179]

## ! *Tipps zur Beinfreiheit während des Windelwechselns*

Während der Pflege im Windelbereich sollten Babys ihre Beine so frei wie möglich bewegen können. Aus diesem Grund halten Eltern weder ein Bein der Kleinen mit einer Hand fest noch ziehen sie Säuglinge an beiden Füßen nach oben, um ihnen etwa die Windel anzulegen. Diese erzwungene Körperhaltung ist nicht nur unangenehm, sondern fixiert auch die Beine. Stattdessen halten Mama und Papa die Beine der Säuglinge mit ihrem Handrücken beziehungsweise Unterarm nur so weit wie nötig nach oben, so dass Rückgrat

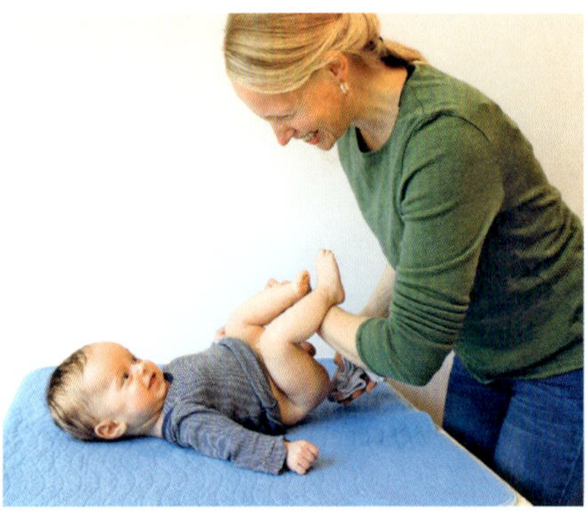

*Beinfreiheit beim Wickeln*

und Becken weitgehend auf der Unterlage liegen bleiben. Auf diese Weise verlieren Babys auch nicht ihr Gleichgewicht und verfügen über größtmögliche Beinfreiheit.[180]

**Das Wichtigste für Eltern auf einen Blick**

- *Führen Sie pflegerische Tätigkeiten stets in gleichbleibender Reihenfolge aus.*
- *Drehen Sie Ihr Baby auf die Seite und halten es bei Bedarf mit einem Unterarm in dieser Position, um an seinem Rücken zu hantieren.*
- *Fixieren Sie die Beine Ihres Babys nicht, indem Sie es an den Füßen nach oben ziehen oder ein Bein festhalten, wenn Sie ihm eine frische Windel anlegen.*
- *Halten Sie die Beine Ihres Babys bei der Pflege im Windelbereich mit einem Unterarm nach oben, so dass es seine Beine frei bewegen kann.*

## Um Mithilfe bitten

Von Anfang an laden Mama und Papa ihre Schützlinge zur Kooperation ein. Beispielsweise bitten sie um den entsprechenden Arm, bevor sie den Ärmel an- oder ausziehen. Feinfühlig berühren sie das betreffende Körperteil, damit die Winzlinge nachvollziehen können, was von ihnen erwartet wird. Eine einladende Geste hilft Säuglingen, immer besser zu begreifen, was die Großen von ihnen wollen. Emmi Pikler empfiehlt: »Wenn Sie es [das Kind] um etwas bitten, warten Sie, bis es Ihrer Bitte nachkommt. Säuglinge reagieren langsam. Berühren Sie es sanft, auch das kleinste Neugeborene ist ein empfindsames Wesen, und die Haut ist ein empfindsames Organ.«[181]

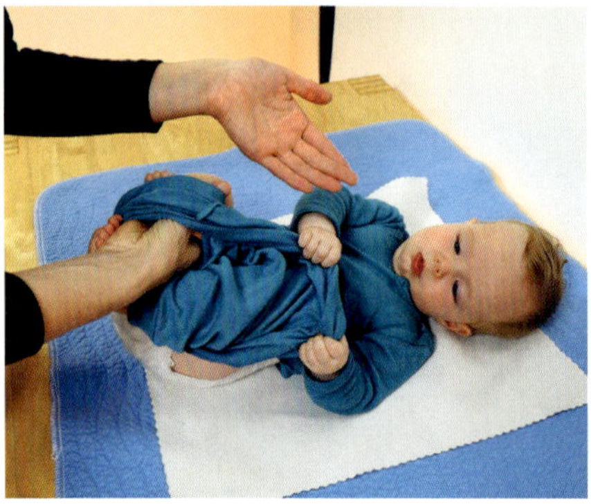

Um Mithilfe bitten

Aufmerksam und geduldig warten Mama und Papa auf jedes noch so kleine Zeichen der Zusammenarbeit vonseiten der Kinder, wie etwa Entspannen oder Verspannen der Muskulatur. Auf diese Weise erhalten Babys von klein auf Gelegenheit zur Mithilfe. Diese wird ihnen angeboten, aber nicht abverlangt. Mitmachen soll ihnen stets Freude bereiten und keine auferlegte Pflicht sein. Babys zur Kooperation einzuladen, dient nicht vordergründig dazu, Babys so schnell wie möglich zur Selbstständigkeit zu erziehen. Vielmehr gibt es Kindern die Chance, sich von Anfang an als aktives Subjekt zu erleben. Mit der Zeit nehmen Babys die eine oder andere Handlung sogar vorweg. Sehen sie den vorbereiteten Ärmel, reichen sie etwa unaufgefordert ihren Arm. Eltern freuen sich, dass ihre Kinder mitmachen, und fassen in Worte, was ihnen gelungen ist.

Die Bereitschaft mitzuhelfen ändert sich im Lauf der Zeit. Während Säuglinge schon bald großes Interesse an pflegerischen Tätigkeiten bekunden, aufmerksam bei der Sache sind und bereitwillig kooperieren, folgen Phasen, in denen alles andere interessanter ist. Sie beachten die gemeinsame Aktivität nur noch wenig und wirken eher beiläufig mit. Viel zu sehr sind sie damit beschäftigt, die Welt um sie herum zu erkunden. Mama und Papa zeigen sich verständnisvoll. Ohne das Ziel aus den Augen zu verlieren, lassen sie die Kleinen gewähren und führen die Pflege in der gewohnten Weise fort.

Die Kooperationsbereitschaft kehrt spätestens dann zurück, wenn Kleinkinder alles selber machen wollen. Es dauert zwar länger, bis sie sich alleine an- oder ausgezogen haben, das Selbermachen trägt aber wesentlich dazu bei, dass die Pflege mit zunehmenden Fähigkeiten der Kinder einvernehmlich und friedlich verläuft. Gewähren Eltern der kindlichen Eigeninitiative weder Zeit noch Raum, verwandelt sich die Pflege nicht selten in einen Kampf auf dem Wickeltisch. Noch bedenklicher ist es, wenn die Kleinen teilnahmslos alles über sich ergehen lassen.[182]

*Ein Erfahrungsbericht*

»Anfangs fand ich es befremdlich, unser Neugeborenes beim Wickeln um Mithilfe zu bitten. Schließlich konnte mir meine elf Wochen alte Tochter ja noch nicht inhaltlich folgen. Aber es war doch erstaunlich, wie schnell ich das Gefühl hatte, dass sie mich verstand. Zuerst war ihre Mitarbeit nur durch ein Entspannen des entsprechenden Körperteils wahrnehmbar. Seit einigen Tagen ist mir eine Veränderung in der Zusammenarbeit beim Wickeln aufgefallen. Alma ist jetzt vor allem morgens, wenn sie ausgeschlafen ist, ganz wach und freudig dabei. Sie schaut mir oft in die Augen und freut sich. Solange es ihre Konzentration erlaubt, verfolgt sie aufmerksam das Wickelritual. Wenn ich sie beispielsweise bitte, mir den Arm zu reichen, wedelt sie freudig mit ihrem Ärmchen. Sie versucht sogar, ihren Arm in den Ärmel zu stecken. Zwar reicht ihre Koordination dafür noch nicht ganz aus, aber ich merke, wie aufmerksam sie ist und ihr Bestes gibt, um mitzuhelfen. Das ist wirklich eine Freude!«
(Zoe mit Alma)

## ! Tipp: Gesten, die zur Kooperation einladen

Offene Gesten wirken wahre Wunder im Umgang mit kleinen Kindern. Sie ergänzen das begleitende Sprechen. Beispielsweise rufen Mama und Papa ihren Nachwuchs mit ausgebreiteten Armen zu sich, bieten ihm auf der geöffneten Hand etwas an oder bitten mit einer wartenden Geste um Rückgabe eines Gegenstandes. Gesten sollten keinen zu starken Aufforderungscharakter haben, sondern diskret genug sein, um Kinder nicht unter Druck zu setzen. Entsprechende Gebärden drücken eine Erwartungshaltung der Erwachsenen aus. Mit halb ausgeführten Bewegungen räumen sie Kindern die Möglichkeit ein, selbst die Initiative zum Mitwirken zu ergreifen.

Versuchen Eltern es mit einer bittenden Geste, verleiht das ihren Worten in der Regel mehr Gewicht, als wenn sie ständig auf die Kleinen ein-

Bittende Geste

reden. Allerdings wirken Kinder nur dann freiwillig mit, wenn sie auch eine echte Chance erhalten. Das setzt voraus, dass Eltern ihnen ausreichend Zeit lassen, ihrer Bitte aus eigenem Antrieb nachzukommen. Manchmal bedarf es einer wiederholten Aufforderung, bevor Kinder bereit sind, aus freien Stücken zu agieren. In jedem Fall ist es wichtig, dass die Großen äußerlich ruhig bleiben und innerlich präsent sind. Sie lassen sich weder durch eine verzögerte Reaktion noch ein neckendes Verhalten der Kleinen verunsichern, von ihrem Vorhaben abbringen oder gar verärgern. Einer liebevollen und eindeutigen Aufforderung kommen Kinder in der Regel bereitwillig nach.[183]

### Das Wichtigste für Eltern auf einen Blick

- *Bitten Sie Ihr Baby von Anfang an um Mithilfe.*
- *Warten Sie geduldig auf jedes Zeichen Ihres Babys, bevor Sie Ihre Aktivität fortsetzen.*
- *Nehmen Sie Ihrem Baby einen Gegenstand nicht einfach aus der Hand, sondern bitten es mit Worten und einer wartenden Geste um Rückgabe.*

## Kindlicher Spieltrieb bei der Pflege

Mit der Zeit entdecken Babys, dass sich die Pflege wunderbar zum Spielen mit Mama und Papa eignet. Sobald sie mobil werden, bleiben sie beim Wickeln beispielsweise nicht mehr unbedingt auf dem Rücken liegen. Blitzschnell drehen sie sich mitten im Geschehen auf den Bauch oder richten sich zum Stehen auf. Es kommt auch vor, dass sie zweimal denselben Arm statt den erwarteten reichen. Was nach einer Neckerei aussieht, ist in Wahrheit kindlicher Spieltrieb bei der Pflege. Aus purer Freude lenken kleine Menschen die Aufmerksamkeit der Großen auf ein lustiges Spiel. Auf diese Weise wollen sie die gemeinsame Zeit in die Länge ziehen. Sie kosten ihre Wirksamkeit geradezu aus. Sie machen die wertvolle Erfahrung, dass sie die Beziehung zu den Erwachsenen aktiv beeinflussen können.

Geduldig und humorvoll greifen Eltern die kindliche Initiative zum Spielen auf und freuen sich von Herzen mit ihnen. Wichtig ist, dass der Impuls zum gemeinsamen Spielen von den Kindern ausgeht und nicht von den Erwachsenen. In aller Ruhe und Klarheit leiten die Großen im rechten Moment zum nächsten Handgriff über. Die Kontinuität des Zusammenseins wird dadurch nicht unterbrochen oder zu sehr in die Länge gezogen, sondern fließend weitergeführt.

Nicht wenige Eltern reagieren ungehalten, anstatt Spielangebote als Vertrauensbeweis aufzufassen und sich von der kindlichen Freude anstecken zu lassen. Beharren sie darauf, dass die Kleinen auf dem Rücken liegen bleiben, verwandelt sich das Wickeln schnell in einen Machtkampf. Jegliche Freude an der gemeinsamen Interaktion geht auf beiden Seiten verloren.[184]

Eltern wissen sich oft nicht anders zu helfen, als ihre bewegungs- und spielfreudigen Kinder mit Spielzeug oder Mobiles abzulenken in der Hoffnung, dass sie dann einfacher zu handhaben sind.[185] Dadurch vermitteln sie ihnen – ohne sich darüber im Klaren zu sein – die Botschaft: »Was ich jetzt mit dir mache, ist unangenehm, aber so kannst du es besser aushalten«, sagt Anna Tardos.[186] Was auf den ersten Blick eine Erleichterung zu sein scheint, entpuppt sich bei genauerer Betrachtung als kontraproduktiv. Weder echter Kontakt noch Kooperation finden dabei statt.[187]

Am besten passen sich Eltern den spontanen Bewegungen der Kleinen an. Kinder dürfen während der Pflege die Körperhaltung einnehmen, die ihnen gerade behagt. Können sie bereits gut stehen, empfinden sie es als unangenehm, weiterhin in Rückenlage gepflegt zu werden. Im Stehen fühlen sie sich dagegen sicherer und können die Pflegehandlungen besser mitverfolgen. Mit etwas Ausdauer werden Erwachsene immer geschickter darin, ihre Babys in der von diesen bevorzugten Stellung zu versorgen. Sollte es einmal nicht möglich sein, einen Handgriff in der gewünschten Position auszuführen, bitten Eltern ihren Nachwuchs freundlich um Mithilfe, wobei sie stets Blickkontakt zu ihm aufnehmen. In der Regel kooperieren die Kleinen gerne.[188]

Im Sinne Emmi Piklers wäre es falsch verstanden, die verschiedenen Pflegehandlungen generell zum Spiel zu machen. Gleichwohl die Pflege anfangs eine natürliche Gelegenheit zum gemeinsamen Spielen bietet und die Kleinen mit der Zeit immer mehr spielen wollen, ist es nicht sinnvoll, das Füttern, An- und Ausziehen oder Wickeln endlos auszudehnen. Eltern können der zunehmenden Spielfreude ihrer Kinder gerecht werden, indem sie beispielsweise vor einer pflegerischen Aktivität etwas Zeit mit den Kleinen verbringen. Bevor sie ihr Baby wickeln oder füttern, gehen sie zu ihm und warten bei ihm ab, ob es von sich aus mit ihnen zu spielen beginnt. Es empfiehlt sich, die tägliche Spielzeit außerhalb der Pflege nicht unmittelbar auf eine Mahlzeit oder andere pflegerische Handlungen folgen zu lassen, sondern vor diese zu legen. Es ist für Kleinkinder besser begreiflich, wenn die gemeinsame Zeit in der nachfolgenden Aktivität wie Wickeln, Füttern oder Baden einen natürlichen Abschluss findet. Andernfalls muss das Spiel häufig von den Erwachsenen beendet werden, was für die Kleinen meist nicht nachvollziehbar ist. Genauso schwer fällt es Babys, auf Gesellschaft zu verzichten, wenn sie nach einem Spiel mit Mama und Papa plötzlich zum Schlafen abgelegt werden und sich selbst überlassen bleiben. Sie sind dann zu aufgeregt, um sich einfach niederlegen zu lassen und in Ruhe einzuschlafen. Die Zeit unmittelbar vor dem Schlafengehen eignet sich deshalb weniger gut zum gemeinsamen Spielen.[189]

### Das Wichtigste für Eltern auf einen Blick

- *Bringen Sie der Bewegungs- und Spielfreude Ihres Babys während der Pflege Geduld und Humor entgegen.*
- *Bemühen Sie sich, Ihr Baby in der von ihm bevorzugten Stellung zu pflegen, etwa im Stehen.*
- *Lenken Sie Ihr Baby nicht durch Spielzeug von der gemeinsamen Interaktion ab.*
- *Freuen Sie sich von Herzen mit Ihrem Baby über sein Spiel.*

### *Ein Erfahrungsbericht*

»Als meine Tochter sieben Monate alt war, hatte ich das Gefühl, dass sie jetzt alles interessanter fand als das Wickeln. Sobald ich Noemi zum Wickeln auf den Rücken legte, drehte sie sich im Handumdrehen auf den Bauch, so dass die Pflege richtig anstrengend wurde. Teilweise war ich fast sauer auf sie, weil ich das Gefühl hatte, dass wir gegeneinander arbeiteten. Als ich mir dann klarmachte, dass mich Noemi nicht absichtlich ärgern wollte, sondern nur in ihr Tun vertieft war oder mit mir spielen wollte, unternahm ich zwei Dinge. Ich gestaltete den Wickeltisch so schlicht wie möglich, indem ich dafür sorgte, dass keinerlei Gegenstände in ihrer Reichweite lagen. Außerdem kündigte ich Noemi immer mehrfach an, was ich von ihr erwartete. Wenn sie dann nicht mitmachte, kommentierte ich ohne Wertung, was sie gerade tat: ›Du betrachtest den Fleck auf dem Holz.‹ Daraufhin wiederholte ich, was ich von ihr wollte. Nachdem ich das Ganze zwei bis drei Mal, wiederholt hatte, machte Noemi erstaunlicherweise mit. Manchmal drehte sie sich zwar in die andere Richtung, aber ich musste nicht mehr gegen sie arbeiten. Seither haben wir beide wieder Freude am Wickeln!« (Mila mit Noemi)

## Vorteile der kooperativen Pflege

Bei der Pflege lernen Babys sowohl sich selbst, ihren Körper und ihre Bedürfnisse, als auch die Erwachsenen besser kennen. Die Art und Weise, wie Mama und Papa sie berühren, entscheidet mit darüber, ob sie sich wohl oder unwohl in ihrer Haut fühlen. Bemühen sich die Großen, jede pflegerische Tätigkeit feinfühlig, aufmerksam und kooperativ zu gestalten, bauen Kinder ein positives Selbstbild auf.[190]

Gehen Erwachsene achtsam und respektvoll mit ihnen um und zeigen ehrliches Interesse an all ihren Regungen, machen Kinder die wichtige Erfahrung, dass sie geliebt und wertgeschätzt werden. Mit den Großen zusammen zu sein, ist dann angenehm und mit Freude verbunden. Umgekehrt profitieren auch Pflegepersonen von der Qualität der Beziehung. Sie erleben die gemeinsame Zeit mit den Kleinen genauso angenehm und schön. Eine unpersönliche, auf den hygienischen Aspekt beschränkte Pflege führt dazu, dass sich Babys nicht ausreichend sicher und geborgen fühlen.

Dadurch, dass Säuglinge von klein auf Gelegenheit erhalten mitzuhelfen, können sie das Geschehen beeinflussen. Das stärkt ihr Gefühl der Selbstwirksamkeit. Wie nebenbei werden Kinder immer selbstständiger. Die einfühlsame Umgangsweise sorgt außerdem dafür, dass sie Vertrauen entwickeln.[191] Vertrauen ist nichts Geringeres als »das Fundament, auf dem alle unsere Entwicklungs-, Bildungs- und Sozialisierungsprozesse aufgebaut werden«, resümiert Gerald Hüther.[192]

Das ausgeprägte Einfühlungsvermögen, das Kinder durch eine kooperative Pflegeweise entwickeln, ist vielleicht der größte Gewinn. Schließlich ist Empathie eine entscheidende Voraussetzung dafür, dass Kinder über die engsten Bezugspersonen hinaus auch Beziehungen zu anderen eingehen, mit ihnen Austausch pflegen, sie verstehen und in ihrer Andersartigkeit respektieren können. Das versetzt sie später in die Lage, die Signale ihrer eigenen Kinder richtig zu deuten und zu beantworten.[193]

Ist der intensive Kontakt bei der Pflege fester Bestandteil des Alltags, sind sich die Kleinen der ungeteilten Aufmerksamkeit und persönlichen Zuwendung der Eltern gewiss. Das erleichtert das Zusammenleben mit Säuglingen ungemein, spüren sie doch, wenn Bezugspersonen nicht mit ungeteilter Aufmerksamkeit bei ihnen sind, was im Alltag oft unvermeidbar ist. Da sich Erwachsene nicht den ganzen Tag mit gleichbleibender Intensität mit dem Baby beschäftigen können, ist die gemeinsame Zeit bei der Pflege eine wichtige Orientierungshilfe. Das Kind macht dabei die schöne Erfahrung, dass sich die Großen regelmäßig mit voller Aufmerksamkeit ihm zuwenden. Erhält es darüber hinaus von Anfang an Gelegenheit, sich auch in aller Ruhe mit sich selbst zu beschäftigen, vermitteln Mama und Papa ihm eindeutige Botschaften »wie: ›jetzt bin ich mit dir zusammen‹, oder ›jetzt ist deine Spielzeit und ich bin beschäftigt‹«, sagt Anna Tardos.[194] Das akzeptieren Kinder früher oder später recht gut. Die klare Orientierung macht sie insgesamt zufriedener. Sie sind dann eher bereit, in Sicht- oder Rufweite der Bezugspersonen für sich zu spielen, wissen sie doch mit der Zeit, dass der innige Kontakt wiederkehrt. Auf diese Weise ergibt sich ein natürlicher Wechsel zwischen Zeiten ungeteilter Aufmerksamkeit und innigen Zusammenseins und Phasen des selbstgenügsamen Für-Sich-Seins, in denen sich Babys ihrer notwendigen Entwicklungsarbeit widmen, indem sie etwa selbstständig spielen oder schlafen.[195]

### *Ein Erfahrungsbericht*

»Wie viele andere fragte ich mich des Öfteren, was ich überhaupt noch mit meiner Tochter machen sollte, außer sie mit Liebe, Fürsorge, Ruhe und Geduld zu wickeln, zu pflegen und zu füttern. Ich hielt mich jedoch daran. Die wöchentliche Resonanz meiner Freunde, Verwandten und Bekannten war, dass sie selten ein so ausgeglichenes und zufriedenes Kind gesehen haben, das sich stundenlang mit sich selbst und einigen wenigen Gegenständen beschäftigen kann.«
(Vanessa mit Laura)

# 5
# Wenn Babys weinen

Eine Kindheit ohne Weinen gibt es nicht. Unmutsbekundungen sind das bekannteste Mittel, wie sich Säuglinge ohne Sprachvermögen ausdrücken. Sie weinen, um ihre Mitmenschen darauf aufmerksam zu machen, dass etwas nicht stimmt. Entweder sind ihre Bedürfnisse nicht hinreichend befriedigt, sie erinnern sich an leidvolle Bindungserfahrungen in der Vergangenheit oder fühlen sich bedrückt, weil ihre Bezugspersonen unter emotionalem Stress stehen. Eltern lernen mit der Zeit immer besser zu verstehen, wie das Weinen ihrer Kinder zu deuten ist. An der Art der Klagerufe bemerken sie, ob Babys etwa hungrig sind oder Schmerzen haben, ob ihnen zu warm oder zu kalt ist, ob sie müde oder überstimuliert sind. Besonders in den späten Nachmittags- und frühen Abendstunden sind die Kleinen unzufrieden. Säuglinge weinen auch, wenn ihre vertrauten Bezugspersonen nicht in erreichbarer Nähe sind oder unvermutet ein fremdes Gesicht auftaucht. Es kommt durchaus vor, dass Mama und Papa die wahren Gründe nicht herausfinden. Auch das ist nicht ungewöhnlich. Allein die Tatsache, dass sich Eltern ernsthaft darum bemühen, die Signale des Babys richtig zu deuten, wirkt sich positiv auf die Eltern-Kind-Beziehung aus, stehen sie doch ihrem Nachwuchs emotional zur Verfügung.[196]

## Was tun, wenn das Baby weint?

Sicher ist eines: Auf weinende Babys gehen Eltern ein, und zwar prompt.[197] Die Frage ist allerdings, wie. Sind Babys unzufrieden, ist das für Mama und Papa oft schwer zu ertragen. Schon beim leisesten Wimmern eilen sie herbei, um ihre Kinder abzulenken. Hektisch schwenken sie etwa Spielzeug hin und her, heitern sie mit Späßen auf, nehmen sie auf den Arm, wiegen oder schaukeln sie. Stundenlang tragen oder fahren sie Säuglinge herum. Die meisten Erwachsenen gehen davon aus, dass ausschließlich Tragen und Gewiegtwerden das Kind beruhigen können. Anhaltendes Schaukeln kann jedoch einen leichten Schwindel bei Babys verursachen, weswegen sie dann auch oft einschlafen.[198]

Mütter verfügen zudem über eine ganz besondere Beruhigungsmaßnahme: Sie legen Babys bei jedem Weinen an die Brust oder geben ihnen die Flasche. Zwar nehmen Säuglinge das Angebot meist bereitwillig an. Doch auch wenn Hunger- und emotionale Bedürfnisse gerade bei jungen Säuglingen über das Stillen noch eng zusammenhängen, sollten Eltern nicht ganz automatisch ohne nachzudenken zu diesem Mittel greifen. Stattdessen können sie die Lage mit den folgenden Tipps erst einmal beobachten und auf anderem Weg versuchen, das Gleichgewicht der Kleinen wiederherzustellen. Sind Babys nicht wirklich hungrig, ist es nicht nötig, dass Mutterbrust oder Flasche zum Einsatz kommen. Obwohl das Beruhigungs- und Einschlafstillen meist den gewünschten Effekt hat, nämlich dass kleine Kinder »still« sind, ist es nicht in jedem Fall eine angemessene Reaktion auf Babytränen.[199] Säuglinge lernen dabei, ihren »Kummer im wahrsten Sinne des Wortes zu schlucken, statt ihn auszudrücken«, sagt der Psychologe und Körperpsychotherapeut Thomas Harms.[200] Mitnichten haben kleine Menschen ständig Hunger. Ein permanentes Hungergefühl ist kein natürliches Bedürfnis, allenfalls ein von Eltern künstlich erzeugtes. Nehmen Kinder zu häufig Nahrung zu sich, können sie ihr gesundes Sättigungsgefühl verlieren. Ungünstige Essgewohnheiten im Säuglingsalter werden unter Umständen später in anderer Form fortgesetzt.[201]

Stereotype Verhaltensweisen der Eltern erzeugen zusätzliche Bedürfnisse bei den Kleinen. Wird auf jede Unmutsbekundung schematisch eingegangen, indem die Kleinen etwa herumgetragen und gewiegt werden, gewöhnen sie sich daran. Babys erwarten dann, dass Mama und Papa immer auf die gewohnte Weise reagieren, sobald sie sich unwohl fühlen. Statt nach der wahren Ursache zu suchen und diese angemessen zu beheben, konditionieren Eltern ihren Nachwuchs – ohne es zu wissen – auf Ersatzbefriedigungen.[202]

### ! Tipp: Tief durchatmen!

Lassen sich Eltern von der Unruhe ihrer Kinder anstecken und versuchen, sie in überreiztem Zustand zu trösten, wird ihnen dies kaum gelingen. Eltern müssen sich selbst in ihrem Körper gut spüren, um weinende Säuglinge beruhigen zu können. Geraten die Großen in emotionale Not, wenn die Kleinen heftig weinen, atmen sie am besten tief durch. Das hilft ihnen, wieder ins Lot zu kommen, nach dem Motto: »Spüre dich selbst und du findest dein Kind!«, sagt Thomas Harms.[203] Bewusste Bauchatmung unterstützt gestresste Eltern dabei, wieder Kontakt zu sich selbst aufzunehmen. Indem sie sich auf ihre eigene Atmung konzentrieren und aufmerksam verfolgen, wie sich ihre Bauchdecke hebt und senkt, richten sie ihren Fokus auf ihren Körper statt wie bisher auf das Weinen der Kinder. In der Folge lässt die Anspannung spürbar nach. Das kriegen Babys sofort mit. Nach Thomas Harms bewirkt »*Selbstanbindung*« der Erwachsenen, dass Kinder ihrerseits loslassen können.[204] Gleichzeitig sorgt sie dafür, dass Eltern ihre emotionale Mitte wiederfinden. Dadurch ist der Weg zurück zu einer sicheren Eltern-Kind-Verbindung geebnet.

Sofern das möglich ist, übergeben angespannte Eltern ihr Kind einer anderen Person, um wieder zu sich zu kommen. Geht das nicht, kann es helfen, wenn Erwachsene weinende Babys ablegen und ihnen ruhig und liebevoll erklären, dass sie für eine kleine Weile das Zimmer verlassen werden, um tief durchzuatmen und danach wieder zurückzukommen. Manchmal beruhigen sich die Kleinen just in dieser Zeit. Wenn nicht, bemühen sich Eltern selbstverständlich weiterhin, sie zu beruhigen. Mama und Papa müssen in erster Linie gut für sich selbst sorgen, bevor sie ihre untröstlich weinenden Sprösslinge sicher durch die emotionale Krise begleiten können.[205]

## Kleines Angebot zuerst

Schreien Säuglinge heftig und anhaltend, nehmen Mama und Papa sie möglichst unverzüglich auf den Arm. Babys beruhigen sich am besten durch Körperkontakt. Doch nicht jedes Klagen muss auf die gleiche Weise beantwortet werden, indem sie etwa mechanisch herumgetragen oder gestillt werden. Eltern können auch erst einmal versuchen herauszufinden, ob das Weinen eine Ursache hat, gegen die sie etwas tun können. Dabei gehen sie in kleinen Schritten vor. Zuerst nehmen sie überhaupt wahr, dass sich ihr Nachwuchs meldet. Zeitnah und möglichst gelassen wenden sie sich ihm zu und beobachten ihn genau. Freundlich sprechen sie ihren Nachwuchs an und sagen ihm, dass sie für ihn da sind und sich um ihn kümmern werden. Die Windel wird vorsichtig kontrolliert, vielleicht stört etwas, es ist zu kalt oder zu warm, die Kleinen sind hungrig, überreizt oder müde und wollen schlafen. Auf sämtliche Bedürfnisse gehen Erwachsene angemessen ein.

Zeigt das nicht die gewünschte Wirkung, erweitern die Großen Schritt für Schritt ihr Angebot. Möglicherweise finden die Kleinen durch einen interessanten Gegenstand zurück ins Spiel. Hört das Weinen nicht auf, nehmen Eltern ihre Babys selbstverständlich auf den Arm. Kleine Menschen beruhigen sich oft schon dadurch, dass sie in aller Ruhe aufgenommen und liebevoll gehalten werden, ohne dass Mama und Papa dabei hin- und herlaufen und sie wiegen müssen. Die Großen sprechen leise und mitfühlend mit ihnen. Das bedeutet nicht, dass sie permanent auf die Kleinen einreden. Wie schnell sie sich beruhigen, ist von Baby zu Baby verschieden. Es gibt Kinder, die brauchen sehr viel Zuwendung, bis sie ihr emotionales Gleichgewicht wieder erlangen, andere schaffen das früher. Sobald sich Kinder ausreichend beruhigt haben, legen Mama und Papa sie im Vertrauen ab, dass sie sich selbst regulieren werden. Es kommt durchaus vor, dass Babys erneut zu weinen beginnen. Sprechen Eltern ihnen freundlich zu, beruhigen sie sich häufig bald und finden in ein Spiel oder in den Schlaf zurück.

Die Maxime »Kleines Angebot zuerst« fördert diese natürliche Selbstregulationsfähigkeit kleiner Kinder. Machen Säuglinge wiederholt die Erfahrung, dass Mama und Papa ihnen bei Stress emotional zur Verfügung stehen, ohne gleich alle Register zu ziehen, lernen sie nach und nach, ihre Emotionen selbst zu regulieren. Bieten Eltern ihren Kindern bei jeder kleinsten Unstimmigkeit sofort das ganze Programm an, bleibt beiden Parteien kein Gestaltungsraum mehr. Babys können sich dann nicht als selbstwirksam und kompetent erleben, und Erwachsene haben nur begrenzte Handlungsmöglichkeiten.

Es kann sein, dass das Gehaltenwerden auf dem Arm nicht ausreicht und

Babys weiterhin bitterlich weinen. Möglicherweise haben sie körperliche Beschwerden. Bei Unsicherheiten empfiehlt sich ein Besuch beim Kinderarzt. Sind organische Ursachen wie Schmerzen oder Krankheiten ausgeschlossen und Babys rundum gut versorgt, machen sie durch Weinen darauf aufmerksam, dass sie Nähe und Zuwendung brauchen, um emotionalen Stress abzubauen. Babys dürfen dann in den Armen der Großen nach Herzenslust weinen, ohne dass Eltern das Gefühl haben, sie müssten die Tränen ihrer Schützlinge um jeden Preis und egal wie stoppen. Stattdessen schenken sie ihnen Gehör. Auf diese Weise akzeptieren sie auch kummervolle Gefühle. Mitnichten geht es darum, das heftige Schreien einfach nur auszuhalten und sich womöglich nebenher abzulenken. Vielmehr begleiten Erwachsene die Weinattacken bewusst und bindungssicher.[206]

Die von Thomas Harms entwickelte Methode des »betreuten Babyweinens« bietet Säuglingen einen geschützten Rahmen, in dem sie ihren Kummer loswerden können statt ihn unterdrücken zu müssen.[207]

*Ein Erfahrungsbericht*

»Inti weinte zwischen der fünften und circa elften Lebenswoche sehr viel. Meist ging es am Nachmittag los und dauerte bis zum späten Abend. Diese langen Weinphasen kannten wir von unserer Tochter nicht. Es war für uns sehr herausfordernd und gleichzeitig wesentlich, einen guten Umgang mit dem Weinen zu finden. Wir entschieden uns bewusst gegen Strategien, die ihn von seinem Weinen ›wegbringen‹ würden, wie etwa Schuckeln, Schaukeln, Auf-dem-Ball-Hüpfen oder ähnliches. Stattdessen versuchten wir, ganz ruhig, präsent und liebevoll im Umgang mit unserem Sohn zu sein. Ich setzte mich in ein ruhiges Zimmer und hielt Inti innig und relativ fest im Arm. Dabei versuchte ich, mich von Herzen mit ihm zu verbinden und selber innerlich ruhig zu bleiben. Manchmal erzählte ich ihm, was ich fühlte, summte eine Melodie oder atmete bewusst langsam und tief ein und aus. Wir bemühten uns, eine innere Haltung zu entwickeln, in der alle Emotionen

willkommen sind und es verdienen, gehört und liebevoll begleitet zu werden. Essenziell für mich war, dass ich währenddessen keine weiteren Aufgaben im Rücken hatte, um mich ohne Druck auf die Situation einlassen zu können. Ich bemerkte, dass mich jede einzelne gut begleitete Weinphase meinem Sonn innerlich noch näherbrachte – als würden wir etwas ganz Intimes gemeinsam erleben, einer aufregenden Geschichte gemeinsam zuhören. Oft war Inti nach vielen Stunden abends ›fertig‹ mit dem Weinen, als hätte er mir für diesen Tag alles erzählt. Nicht selten hatten wir anschließend noch einen langen und innigen Blickkontakt. Dann legte ich ihn in sein Bett, wo er meist entspannt und froh lag, bis er selbstständig einschlief und in einen tiefen Schlaf fand. Im Alter von ungefähr elf Wochen wurden Intis Weinphasen deutlich kürzer, und er entspannte sich schneller und besser. Seither ruht er oft lange und gut in sich. Diese innere Ruhe wiederum macht es ihm möglich, die Welt in seinem eigenen Tempo gelassen und selbstständig zu entdecken und somit auch seiner eigenen Bewegungsentwicklung frei zu folgen.«
(Irene mit Inti)

### *Ein Erfahrungsbericht*

»Natalies Rat, das Baby nicht gleich zu bespaßen, wenn es quengelt, fand ich sehr sinnvoll. Wenn meine Tochter genörgelt hat, habe ich sie nicht gleich hochgenommen, sondern bin erst einmal zu ihr hingegangen. Dann habe ich mich zu ihr gesetzt, mit ihr geredet, sie gefragt, was los ist und ihr versichert, dass ich bei ihr bin. Oft hat das schon ausgereicht, und sie war wieder zufrieden. Falls nicht, habe ich ihr ein Spielzeug angeboten und mich etwas mit ihr beschäftigt. Nach einer Weile konnte ich dann aufstehen, und meine Kleine hat wieder selbstständig gespielt. Dabei ist mir wichtig, dass ich meine Tochter nicht alleine lasse, wenn sie wirklich in Not ist. Wenn sie es gebraucht hat, habe ich sie natürlich in den Arm

genommen. Aber erst einmal habe ich es immer anders versucht. Heute kann sich meine Tochter eine Zeit lang wunderbar selbst beschäftigen. Es ist so schön anzusehen, wie sie mit ihrem Spielzeug hantiert und alles ganz interessiert mit ihren kleinen Fingern betastet. Herrlich!«
(Anna mit Sophie)

2

# SPRECHEN LERNEN

# 1 Von der Sprachlosigkeit zur Sprechfähigkeit

Der Spracherwerb ist die zweite Entwicklungsetappe in der frühen Kindheit. Babys werden ohne Sprache geboren. Viele Erwachsene betrachten es als naturgegeben, dass Kinder sprechen lernen. Lebensanfänger erwerben jedoch nicht ohne Weiteres Sprechfähigkeit. Dieser komplexe Vorgang bedarf bestimmter Voraussetzungen. Dazu zählt das Gehenlernen, da die Bewegungsfähigkeit des gesamten Körpers die Basis für die Sprachentwicklung bildet.[1] Aus der Perspektive der Sprach- und Hirnforschung ist Sprechen sogar das »Schwierigste, was wir Menschen im Bereich der Motorik können«.[2]

Im Zuge der Bewegungsentwicklung lernen Kinder ihre Gliedmaßen zu differenzieren. Das heißt, Beine und Füße übernehmen andere Aufgaben als Arme und Hände. Während Tiere in der Regel alle Extremitäten nutzen, um sich vom Fleck zu rühren, gebraucht der Homo sapiens nur Beine und Füße zum Laufen. Indem er auf zwei Beinen geht, werden seine Arme und Hände von der Fortbewegung auf allen vieren entkoppelt. Dadurch kann der Mensch beim Laufen die Hände ganz unabhängig einsetzen.[3] Voraussetzung dafür, die Hände anschließend auch als Feinwerkzeug benutzen zu können, ist ein intensives feinmotorisches Training in der Kindheit.[4]

Zu Beginn des zweiten Lebensjahres entwickeln Kinder eine ausgeprägte Vorliebe für den Gebrauch einer Hand, meistens der rechten. Bei Rechtshändern liegt nicht nur die Steuerungszentrale sämtlicher Bewegungen der rechten Körperseite in der linken Hirnrinde. Dort befinden sich auch die Sprachzentren. Das Gleiche gilt für Linkshänder in der Regel seitenverkehrt. Der spiegelverkehrte Effekt ist darauf zurückzuführen, dass sich die vom Rückenmark aufsteigenden Nervenfasern im Gehirn kreuzen.[5] Die an der Sprachproduktion beteiligten Nervenzellverbindungen liegen also im gleichen Areal wie das System der bewegungssteuernden Spiegelneurone. Möglicherweise stimmen beide Zellnetze sogar teilweise überein.[6]

Wie eng Sprache und Bewegung zusammenhängen, führen beispielsweise die Entdeckungen des amerikanischen Psychologen William S. Condon vor Augen. Er fand heraus, dass beim Sprechen nicht nur die Sprachorgane motorisch aktiv sind. Simultan vollzieht der Sprecher minimale Bewegungen vom Kopf bis zu den Füßen, ohne sich dessen bewusst zu sein. Die über die gesamte Körperoberfläche verteilte, feine Muskelaktivität tritt bei der Sprachproduktion gesetzmäßig in Erscheinung und läuft synchron zu den Sprachlauten ab. Geringfügig zeitversetzt reagiert der Hörer mit den gleichen Mikrobewegungen auf die gesprochene Sprache wie der Sprecher. Die von außen nicht nachvollziehbare motorische Aktivität des Zuhörers machte Condon mithilfe moderner Hochgeschwindigkeitskameras sichtbar. »Bildlich gesehen ist es, als ob der ganze Körper des Hörers in präziser und fließender Begleitung zur gesprochenen Sprache tanzte«, schildert der Forscher das Phänomen der Mikrokinesik.[7] Die exakte Übereinstimmung von Ton und Bewegung konnte er bei allen gesprochenen Lauten verschiedener Sprachen nachweisen, nicht jedoch bei Geräuschen.[8]

Bisher gibt es nur wenige empirische Studien, die sich mit der Wechselwirkung zwischen Motorik und Sprache in der kindlichen Entwicklung befassen. Beispielsweise kam eine Untersuchung bei vier- und fünfjährigen Kindergartenkindern 2006 zu dem Ergebnis, dass motorisch leistungsfähige Kinder bessere Ergebnisse in den Sprachtests in den Bereichen »Verstehen von Sätzen« und »Satzgedächtnis« erzielten. Am augenfälligsten war der Zusammenhang von feinmotorischer Geschicklichkeit und der Sprachentwicklung sowie dem Sprachverhalten der Kindergartenkinder. Diejenigen, die keine guten feinmotorischen Fähigkeiten entwickelt hatten, machten häufiger Fehler in der Aussprache.[9]

Zum Sprechenlernen benötigen kleine Menschen nicht nur intakte Sprachzentren, sondern auch ein gesundes Gehör. Von allen Sinnessystemen erreicht das Hören als Erstes volle Funktionsfähigkeit. Gegen Ende des fünften Schwangerschaftsmonats sind Innenohr und Hörschnecke bereits komplett ausgewachsen. Das versetzt Föten in die Lage, die Geräuschkulisse des mütterlichen Organismus wie zum Beispiel den Herzrhythmus und Atem sowie die Verdauungstätigkeit wahrzunehmen. Am liebsten lauschen Ungeborene der mütterlichen Stimme. Es ist nicht der Inhalt ihrer Worte, der ihr Interesse erregt. Vielmehr richten sie ihre Aufmerksamkeit auf den Klangkosmos der Sprache. Nach der Geburt erkennen Säuglinge außerdem die Stimme ihrer Ernährerin in einem Stimmengewirr zuverlässig wieder.[10]

Eine Studie unter der Leitung von Patricia Kuhl an der Universität von Washington in Seattle stellte 2014 fest, dass im Gehirn von sieben bis zwölf Monate alten Babys beim Hören bekannter und unbekannter Laute nicht nur die Areale aktiviert werden, die für das Hören zuständig sind, sondern gleichzeitig auch die motorischen Bereiche. Während siebenmonatige Säuglinge keinen Unterschied zwischen muttersprachlichen und fremdsprachlichen Lauten machten, wurde bei elf bis zwölf Monate alten Babys eine höhere Aktivität der auditorischen Bereiche festgestellt, wenn sie ihre Muttersprache hörten. Lauschten die Kleinen einer Fremdsprache, reagierten dagegen die motorischen Bereiche stärker, wie es auch bei Erwachsenen der Fall ist. Die Forscher vermuten, dass junge Säuglinge bereits beim Zuhören die Mund- und Zungenbewegungen üben, mit denen entsprechende Laute gebildet werden.[11]

## Die drei Phasen der Sprachvorbereitung

Dem aktiven Spracherwerb geht das passive Sprachvermögen voraus. Ehe Kinder erste Wörter aussprechen, müssen sie bereits ein Verständnis für das Gesprochene entwickelt haben. Bevor Kinder sprechen lernen, ist eine lange Phase der Sprachvorbereitung notwendig. Sie umfasst drei Perioden, die von Kind zu Kind unterschiedlich lang sein können. In der Regel erstreckt sich die Sprachanbahnung über die ersten neun Monate ab der Geburt.[12]

## Erste Phase: 0 bis 3 Monate

In den ersten drei Lebensmonaten lernen Säuglinge ihren Atem willkürlich zu führen. Die anfänglich kaum ausgebildete Atem- und Kehlkopfmuskulatur kräftigt sich dadurch, dass sie benutzt wird. Bereits mit dem ersten Schrei beginnen Neugeborene, ihre Stimme zu trainieren. Jedes Weinen trägt dazu bei, die Ausdrucksmöglichkeiten des Stimmapparats zu erweitern. Bald differenzieren sich die Klagerufe der Säuglinge. An der Art des Weinens erkennen Eltern immer besser, was den Kleinen fehlt. Bei den ersten Lauten, die Säuglinge von sich geben, handelt es sich vorwiegend um Vokale. Im weiteren Verlauf der Sprachentwicklung kommen Konsonanten hinzu.[13] Auch wenn die Allerkleinsten noch nicht den Sinn einzelner Wörter verstehen, lauschen sie bevorzugt der menschlichen Stimme.[14] Wie schon im Mutterleib richten sie ihre Aufmerksamkeit vor allem auf die prosodischen Elemente der Sprache. Beispielsweise achten sie auf Satzmelodie, Tempo, Rhythmus und Pausen.[15]

## Zweite Phase: 3 bis 6 Monate

Die zweite Phase der Sprachvorbereitung geht mit einer anatomischen Veränderung der Sprachorgane einher. Gegen Ende des dritten Lebensmonats beginnt sich der Kehlkopf langsam von seiner ursprünglichen Position über dem Zugang zur Speiseröhre weiter nach unten zu verlagern. Im Alter von rund sechs Monaten ist der Kehlkopf vollständig abgesenkt. Damit erweitert sich der Resonanzraum der menschlichen Stimme. Jetzt erst kann sie ihren vollen Klang entfalten. Das vergrößerte Volumen im Rachenraum animiert Babys dazu, allerlei Klänge und Geräusche von sich zu geben. Genussvoll erproben sie sämtliche Variationen der Klangerzeugung. Bisweilen führen sie endlose Baby-Monologe. Der spielerische Gebrauch ihrer Stimme bereitet Säuglingen sichtlich Freude. Sämtliche Laute, die die Kleinen von sich geben, dienen dazu, die Muskeln ihrer Sprachorgane zu trainieren.

Das Gurren und Babbeln dieser ersten Lallphase sind nicht zu verwechseln mit dem Beginn des eigentlichen Spracherwerbs. Frühe Lautbildungen, die zunehmend um Konsonanten bereichert werden, haben noch nichts mit der

Umgebungssprache gemein. Das erklärt auch, warum die ersten Klangproduktionen von Säuglingen weltweit fast identisch sind.[16]

Die jüngere Forschung fand heraus, dass Babys im ersten Lebenshalbjahr sämtliche der insgesamt rund siebzig kleinsten Lauteinheiten, auch Phoneme genannt, die weltweit existieren, voneinander unterscheiden können. Das ist angesichts der sechs bis sieben Tausend Sprachen, die heute noch rund um den Globus gesprochen werden, eine erstaunliche Hörleistung, die sich allerdings im Alter von ungefähr sechs Monaten wieder verliert. Ab diesem Zeitpunkt konzentrieren Säuglinge ihre Wahrnehmung zunehmend auf die Laute ihrer Muttersprache. Keine Sprache der Welt umfasst alle siebzig Sprachlaute. Beispielsweise kommt die deutsche Sprache mit circa vierzig Phonemen, Englisch mit 44 und Italienisch mit etwa 30 aus. Die Fähigkeit zur universellen Lautwahrnehmung lässt den Umkehrschluss zu, dass Säuglinge in den ersten sechs Lebensmonaten das Potenzial haben, alle gesprochenen Sprachen, die es überhaupt gibt, zu erlernen. Sie sind also nicht von Anfang an auf den Erwerb ihrer Muttersprache festgelegt.[17]

Schon früh setzen Säuglinge Laute gezielt ein, um Kontakt mit ihrer Umwelt aufzunehmen. Sie möchten Mama und Papa auf sich und ihre Bedürfnisse aufmerksam machen. Eltern tun gut daran, nicht nur dem Weinen, sondern auch den frühen Kontaktlauten ihrer Kinder Aufmerksamkeit zu schenken und ein liebevolles Zwiegespräch zu beginnen.[18] Je früher stimmliche Äußerungen der Lebensanfänger auf Resonanz stoßen, was ihnen ein Gefühl von Sicherheit und Geborgenheit vermittelt, desto motivierter sind sie, ihre Kommunikationsfähigkeiten weiter auszubauen.[19]

## Dritte Phase: 6 bis 9 Monate

Während Babys in der zweiten Hälfte des ersten Lebensjahres die Gabe zur unbegrenzten Lautwahrnehmung wieder verlieren, legen sie sich zunehmend auf ihre Muttersprache fest. Zum ersten Mal erklingen erkennbare Lautfolgen der dominanten Umgebungssprache. Deshalb bezeichnen die meisten Wissenschaftler diesen letzten Abschnitt der Sprachvorbereitung auch erst als eigentliche Lallphase.

Mama und Papa erkennen den sprachlichen Fortschritt daran, dass ihre Babys plötzlich typische Silben der Muttersprache aneinanderreihen, die sich aus Konsonanten und Vokalen zusammensetzen, wie etwa »ma-ma-ma« oder »ba-ba-ba«. Die Wahrnehmungsforschung fand heraus, dass Babys nicht etwa auf isolierte Laute achten, sondern stets auf Lautkombinationen.[20] Auch wenn die Klangproduktionen bereits erkennbare Laute der Muttersprache enthalten, handelt es sich noch nicht um Sprachwörter mit inhaltlicher Bedeutung. Sie sind »in Wirklichkeit noch keine Sprache, noch kein Ausdruck von Gedanken«, sagt Emmi Pikler.[21]

## Der Beginn des aktiven Spracherwerbs

Ungefähr im zehnten Lebensmonat endet die lange Phase der Sprachvorbereitung. Babys setzen sich jetzt intensiv mit ihrer Muttersprache auseinander. Statt weiterhin beliebige Lautketten zu produzieren, verwenden sie einzelne Silbenkombinationen wie »Mama« oder »Papa«, »Wau-wau« (Hund) oder »baba« (Ball), um konkrete Lebewesen beziehungsweise Objekte zu bezeichnen. Die Lautabfolgen verwandeln sich allmählich in sinnvolle Wörter. Diese werden nicht mehr eher zufällig geäußert, sondern stehen zunehmend in einem konkreten Zusammenhang. Der aktive Spracherwerb beginnt damit, dass kleine Menschen einzelne Wörter mit spezifischer Bedeutung aussprechen, mit Einwortsätzen.[22]

Genauso wie die Bewegungsentwicklung verläuft auch die kindliche Sprachentwicklung höchst individuell. Sie entfaltet sich unabhängig vom Entwicklungsstand in anderen Bereichen. Beispielsweise gibt es Kinder, die motorisch rasche Fortschritte machen, aber ziemlich lange brauchen, bis sie zu sprechen beginnen. Oder umgekehrt. Die meisten Kinder formulieren im Alter von zwölf bis 18 Monaten oder sogar früher erste Wörter. Wieder andere bilden erst zwischen 21 und 33 Monaten Einwortsätze. Die Zweiwortphase setzt mit einem zeitlichen Unterschied von mehr als zwei Jahren ein. In der Regel reihen Kleinkinder im Alter von circa 18 bis 24 Monaten zwei Wörter aneinander. Um den zweiten Geburtstag verfügen kleine Leute normalerweise über einen Wortschatz von mindestens fünfzig Wörtern, meistens sind es jedoch mehr: ungefähr fünfhundert Wörter. Im dritten Lebensjahr explodiert das Sprachvermögen förmlich. Kleinkinder kennen nicht nur viele Namen für Erscheinungen und können sich sprachlich mehr oder weniger geschickt ausdrücken. Darüber hinaus entdecken sie den Zahl- und Zeitbegriff, ihre Aussprache verbessert sich, Wortschatz sowie Satzlänge nehmen zu und grammatikalische Regeln werden immer korrekter angewendet. Trotz großer individueller Unterschiede hinsichtlich des Alters, in dem Kinder sprechen lernen, bleibt die Abfolge der verschiedenen Phasen der Sprachentwicklung im Großen und Ganzen gleich.[23]

# 2 Welche Bedingungen brauchen Babys, um sprechen zu lernen?

Sprechen ist ein Potenzial, das Kinder mit auf die Welt bringen und nach und nach entfalten müssen. Allerdings sorgt kein genetisches Programm dafür, dass Kinder sprechen lernen. Vielmehr sind sie auf bestimmte Entwicklungsbedingungen angewiesen, damit der lange und komplizierte Prozess der Sprachaneignung gelingen kann.[24]

## Vorbild Mensch

Kinder lernen sprechen durch Nachahmung.[25] Grundlegende Bedingung für den Spracherwerb ist, dass Kinder im Kreis anderer Menschen aufwachsen. Ohne Kontakt zur eigenen Spezies würden Babys nicht sprechen lernen, das lernen sie nur in einer »Sprachgemeinschaft durch Sprechen und Verstehen«.[26] Dass Kinder ohne menschliche Sprachvorbilder keine Sprechfähigkeit erwerben, zeigen vereinzelte Kinderschicksale im Lauf der Geschichte. Beispielsweise können »Wolfskinder«, die ohne Sprache aufwachsen, später nicht mehr richtig sprechen lernen. Bis heute kommt das vor.[27]

Kinder müssen von Anfang an Sprache hören. Dadurch, dass Mama und Papa mit ihnen reden, lernen sie sprechen. Sie beobachten die Lippenbewegungen der Erwachsenen und imitieren sie.[28] Gemäß einer Studie von Kuhl und Meltzoff aus dem Jahr 1982 sind Säuglinge im Alter von rund vier Monaten in der Lage, von den Lippen zu lesen. Sie blickten ein Gesicht länger an, wenn synchron zu den Mundbewegungen ein Ton zu hören war. Es reicht also nicht aus, dass Babys gesprochene Sprache einfach nur hören. Gleichzeitig müssen sie das Gesicht des Sprechers auch sehen, allen voran die Lippen. Mithilfe des Sehens analysiert das kindliche Gehirn das Gehörte, und zwar auf die Millisekunde genau. Sehen und Hören müssen exakt übereinstimmen, damit Babys beides miteinander in Verbindung bringen können. Wie wichtig das Sehen für die Sprachentwicklung ist, wird etwa an blind geborenen Kindern deutlich, die häufig verzögert sprechen lernen.[29]

Ein fataler Irrtum wäre es, mit Säuglingen nicht oder kaum zu sprechen, etwa in der Annahme, dass sie sowieso noch nichts verstehen und auch nicht antworten können.[30] Zwar begreift der Nachwuchs zumindest auf intellektueller Ebene »anfangs von alldem gar nichts, doch achtet er von Anfang an mit Freude auf uns, wenn wir zu ihm sprechen. Er beobachtet unsere Laute, unsere Mundbewegungen«, erläutert Emmi Pikler.[31] Neurowissenschaftlich gesprochen erlangen Kinder Sprechfähigkeit somit durch Spiegelung und Resonanz. Während Eltern mit ihrem Nachwuchs plaudern, werden im Gehirn nicht nur die Bereiche aktiviert, die für das Hören zuständig sind. Gleichzeitig werden auch diejenigen Bereiche der Hirnrinde stimuliert und trainiert, die später an der Sprachproduktion beteiligt sind.[32]

Um sprechen zu lernen, benötigen Babys die soziale Interaktion mit ihrer Umwelt. Sprache muss in Verbindung mit konkreten Personen, Objekten und Aktivitäten stehen. Nur so lernen Lebensanfänger die Bedeutung des Gesprochenen mit der Zeit auch zu erfassen.[33] Wie die moderne Forschung zeigen konnte, lernen Kinder diejenigen Wörter am schnellsten, die in typische Alltagshandlungen eingebettet sind, die also zu bestimmten Tageszeiten, an bestimmten Orten und im Zusammenhang mit den immer gleichen Begriffen verwendet werden. Je eindeutiger Mama und Papa ein Wort in alltäglichen Situationen gebrauchen, desto eher taucht es im Wortschatz der Heranwachsenden auf.[34] Schon Emmi Pikler konstatiert: Wenn der Säugling »immer wieder dieselben Laute, dasselbe Wort im Zusammenhang mit demselben Gegenstand, mit derselben Bewegung oder mit demselben Geschehen zusammen hört, verbindet er das, was er sieht und erfährt, mit dem, was er dabei hört … er beginnt zu verstehen, was wir sagen. Dieser Weg führt zum Sprechenlernen.«[35] Das Kind sondiert somit aus dem Gehörten, wie es die

Hirnforschung ausdrückt, »die zugrundeliegenden *allgemeinen* Wörter sowie die *allgemeinen* Regeln für deren Verwendung«.[36]

Die neuesten Forschungserkenntnisse zum frühkindlichen Spracherwerb bestätigen den außerordentlichen Wert, den Piklers Pflegekonzept für die Sprachentwicklung hat. Die kooperative Pflege integriert alle Kriterien, die für das Sprechenlernen bedeutsam sind: einen festgelegten Pflegeort, bestimmte Uhrzeiten, klare Abläufe, Ankündigen der Handlungen, so dass sie vorhersehbar und überschaubar sind.

Es ist also nicht damit getan, dem Nachwuchs einfach nur einzelne Wörter ohne konkreten Zusammenhang vorzusagen: Hund, Ball, Tisch. Es reicht auch nicht aus, dass sich Eltern in Gegenwart ihrer Kinder miteinander unterhalten. Die Kleinen profitieren vor allem von Wörtern, die direkt an sie gerichtet und in sinnvolle Alltagshandlungen verwoben sind. Vokabelpauken bringt ihnen rein gar nichts.[37] Schließlich ist das menschliche Gehirn »kein Kassettenrekorder und auch keine Festplatte«, merkt Manfred Spitzer an.[38]

Damit Säuglinge überhaupt das Bedürfnis haben, sich mitzuteilen, brauchen sie stabile menschliche Beziehungen. Je feinfühliger Mama und Papa auf die Lautäußerungen ihrer Sprösslinge reagieren, desto motivierter sind sie, ihre Kommunikationsfähigkeiten stetig zu erweitern.[39] Kinder haben heute allerdings zunehmend Schwierigkeiten mit dem Sprechenlernen. Ein Grund: Mama und Papa nehmen sich immer weniger Zeit, um mit ihrem Nachwuchs zu plaudern. Seit den 1990er Jahren beobachten Wissenschaftler, dass Kinder im Alltag immer weniger Originalsprache von ihren Bezugspersonen hören. Während der Eltern-Kind-Dialog zusehends verstummt, konsumieren Kinder umso mehr medial erzeugte Sprache. Sowohl die Kleinen als auch die Großen verbringen inzwischen viele Stunden vor Bildschirmen. Eine Folge davon ist, dass eine wachsende Zahl an Kindern und Erwachsenen dem Suchtpotenzial digitaler Medien unterliegt, insbesondere Smartphones. Dadurch verkümmert nicht nur der zwischenmenschliche Austausch zusehends, sondern auch die Sprache selbst.[40] Dieser besorgniserregende Trend hat Kinder- und Jugendärzte 2019 dazu veranlasst, mit dem Slogan »Bildschirmfrei bis Drei« Eltern so früh wie möglich für einen achtsamen Umgang mit Bildschirmmedien in der frühen Kindheit zu sensibilisieren.[41]

## Angemessene Sprachvorbilder

Da Kinder durch Imitation sprechen lernen, ist es wichtig, wie Eltern mit ihrem Nachwuchs reden. Emmi Pikler empfiehlt, »verständlich, einfach, fließend und ruhig – auch schon mit dem Neugeborenen« zu sprechen, »freundlich und immer grammatisch richtig«.[42] Unangebracht wäre es, wenn sich die Großen in »Babysprache« mit Säuglingen und Kleinkindern unterhalten würden. Gemeint sind damit verformte Worte und verstümmelte Sätze wie etwa »jammi-jammi machen« oder »Nane haben?«. Anstatt so mit Babys zu sprechen, formulieren Erwachsene besser stets vollständige und grammatikalisch korrekte Sätze wie etwa: »Marie, du bekommst jetzt Essen« oder »Möchtest Du eine Banane haben, Marie?«[43]

Von großem Nutzen für Lebensanfänger ist die »Ammensprache«, auch »Baby Talk« oder »Motherese« genannt. Überall auf der Welt verändern Erwachsene ihre Stimmlage intuitiv, wenn sie mit Kindern unter zwei Jahren kommunizieren. Dabei wechseln sie in eine höhere Tonlage, sprechen langsamer, artikulierter, in kürzeren Sätzen und mit längeren Pausen sowie in einem ausgeprägten Singsang. Außerdem legen sie mehr Gewicht auf Mimik und Gestik. Manch ein Erwachsener empfindet es als lächerlich oder unangenehm, mit Babys auf diese Weise zu reden. Doch die Forschung konnte zeigen, dass sich die Ammensprache positiv auf die kindliche Entwicklung auswirkt. Einer Studie von Patricia Kuhl und Mitarbeitern zufolge unterstützt »übertrieben deutliches Sprechen« die Kleinen darin, »das Gehörte zu imitieren«.[44] Ammensprache trägt außerdem dazu bei, dass sich die Jüngsten angenommen und geliebt fühlen.[45]

### ! Tipps: Mit den Kleinsten sprechen

Anstatt auf Kinder mit allgemeinen Redewendungen zu reagieren wie zum Beispiel: »Das hast du toll gemacht!« formulieren Eltern ihr Lob lieber genauer. Ein Vorschlag, um die kindliche Leistung zu beschreiben, wäre: »Ich habe gesehen, dass du es alleine geschafft hast, von der Kiste zu krabbeln.«

Mama und Papa dürfen sich auch ruhig zurückhalten, wenn es darum geht, Fragen zu beantworten, die Kinder überhaupt nicht gestellt haben, beispielsweise beim gemeinsamen Bilderbuchgucken. Die Wissbegierde der Kleinen erwacht ganz von alleine. Eltern tun gut daran, stets darauf bedacht zu sein, die Initiative ihrem Nachwuchs zu überlassen. Sie greifen mit Freude auf, was von den Kleinen kommt, und gehen entwicklungsgemäß darauf ein. Von langen intellektuellen Erklärungen sind Kleinkinder beispielsweise oft überfordert.[46] Weit vorteilhafter ist eine bildhafte Sprache, die Bezug auf die Erlebniswelt der Kinder nimmt. Das gilt auch in der Warum-Phase, in der Kinder unablässig Fragen stellen.[47]

Viele Erwachsene drücken sich außerdem in Frageform aus. Beispielsweise sagen sie: »Kommst du bitte zum Essen?« Das verlockt geradezu zum Nein-Sagen. Handelt es sich nicht um eine echte Frage, kleiden die Großen ihr Anliegen in einen einfachen Aussagesatz wie zum Beispiel: »Tim, jetzt gibt es Essen. Komm bitte zu Tisch.«

Kleinkinder sprechen ihre ersten Wörter oft falsch aus. Am besten halten Erwachsene ihr Besserwissen zurück. Weder korrigieren sie die Kleinen, noch blicken sie kritisch drein oder ahmen die kindlichen Sprachfehler nach. Stattdessen wiederholen Mama und Papa das Fehlerhafte beiläufig und korrekt in einem vollständigen Satz. Zeigen Sprachanfänger beispielsweise auf einen Hund und sagen »Wau-wau«, greifen Begleitpersonen das Wort kommentarlos in einem grammatikalisch einwandfreien Satz auf: »Ja, das ist ein Hund« oder »Du siehst einen Hund«.[48]

Genauso wenig ist es sinnvoll, wenn Eltern die Sprachkünste ihrer Sprösslinge vorführen, indem sie sie zu irgendwelchen Äußerungen auffordern in der Art: »Wie macht die Kuh?« oder »Sag mal …«. Mama und Papa sollten den Spracherwerb ihrer Schützlinge auch nicht beschleunigen wollen. Denn »mit jeder Art von Drängen und Ungeduld«, so Emmi Pikler, erreichen sie das Gegenteil des normalerweise »langsamen, stufenweisen, geduldigen, dem Kleinkind genussreichen Sprechenlernens«.[49]

## Mehrsprachigkeit

Kinder, die mehrsprachig aufwachsen, sind durchaus in der Lage, zwei oder mehr Sprachen ohne größere Schwierigkeiten zu erlernen, sofern Eltern gewisse Regeln beachten. Dazu gehört, dass sie ihren Nachwuchs von Geburt an konsequent in ihrer eigenen Muttersprache ansprechen, und zwar so lange, bis die Kleinen ungefähr drei Jahre alt sind. Beispielsweise redet die Mutter nur Spanisch und der Vater ausschließlich Deutsch mit den Kindern. Auf diese Weise verbinden Lebensanfänger eine Sprache jeweils mit einer bestimmten Person. Unter Umständen erlangen zweisprachig aufwachsende Kinder etwas später Sprechfähigkeit.

Können Heranwachsende eine Sprache einer Person zuordnen, hilft ihnen das, die verschiedenen Sprachen nicht durcheinanderzubringen. Würden sich Eltern dagegen einmal in dieser, ein anderes Mal in jener Sprache mit ihren Nachkömmlingen unterhalten, also beispielsweise zwischen Spanisch und Deutsch ständig wechseln, vielleicht sogar innerhalb eines Satzes, bestünde die Gefahr, dass die Kleinen die unterschiedlichen Sprachen nicht klar unterscheiden lernen.

In welcher Sprache Mama und Papa miteinander kommunizieren, ist dagegen weniger ausschlaggebend für den kindlichen Spracherwerb. Beispielsweise gibt es Familien, in denen sich die Spanisch sprechende Mutter und der deutschsprachige Vater auf Englisch miteinander unterhalten und beispielsweise in einem englischsprachigen Land leben. Auch mit dieser Situation kommen Kinder klar, vorausgesetzt, sie treffen auf eine verlässliche Sprachumgebung.

Das Besondere am Erwerb mehrerer Sprachen zu Beginn des Lebens ist, dass Kinder unter drei Jahren verschiedene Sprachen in ein und demselben Netzwerk im Gehirn verarbeiten. Die Sprachzentren mehrsprachig aufwachsender Kinder weisen lediglich eine größere Dichte an neuronalen Vernetzungen im Vergleich zu Gleichaltrigen auf, die mit einer einzigen Sprache groß werden. Ab einem Alter von ungefähr drei Jahren werden weitere Fremdsprachen in einem eigenen Netzwerk angelegt, das sich zwar auf Vorhandenes stützt, aber dennoch neu strukturiert werden muss. Deshalb lernt man Sprachen später auch nicht mehr so mühelos wie am Lebensanfang.

Damit der frühkindliche Zweitspracherwerb langfristig zum Erfolg führt, müssen die Kleinen die betreffende Sprache in ihrem natürlichen Lebensumfeld über einen langen Zeitraum regelmäßig wahrnehmen. Externer Fremdsprachenunterricht im Vorschulalter hat sich als wenig wirksam erwiesen. Studien belegen, dass Kinder später keinen Vorteil haben, wenn sie bereits mit drei Jahren Englisch lernen. Kinder bevorzugen in der Regel die dominante Umgebungssprache, wollen sie sich doch in jener Sprache ausdrücken lernen, die in ihrem Lebensumfeld hauptsächlich gesprochen wird. Kommen Kinder in die Schule, ist der richtige Zeitpunkt für den Fremdspracherwerb gekommen.[50]

### Das Wichtigste für Eltern auf einen Blick

- *Plaudern Sie stets freundlich, ruhig, grammatikalisch korrekt und in ganzen Sätzen mit Ihrem Baby.*
- *Verwenden Sie keine »Babysprache« mit sinnlosen Wörtern und unvollständigen Sätzen.*
- *Speisen Sie Ihr Baby nicht mit pauschalen Redewendungen ab.*
- *Beschreiben Sie die Leistungen Ihres Babys konkret.*
- *Beantworten Sie keine Fragen, die Ihr Kind nicht gestellt hat.*
- *Verzichten Sie auf intellektuelle Erklärungen.*
- *Bemühen Sie sich um eine bildhafte Sprache.*
- *Formulieren Sie eine Aussage nicht in Frageform.*
- *Korrigieren Sie Ihr Baby nicht, wenn es Wörter falsch ausspricht.*
- *Wiederholen Sie fehlerhafte Wörter korrekt und in einem vollständigen Satz.*
- *Animieren Sie Ihr Baby nicht zu irgendwelchen Sprachäußerungen.*
- *Sprechen Sie konsequent in Ihrer eigenen Muttersprache mit Ihrem Baby.*

# 3
# Was die Sprachentwicklung fördert

Eltern fördern die Sprachentwicklung zusätzlich durch Kinderlieder, Kinderreime, Sprüche und kleine Berührungsspiele. Die Mehrheit der Babys reagiert sehr positiv darauf. Das weckt ihre Freude an der Artikulation. Mama und Papa nehmen sich am besten täglich Zeit für diese gemeinsame Aktivität. Ständig Neues zu bieten, ist dabei nicht nötig. Kinder lieben es, über längere Zeit die bekannten Lieblingslieder und Verse zu wiederholen. Indem sie die klangvollen Wörter hören und zu gegebener Zeit nachahmen, üben sie spielerisch und zwanglos selbst schwierige Lautfolgen.[51]

## Lieder, Reime und Berührungsspiele

Allen voran bieten Lieder, Reime und Berührungsspiele oft noch aus Großmutters Zeiten Babys und Kleinkindern das, was sie brauchen, um eine differenzierte Sprache zu entwickeln.[52] Je reicher die Sprache an künstlerischen Elementen ist, desto umfassendere Verständnismöglichkeiten eignen sich kleine Menschen an.

Von untergeordneter Bedeutung ist der Sinngehalt der Lied- und Wortschöpfungen, interessieren sich doch kleine Kinder vor allem für die klanglichen Eigenschaften der Sprache. Aus diesem Grund bringen herkömmliche Sprüche, die als Nonsens-Sprüche so gut wie keinen Wortsinn enthalten, die kindliche Sprachentwicklung eher voran als Lieder und Reime, die vornehmlich auf den Intellekt abzielen.[53] Mama und Papa sollten darauf achten, dass sie ihre Darbietungen stets feinfühlig gestalten und ihren Kindern nichts aufnötigen. Das gilt insbesondere für Berührungsspiele. Bei Liedern, Fingerversen, Sprüchen und Reimen geht es in erster Linie um den Spaß!

## ! Tipp: Kinderlieder

Für die Allerkleinsten eignen sich altbekannte Abend- und Schlaflieder und klassische Kinderlieder, die verschiedene Tätigkeiten und Jahreszeiten besingen.[54] Die generell hohe Tonlage überlieferter Kinderlieder passt sich den hellen Kinderstimmen optimal an. Weniger bekannt, aber sehr beliebt bei Lebensanfängern sind Quintenstimmungslieder.[55] Die auf wenige ausgewählte Töne beschränkten Melodien wirken beruhigend auf Babys.

## ! Tipp: Berührungsspiele

Sobald das Interesse der Kleinen an ihrer Umgebung erwacht, sind sie empfänglich für erste kleine Berührungsspiele wie zum Beispiel:[56]

| | |
|---|---|
| »Kinnewippchen, | *(Kinn berühren)* |
| Rotes Lippchen, | *(über die Lippen streichen)* |
| Nuppelnäselchen, | *(Nasenspitze berühren)* |
| Augenbräuchen, | *(beide Augenbrauen nachfahren)* |
| Zupp, zupp Härchen!«[57] | *(sanft an den Stirnhaaren zupfen)* |

## Tipp: Kniereiterverse

Voraussetzung für den beliebten Klassiker unter den Kniereiterversen ist, dass Kinder über längere Zeit frei und selbstständig sitzen können:

»Hoppe, hoppe Reiter,
Wenn er fällt, dann schreit er.
Fällt er in den Graben,
Fressen ihn die Raben.
Fällt er in den Sumpf,
Macht der Reiter plumps.«[58]

Bei diesem Vers werden die Kleinen auf den Knien der Großen sachte hin und her geschaukelt. Beim letzten Vers lassen Mama und Papa sie vorsichtig auf ihren Beinen hinunterrutschen, ohne sie loszulassen.

## Tipp: Fingerspiele

Das bekannte Fingerspiel kommt bei den Kleinen besonders gut an. Sie können es nicht oft genug hören:

| | |
|---|---|
| »Das ist der Daumen, | *(Daumen)* |
| der schüttelt die Pflaumen, | *(Zeigefinger)* |
| der liest sie auf, | *(Mittelfinger)* |
| der trägt sie nach Haus, | *(Ringfinger)* |
| und der kleine Schelm, | *(kleiner Finger)* |
| der isst sie alle auf.«[59] | |

Während Mama und Papa den Vers aufsagen, tippen sie behutsam die entsprechenden Fingerkuppen der Kleinen oder ihre eigenen an.

## ! Tipp: Handgestenspiele

Die Verbindung von Sprache und Gestik übt eine magische Wirkung auf kleine Leute aus. Sie regt Kinder zum Nachahmen von Gebärden an. Ein reiches Repertoire an Handgestenspielen entstammt der Feder der Stuttgarter Rhythmikprofessorin Wilma Ellersiek (1921–2007).[60]

## ! Tipp: Abzählreime

Fasziniert lauschen Kinder Versen mit stark betontem Rhythmus wie zum Beispiel folgendem Abzählreim:

»Ettchen, dettchen, dittchen, dattchen,  
Zedra, wedra, wittchen, wattchen,  
Zedra, wedra, wuh,  
Und das bist du!«[61]

Dieser spaßige Vers kann den sogenannten Nonsens-Sprüchen zugeordnet werden, ergibt er doch so gut wie keinen Sinn.[62] Das mag auch ein Grund sein, warum Eltern häufig skeptisch reagieren, wenn sie ihn zum ersten Mal hören. Die sprachfördernde Wirkung derlei Sprüche ist jedoch nicht zu unterschätzen. Von besonderem Reiz ist die häufige Wiederholung gleicher beziehungsweise ähnlicher Lautabfolgen in verschiedenen Kombinationen.

## Tipp: Reigen

Die Verbindung von Sprache, Musik und Bewegung unterstützt den kindlichen Spracherwerb am effektivsten.[63] Zu dem bekannten Kinderreigen drehen sich die Kleinen gerne im Kreis:

»Ringel, Ringel, Reihe,
Wir sind der Kinder dreie,
Wir sitzen unterm Hollerbusch
Und machen alle husch, husch, husch.«[64]

Voraussetzung für Reigenspiele ist, dass Kinder bereits sicher und eigenständig laufen können. Dabei fassen die Großen sie an den Händen und bewegen sich singend im Kreis. Zu den letzten beiden Versen gehen alle in die Hocke. Reigen mit mehreren Mitspielern eignen sich erst ab dem Kindergartenalter.

### Das Wichtigste für Eltern auf einen Blick

- *Nehmen Sie sich täglich Zeit, Ihrem Baby und Kleinkind altersgemäße Lieder, Verse und Berührungsspiele darzubieten.*
- *Behalten Sie die Lieblingslieder und Reime Ihres Kindes über einen längeren Zeitraum bei.*

### *Ein Erfahrungsbericht*

»Ich muss zugeben, dass ich ohne den Kurs so schnell keine Berührungsspiele mit meiner Tochter gemacht hätte – ich kannte auch keine. Als ich zum ersten Mal ›Kinnewippchen‹ mit Marlene gemacht habe, war ihre Reaktion einfach nur schön. Sie hat sofort gelächelt und interessiert geschaut, was ich da mit ihrem Gesicht mache.

Sobald ich begann, ihr Kinn zu streicheln, gingen ihre Mundwinkel nach oben. Inzwischen mache ich das Berührungsspiel mehrmals täglich. Mein Mann macht dieses Berührungsspiel ebenfalls sehr gerne mit unserer Kleinen. Auch an ›Ettchen, dettchen‹ hat Marlene großen Gefallen gefunden. Sie kann noch so schlecht drauf sein – kaum sage ich den Spruch auf, fängt sie sofort an zu lächeln.«
(Bianca mit Marlene)

# 4
# Live gesprochene versus mediale Sprache für Babys und Kleinkinder

Frisch gebackene Eltern erinnern sich in der Regel nur vage, wenn überhaupt, an Lieder, Fingerverse, Sprüche und dergleichen mehr aus ihrer eigenen Kindheit. Viele fühlen sich außerdem musikalisch unbegabt, haben keine Zeit oder schlichtweg keine Lust. Abhilfe erhoffen sie sich dann von medialen Angeboten. Mittlerweile gibt es schon für die Allerkleinsten eigene Fernsehprogramme, Videos, DVDs sowie eine breite Palette an neuen Medien wie Lern-Apps, Lesestifte, iPads, Tablets und vieles mehr. Entsprechende Programme und Tools vermarktet die Medienindustrie als pädagogisch wertvoll mit dem Hinweis, dass sie die sprachliche und kognitive Entwicklung kleiner Kinder voranbringen würden.

Ein ganz anderes Bild zeichnet die unabhängige Forschung von der Wirkung elektronischer beziehungsweise digitaler Medien auf die frühkindliche Entwicklung. Sie lässt keinen Zweifel daran, dass Bildschirmmedien entgegen den Behauptungen der Medienkonzerne nicht nur nicht zum Spracherwerb kleiner Kinder beitragen, sondern diesen geradezu nachteilig beeinflussen. Nachgewiesen ist: »Die Benutzung von Bildschirmmedien führt dazu, dass sich die Sprache doppelt so schlecht entwickelt, wie sie sich beim täglichen Vorlesen gut entwickelt.«[65] Dies trifft vor allem für Kinder in den ersten 17 Lebensmonaten zu, in denen sie normalerweise die Grundstrukturen der Grammatik und Syntax erwerben. Wissenschaftliche Studien belegen, dass Kinder bis zu einem Alter von zwei bis drei Jahren keinerlei Nutzen von Bildschirmen und Lautsprechern haben. Bildschirmzeit ist dann »verlorene Zeit«.[66]

Was kleine Menschen zum Sprechenlernen tatsächlich brauchen, sind tragfähige Beziehungen zu anderen Menschen sowie eine anregende Sprach-

und Spielumgebung. Sie sind auf die Auseinandersetzung mit der realen Wirklichkeit, mit der analogen Welt, angewiesen, die sie nicht nur hören, sondern die sie mit allen Sinnen wahrnehmen können. Beispielsweise müssen Hören und Sehen exakt übereinstimmen, was bei Bildschirmmedien nicht der Fall ist. Bild und Ton kommen aus verschiedenen Quellen. Konsumieren kleine Menschen digitale Medien, werden sie wichtiger Lernerfahrungen beraubt. Passiv verfolgen sie das Geschehen auf dem Screen, statt aktiv mit der Welt umzugehen. Dadurch gehen ihnen wichtige Erfahrungen an der materialen Welt sowie das Erleben von Selbstwirksamkeit verloren. Um körperlich und seelisch gesund heranwachsen zu können, müssen kleine Kinder ganzheitlich und körperbasiert lernen.[67]

## Empfehlungen zum Medienkonsum für Kleinkinder

Entscheidend ist also weniger, welche Fernsehsendungen, Videos oder elektronische Spiele das Kind konsumiert. Es kommt nach Erkenntnissen von Teilen der Hirnforschung vielmehr »darauf an, dass es bis zur Vollendung des zweiten Lebensjahrs überhaupt keine solche Medien« nutzt.[68] Kleine Menschen lernen von Bildschirmen nicht das, was sie fit für das Leben macht.

Die Bundeszentrale für gesundheitliche Aufklärung empfiehlt 2017 für die Alterskategorie der Null- bis Dreijährigen, die Nutzungszeit von Hörmedien auf 30 Minuten pro Tag zu beschränken und Bildschirmmedien überhaupt nicht zu konsumieren.[69]

Verharren kleine Kinder stundenlang vor Bildschirmmedien, reifen Nervennetze für bestimmte kognitive Leistungen nicht richtig heran. »Das ist irreparabel, denn ›die Karawane zieht weiter‹«, sagt die Neurobiologin Gertraud Teuchert-Noodt.[70] Auf Bildschirmmedien in der frühen Kindheit zu verzichten ist kein Verlust, sondern ein Gewinn für die kindliche Gehirnentwicklung, sind doch Babys und Kleinkinder genetisch auf die Auseinandersetzung mit der analogen Welt geeicht. Bilden sie ihr Denkorgan unbeeinflusst von digitalen Medien aus, stehen ihnen später auch höhere kognitive Fähigkeiten zur

Verfügung. Das kommt ihnen im Jugend- und Erwachsenenalter wiederum für den Umgang mit Bildschirmmedien zugute.[71]

Entsprechende Empfehlungen der Wissenschaft kommen nicht von ungefähr. Nach wie vor gehen viele Eltern davon aus, dass ihr Kind mithilfe von Bildschirmmedien besser sprechen lerne. Diesen Irrtum weist die Forschung klar zurück. Viel wichtiger ist der Face-to-Face-Dialog mit kleinen Kindern, das Vorsingen, Vorsprechen und je nach Alter auch das Vorlesen. Bekannt ist, dass kleine Leute durch tägliches Vorlesen einen umfangreicheren Wortschatz erwerben als Gleichaltrige, denen nicht regelmäßig vorgelesen wird. Letztere hinken in ihrer Sprachentwicklung stets hinterher.

Dessen ungeachtet erfreut sich der Einsatz digitaler Medien ungebrochener Beliebtheit. Immer früher und immer mehr Zeit verbringen schon die Kleinsten vor Bildschirmen. Im Alter von zwei Jahren sind es im Durchschnitt neunzig Minuten am Tag. Bildschirmmedien ziehen Kinder zuverlässig in ihren Bann. Das kommt Mama und Papa nur allzu gelegen. Oft wissen sie sich nicht anders zu helfen, als ihren Nachwuchs auf diese Weise zu unterhalten, um ihren eigenen Angelegenheiten ungestört nachgehen zu können. Früher und ausgedehnter Konsum von Bildschirmmedien bleibt jedoch nicht ohne Wirkung auf die körperliche und kognitive Entwicklung der Kinder,[72] mitunter auf die »gesamte Bildungsbiographie«.[73]

## Von der Wirkung lebendiger Sprache

Offensichtlich existiert ein gravierender Unterschied zwischen menschlicher Originalsprache und medial übermittelter Sprache in ihrer Wirkung auf die kindliche Sprachaneignung. Warum aber stimuliert live gesprochene Sprache das Sprechenlernen, während elektronische oder digitale Sprache keinerlei positiven Effekt auf die kindliche Sprachentwicklung hat? Aufschluss über diese Tatsache gibt etwa die wenig beachtete Entdeckung der Luftlautformen zu Beginn des 20. Jahrhunderts. Sie wurden ab den 1960er Jahren mit einfachen Verfahrensweisen erstmals eingehender untersucht. Anfang des 21. Jahrhunderts wurde ihre Erforschung mit modernsten technischen Mitteln fortgesetzt.[74]

Luftlautformen sind ein aerodynamisches Phänomen. Jeder Sprachlaut hinterlässt eine unsichtbare Form in der Luft vor dem Mund eines lebendigen Sprechers. Unter Einsatz unzähliger Muskeln wird die Ausatmungsluft im Stimmtrakt zu wirbelförmigen Gebilden geformt, die über die Zähne und Lippen in die Umgebungsluft ausgestoßen werden.[75] Mithilfe verschiedener technischer Verfahren wie etwa Zigarettenrauch, Toeplersche Schlierenmethode, Oszillogramm, Hochgeschwindigkeitskameras und Laserlicht ist es gelungen, die ausströmende Sprechluft sichtbar zu machen. Zutage treten Luftströmungsformen, die jeweils eine charakteristische Begrenzung mit einer chaotischen Binnenstruktur aufweisen. Anfangs bilden sich meist strahlenförmige, relativ unbestimmte Strömungsmuster in der Umgebungsluft, die sich in Windeseile bis zu einem gewissen Höhepunkt entfalten, an dem sie eine spezifische turbulente Gestalt annehmen, um kurz darauf wieder zu vergehen.[76] Die Forschung konnte zeigen, dass alle Sprachlaute ohne Ausnahme luftige Wirbelgebilde vor den Lippen eines menschlichen Sprechers entstehen lassen. Luftlautformen sind somit ein reproduzierbares, wissenschaftlich nachweisbares Phänomen. Jedes Wort, das wir aussprechen – Blume, Hund, Ball –, zeichnet eine unverwechselbare Form in die Luft.[77]

Neuesten Erkenntnissen zufolge stimmen die flüchtigen Luftgestalten mit den hörbaren Sprachsignalen zeitlich exakt überein. Die im Sprechfluss aufeinanderfolgenden Luftlautformen vermischen sich nicht einfach, sondern verbinden sich in wechselseitiger Abhängigkeit miteinander. Filmsequenzen belegen, dass sich beim Aussprechen von Silben oder Wörtern winzige Übergänge zwischen den einzelnen Luftlautformen bilden. Sie entsprechen dem akustischen Phänomen der Koartikulation, wie die Sprachwissenschaft jene hörbaren, feinen Übergänge zwischen einzelnen Sprachlauten bezeichnet. Die moderne Wahrnehmungsforschung fand heraus, dass sich der natürliche Redefluss nicht etwa aus einzelnen, voneinander getrennten Lauten zusammensetzt, wodurch unsere Sprache abgehackt klingen würde. Vielmehr lebt die gesprochene Sprache von minimalen klanglichen Verbindungen zwischen den Einzellauten. Infolgedessen nehmen Babys auch keine isolierten Sprachlaute wahr, sondern immer nur Silben, also kleinste Lautgruppen.[78]

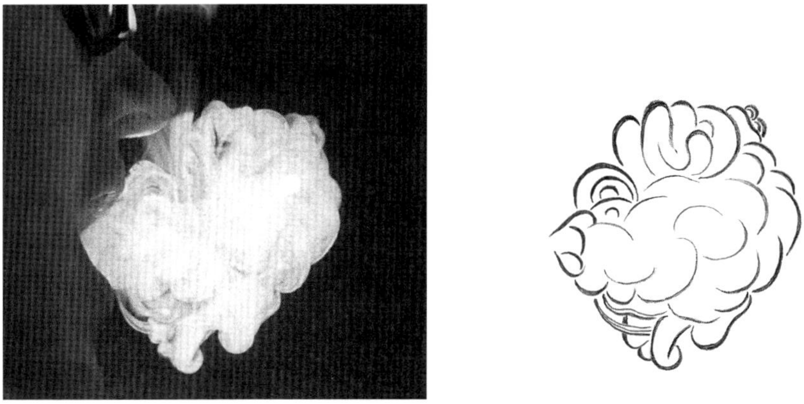

*Luftlautform A*

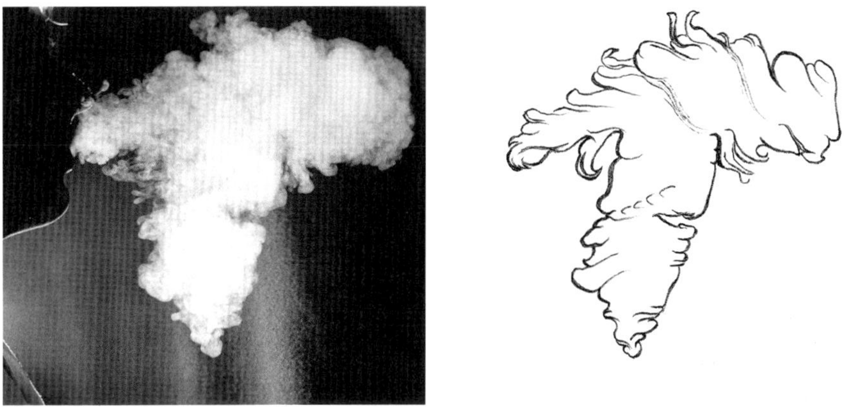

*Luftlautform T*

Obgleich die einzelnen Luftströmungsformen vor dem Mund eines jeden Sprechers in etwa identisch sind, weisen sie eine individuelle Prägung auf, vergleichbar der Handschrift. Genauso sorgen die Luftwirbel innerhalb des Mundraumes dafür, dass die menschliche Stimme ihren unverwechselbaren Klang erhält. Gerade das Individuelle eines lebendigen Sprechers ist es, seine Sprechintention, die kleine Kinder zum Sprechenlernen animiert. Insofern ist menschliche Originalsprache durch nichts zu ersetzen. Keine wie auch immer geartete mediale Sprache verfügt über entsprechende Potenziale, weshalb sie die kindliche Sprachentwicklung auch nicht voranbringt. Statt individuell geformter Luftwirbel produziert sie einzig und allein mechanische Schallwellen.[79]

Das trifft übrigens auch auf Spieluhren zu. Sie verursachen lediglich Geräusche. Weder in der Schwangerschaft noch im Säuglings- und Kleinkindalter eignen sie sich für empfindsame Babyohren. Stattdessen sollten Eltern ihrem Nachwuchs etwas vorsingen, vorsprechen oder vorlesen.[80]

Zum Sprechenlernen brauchen Babys andere Menschen, die mit ihnen reden und singen. Tritt an die Stelle eines lebendigen Gegenübers eine Maschine oder ein Roboter, wechselt unser optisches Aufbereitungs- und Interpretationssystem in den Standby-Modus. Das mag auch ein Grund sein, warum Babys keinen effektiven Nutzen von medialer Sprache für den Spracherwerb haben. Die Kleinen müssen den Sprecher auch sehen, damit sie das Gehörte mit dem, was sie gesehen haben, in Verbindung bringen können.[81] Das ist nur bei lebendigen Sprechern der Fall.

### Das Wichtigste für Eltern auf einen Blick

- *Sorgen Sie dafür, dass Ihr Baby und Kleinkind keine Bildschirmmedien nutzt.*
- *Sprechen Sie mit Ihrem Baby und Kleinkind, singen Sie ihm vor und wenn es so weit ist, lesen Sie ihm vor.*

# 3

# DENKEN LERNEN

# 1
# Der lange Weg zum bewussten Denken

Denkenlernen ist die dritte Entwicklungsetappe in der frühen Kindheit. Im Lauf der ersten Lebensjahre entsteht das Denken innerhalb des Bewusstseins. Unter Denken wird hier die Fähigkeit verstanden, etwa die eigene Persönlichkeit wahrzunehmen, Zeit- und Raumbezüge herzustellen, Ursache und Wirkung in Zusammenhang zu bringen oder Ereignisse begründen zu können. Sie setzt Bewusstsein voraus, ist doch Bewusstsein der Ort, an dem sich Denken vollzieht. Nicht umsonst geht die Herausbildung des Ich-Bewusstseins mit dem sich entwickelnden Denken einher. Es ist gerade das Denken, das uns in die Lage versetzt, uns als ein Subjekt zu erfassen und den Objekten gegenüberzustellen. Gewöhnlich entwickelt sich das Bewusstsein des eigenen Selbst im dritten Lebensjahr.[1]

Bisher hat die Forschung erste Vorstellungen davon gewonnen, wann die Kleinen was lernen. Vollständig ist dieses Bild aber noch nicht. Welche Abstraktionsebene sich im kindlichen Gehirn gerade ausbildet, ist unbekannt.[2] Eines ist aber sicher: Lebensanfänger können noch nicht bewusst denken. Mithilfe ihrer Sinnesorgane, die bei der Geburt größtenteils funktionsfähig sind, sammeln sie Erfahrungen über sich und die Welt. Unzählige Wahrnehmungen strömen auf sie ein. Ihr Gehirn ist jedoch noch nicht so weit, dass es einzelne Wahrnehmungen miteinander verbinden kann, weil den Kleinen auf neurobiologischer Ebene die Voraussetzungen dafür fehlen.

Aus der Perspektive junger Säuglinge erscheint die Welt zunächst als zusammenhangloses Chaos. Lebensanfänger besitzen noch nicht die Fähigkeit, Ordnung in dieses Durcheinander zu bringen.[3] Sie haben noch keine Begriffe. Dementsprechend kennen sie keine Bedeutung: Sie sehen einen

Baum, wissen aber nicht, was ein Baum ist. Das gilt für alle anderen Wahrnehmungen auch.[4] Babys sind erst einmal damit beschäftigt, sich im wahrsten Sinne des Wortes ein Bild von der Welt zu machen. Während Erwachsene in ihrer Umgebung »Tische und Stühle, Katzen und Hunde sehen«, nehmen Babys lediglich eine »Manifestation von Beinhaftigkeit, Fellhaftigkeit und Wau-Wau-Haftigkeit« wahr.[5]

Säuglinge stehen zwar vor der Herausforderung, etwas wahrzunehmen, sie wissen aber noch nicht, wie sie diese Wahrnehmung ordnen, in sich strukturieren und abgrenzen können.[6] Die Kleinen müssen erst lernen, »wie man aus dem Chaos von Eindrücken Bilder, Figuren, Gegenstände herauspräpariert, wie man aus Geräuschen zusammenhängende Einheiten bastelt, die sich von anderen Geräuschen abheben lassen«, so der Kindheitspädagoge Gerd Schäfer.[7]

Zum Zeitpunkt der Geburt steckt die Vernetzung der Nervenzellen und Gehirnareale noch in den Kinderschuhen. Erst außerhalb des Mutterleibes findet sie in großem Stil statt, besonders intensiv in den ersten sechs Lebensmonaten, und zwar dadurch, dass das Gehirn benutzt wird. Indem Impulse über die Verbindungen zwischen zwei Nervenzellen laufen, ändert sich deren Stärke. Auf diese Weise entstehen Spuren im Hirn, die von Psychologen als Gedächtnisspuren bezeichnet werden. Die Neurowissenschaft förderte zutage, dass es gerade Impulse sind, die Spuren im Gehirn hinterlassen.[8]

Hinzu kommt, dass unser Denkorgan modular aufgebaut ist. Das bedeutet, dass bestimmte Reize in bestimmten Bereichen der Gehirnrinde verarbeitet werden. Diese Areale müssen optimal miteinander interagieren, um höhere kognitive Leistungen erbringen zu können. Zu Beginn des Lebens sind diejenigen Areale bereits in Betrieb, die für die Verarbeitung einfacher Dinge zuständig sind. Von außen kommende Impulse wie etwa Seh-, Hör-, Tasteindrücke und dergleichen mehr werden über eine Zwischenstation unmittelbar in die Gehirnrinde weitergeleitet. Dort bilden sie erfahrungsabhängige Strukturen aus, die für ganz bestimmte Wahrnehmungen zuständig sind, etwa für Farben, Gesichter oder Tonhöhen. Deswegen entstehen in diesen direkt mit der Außenwelt verbundenen Bereichen am Lebensanfang besonders viele Nervenzellverbindungen. Im Lauf der weiteren Entwicklung werden immer komplexere Areale hinzugeschaltet. Höhere Bereiche erhalten ihren Input nicht direkt von außen, sondern von den darunterliegenden einfacheren. Der hierarchische Aufbau der Gehirnrindenareale sorgt dafür, dass sich Lernen stufenweise von ganz einfach bis immer komplizierter vollzieht. Säuglinge können gar nicht anders, als zuerst Einfaches, Grundlegendes zu lernen. Das ist auch ein Grund, warum Babys und Kleinkinder keinen Lehrer brauchen.[9] Manfred Spitzer betont: »*Gerade weil das Gehirn reift und gleichzeitig lernt, ist gewährleistet, dass es in der richtigen Reihenfolge lernt.*«[10]

Lernen ist ein aktiver Prozess, durch den sich das Gehirn verändert.[11] Bestimmte Lerninhalte setzen einen gewissen Reifegrad des Gehirns voraus. Beispielsweise lässt sich das Gehen partout nicht vor Ende des ersten Lebensjahres trainieren, wie vergebliche Bemühungen von Jägerstämmen in Afrika gezeigt haben, die ihren männlichen Nachwuchs ab dem fünften Lebensmonat mit sämtlichen Tricks zum Laufen bringen wollten. Ohne biologische Bereitschaft sowie viel Übung, Aktivität und Erfahrungen ist Laufenlernen nicht möglich.[12]

## Voraussetzungen für das Denkenlernen

Damit Kinder denken lernen, brauchen sie bestimmte Voraussetzungen. Dazu zählt die Sprache. Anfangs haben Babys noch keine Begriffe, die sie den Beobachtungsobjekten hinzufügen können. Im Lauf des Sprechenlernens eignen sie sich die Namen der Dinge und Lebewesen an und lernen sich sprachlich immer verständiger auszudrücken. Das bloße Benennen-Können sowie sämtliche frühen Sprachäußerungen, mögen sie auch noch so sinnvoll erscheinen, sind noch keine bewussten Gedankenoperationen, sondern Gedächtnisleistungen. Auch wenn es den Kleinen gelingt, ein Abbild mit dem richtigen Namen zu bezeichnen, etwa das abgedruckte Auto im Bilderbuch als ein solches zu identifizieren, ist diese Fertigkeit nicht mit bewusstem Denken zu verwechseln. Gleichwohl handelt es sich um eine komplexe Gedächtnisleistung, die sich auf das Wiedererkennen stützt. Grundlegend für die Denkentwicklung ist folglich die Ausbildung des Gedächtnisses.[13]

Zu Beginn des Lebens verfügen Säuglinge über ein Kurzzeitgedächtnis. Das versetzt sie in die Lage, durch Gewöhnung zu lernen. Diese einfache Form des Lernens wird in der Fachsprache auch Habituation genannt.[14] Da sich das Sehen erst nach der Geburt richtig ausbildet, schauen sich Babys auch erst einmal alles an. Mit der Zeit merken sie sich das, was sie regelmäßig wahrnehmen. Gesichter beispielsweise erkennen Babys von Anfang an.[15]

Für die Erinnerungsbildung ist der in den tieferen Schichten des Gehirns liegende Hippocampus bedeutsam. Er ist darauf spezialisiert, Einzelheiten abzuspeichern und abzurufen, die während des Schlafs in die Großhirnrinde übertragen werden, wo das Gelernte nachverarbeitet, neu verbunden und abgespeichert wird.[16] Zwischen dem vierten und sechsten Lebensmonat wächst der Hippocampus stark an, was vermutlich darauf zurückzuführen ist, dass Säuglinge bereits Einzelheiten wiedererkennen können wie zum Beispiel häufig gehörte Wörter in einem Satzgefüge. Diese Leistung ist ebenfalls dem Gedächtnis zuzuschreiben.[17]

Im Alter von drei bis sechs Monaten filtern Babys kurze Sequenzen aus dem Strom alltäglicher Ereignisse heraus. Sie merken sich, dass bestimmte Personen und Objekte mit bestimmten Alltagshandlungen verbunden sind. Diese bewahren sie »[a]ls Erinnerungen von Szenen« im Gedächtnis.[18] Deshalb leben Babys in der Erwartung, vergleichbare Erfahrungen in entsprechenden Situationen zu machen, etwa auf dem Wickeltisch gewickelt oder an einem bestimmten Ort gestillt beziehungsweise gefüttert zu werden. Der Wiedererkennungseffekt gründet sich auf Empfindungen und Gefühle, die Babys mit entsprechenden Ereignissen verknüpfen.[19] Auch in diesem Fall handelt es sich noch nicht um bewusste Gedankenoperationen, sondern um Gedächtnisleistungen.

Im Alter von sieben bis neun Monaten verarbeiten Stirnhirn und Hippocampus Erinnerungen bereits so, dass sie zur Bewältigung von aktuellen Aufgaben herangezogen werden können, weshalb man auch vom Arbeitsgedächtnis spricht. Wenn Kinder Probleme lösen, greifen sie auf vergangene Erfahrungen zurück, die in Form von Erinnerungen abgespeichert sind. Beispielsweise ist ihnen nun klar, dass ein Gegenstand, der vor ihren Augen versteckt wird, nicht spurlos vom Erdboden verschwindet. Sie wissen jetzt, dass der Ball unter dem Tuch weiter existiert.[20]

Die Zeitspanne, die Kinder im Gedächtnis behalten können, dehnt sich immer weiter aus. Allmählich können sie sich an länger zurückliegende Ereignisse in ihrem Leben erinnern. Wenn Kinder sich kontinuierlich erinnern können, ist das eine wichtige Voraussetzung, um die eigene Persönlichkeit im dritten Lebensjahr zu erfassen.[21]

## Anfänge des kindlichen Denkens

Begriffsfähigkeit ist eine Voraussetzung dafür, dass Kleinkinder bewusste Gedanken produzieren können. Im dritten Lebensjahr beginnen sie erste gedankliche Verbindungen zwischen zeitlichen, räumlichen und vorstellungsmäßigen Wahrnehmungen herzustellen. Auf diese Weise lernen sie allmählich Zeitbezüge, Ursache und Wirkung oder Begründungen für Ereignisse und Handlungen zu erfassen. Auf sprachlicher Ebene spiegelt sich dieser Entwicklungsprozess im anfänglichen Gebrauch einfacher Nebensätze wider. Formulierungen wie »wenn – dann«, »weil« und »denn« lassen sich erstmals vernehmen.[22]

Zunächst haben kleine Kinder große Mühe, sich eine Vorstellung von Zeit zu bilden. Gelingt es ihnen, Bezeichnungen wie gestern, heute und morgen sinngemäß in die richtige Reihenfolge zu bringen, also aufeinander zu beziehen, dann ist das ein Resultat gedanklicher Regsamkeit. Sie kommen dahinter, dass »heute« am darauffolgenden Tag »gestern« sein wird, ebenso wie »morgen« ein neuer Tag erscheinen wird gleich dem heutigen.[23]

Ein weiteres Beispiel früher Denktätigkeit ist die Entdeckung der Kleinen, dass viele Exemplare gleicher Art existieren, die alle denselben Namen tragen. Beispielsweise werden alle Nasen mit dem Wort »Nase« bezeichnet. Kleinkindern fällt auf, dass die Mama eine Nase hat, der Papa hat ebenfalls eine und es selbst besitzt auch eine Nase. Alle Menschen haben eine Nase, und alle Riechorgane heißen gleich.[24] Das ist auch gut so, sonst müssten wir uns jede einzelne Nase eigens merken. Unser Gehirn ist mit Ausnahme des Hippocampus, der Spezifisches verarbeitet, darauf spezialisiert, Allgemeines zu erfassen. Das geschieht nicht durch Einüben allgemeiner Regeln, sondern durch Verarbeitung vieler Beispiele, indem wir etwa Hunderte von Nasen sehen, »und aus diesen Beispielen die Regeln *selbst* produzieren«.[25] Überall dort, wo die Welt regelhaft aufgebaut ist, erübrigt es sich für uns, Einzelheiten abzuspeichern.[26]

Irgendwann finden die Kleinen auch heraus, dass sich etwas Gleiches an verschiedenen Orten aufhalten oder vollziehen kann. Dass diese Erkenntnis nicht gegeben ist, sondern aktiv erworben werden muss, indem verschiedene Wahrnehmungen miteinander kombiniert werden, zeigt folgende Begebenheit: Eines Tages begegnete ich zufällig einem zweijährigen Kind aus meiner Kleinkindgruppe in der Stadt. Es verhielt sich so, als ob es mich nicht kennen würde. Die Mutter erklärte ihm, dass ich seine Gruppenbetreuerin sei. Da fragte es sie: »Und wo ist die andere Natalie?« Offensichtlich war es noch nicht so weit, mich als ein und dieselbe Person identifizieren zu können, die an unterschiedlichen Orten auftauchen kann. Sein Gedächtnis war noch stark an den Ort gebunden, an dem es mich gewöhnlich sah. Diese Form des Gedächtnisses wird deshalb auch Lokalgedächtnis genannt, das charakteristisch für den Lebensanfang ist.[27]

Mit der Zeit klappt das gedankliche Verknüpfen verschiedener Wahrnehmungen immer besser.[28] Dieser Zuwachs an kognitiven Fähigkeiten, der auf neurobiologischer Ebene mit Veränderungsprozessen einhergeht, ist dem sich entwickelnden Denkvermögen zuzuschreiben.

### *Ein Erfahrungsbericht*

»Seit Anouk knapp drei Jahre alt ist, kann sie immer mehr in die Vergangenheit und Zukunft denken. Lustigerweise bedeutet ›gestern‹ alles, was schon passiert ist, und ›morgen‹ alles, was noch passieren wird. Das musste ich erst einmal herausfinden. Seit ich es weiß, korrigiere ich sie nicht mehr, sondern wiederhole den Satz einfach noch einmal ›richtig‹. Beispielsweise sagt sie: ›Morgen kommt das Christkind!‹ Dann sage ich: ›Ja genau, in ein paar Tagen kommt das Christkind.‹ Oder sie sagt: ›Gestern waren wir bei der Oma.‹ Ich antworte: ›Ja genau, vor ein paar Tagen haben wir die Oma gesehen.‹

Mit dem Zählen ist es ähnlich. Anouk kann mit ihren drei Jahren schon fast bis zwanzig ›zählen‹. Sie tut das sehr gerne und oft. Allerdings lässt sie einige Zahlen aus. Es ist eher wie ein Gedicht, das sie aufsagt. Lange gab es auch nur ›eins‹ oder ›zwei‹. Zwei war einfach mehr als eins, zwischen zwei und ›viele‹ gab es keinen Unterschied. Langsam habe ich den Eindruck, dass sie beginnt, auch die Drei zu begreifen, oder zumindest den Unterschied zwischen zwei und viele.«
(Marie mit Anouk)

## Viel können und wenig wissen

Kinder werden nicht erst zu verständigen Wesen und erwerben regelgeleitete Fähigkeiten, wenn sie bewusst zu reflektieren beginnen. Bereits vorher erbringen sie erstaunliche Leistungen, die bestimmten Regeln folgen, wie etwa das Laufen- und Sprechenlernen. Diese Fähigkeiten sind jedoch nicht zu verwechseln mit bewussten Denkleistungen. Dass sie weitgehend dem »Unterbewusstsein«[29] entspringen, wird anhand des Spracherwerbs besonders deutlich. Kein Mensch lernt seine Muttersprache durch Vokabelpauken oder Grammatikübungen wie etwa später eine Fremdsprache in der Schule.[30] Sonst »würden die meisten von uns bis heute wahrscheinlich eher stammeln als sprechen«, merkt Spitzer an.[31] Wie die Forschung zeigen konnte, lernen Säuglinge bereits im Alter von sieben Monaten allgemeine Grammatikregeln. Doch ein Wissen von diesen Regeln besitzen die Kleinen nicht. Sie können es einfach so, ohne je eine einzige Regel explizit gelernt zu haben.[32]

Auch der aufrechte Gang des Menschen ist eine wahre Meisterleistung, wie moderne Forschungen im Bereich der Robotik erahnen lassen. Um uns harmonisch, flüssig, differenziert und geschickt bewegen zu können, müssen wir alle circa 600 Muskeln, die wir besitzen, richtig koordinieren. Mit vergleichbaren Leistungen sind die effizientesten Elektronenrechner nach wie vor überfordert. Das führen etwa die eher plumpen und auf wenige Funktionen beschränkten Bewegungsmanöver humanoider Roboter anschaulich vor Augen. Was Wissenschaftlern trotz jahrzehntelanger intensiver Bemühungen nur ansatzweise geglückt ist, bringen Babys und Kleinkinder binnen Kurzem zuwege, und zwar scheinbar »mühelos und ohne explizite Kenntnis von Hebelgesetzen, Kräften, Massen, Geschwindigkeiten und Beschleunigungen, d. h. ohne explizite Repräsentation der notwendigen Differentialgleichungen«, betont Manfred Spitzer.[33]

# 2
# Welche Bedingungen brauchen Babys, um denken zu lernen?

Für das Denkenlernen gibt es genauso wenig ein genetisches Programm wie für den Erwerb des Gehens und Sprechens. Gerd Schäfer stellt klar, »dass das, was wir Denken nennen, nichts ist, was uns biologisch und entwicklungsmäßig einfach vorgegeben ist. Vorgegeben ist uns eine Vielzahl von Wahrnehmungs- und Verarbeitungsmöglichkeiten«.[34] Auch hinsichtlich des bewussten Denkens handelt es sich um ein Potenzial, das Kinder aktiv entwickeln müssen. Erste einfache Gedankenoperationen lassen sich gewöhnlich im dritten Lebensjahr beobachten. Sie häufen sich mit der Zeit und nehmen immer komplexere Formen an, bis sie schließlich zur täglichen Aktivität werden.[35] Damit aber Kinder denken lernen, bedürfen sie bestimmter Entwicklungsbedingungen.[36]

## Vorbild Mensch

Auch wenn Kinder durch sich selbst denken lernen, können sie die dritte Etappe der frühkindlichen Entwicklung nur im Zusammenleben mit anderen Menschen erreichen. Kinder brauchen Erwachsene in ihrer Umgebung, deren Äußerungen sie begreifen lernen müssen, bevor sie selbst Gedanken produzieren können. »Das Wichtigste (…) an der Umwelt aller Menschen ist, dass andere Menschen existent sind«, sagen Spitzer und Herschkowitz, »und diese anderen Menschen müssen wir verstehen. Wir müssen verstehen, was sie umtreibt, was sie denken, was sie meinen.«[37]

## Körper und Denken

Zum Denken brauchen wir von unserem Körper allen voran Gehirn und Nervensystem. Da Babys mit einem unreifen Hirn geboren werden, können sie noch nicht bewusst reflektieren. Zahlreiche Prozesse sind auf neurobiologischer Ebene erforderlich, bevor sie es als Denkorgan benutzen können. Weder genetische Programme noch äußere Maßnahmen besorgen diese anspruchsvolle Aufgabe. Wie der Körper braucht auch der Geist die richtige Nahrung zum Wachsen. Die Forschung konnte zeigen, dass digitale Medien prinzipiell nicht zur kognitiven Ertüchtigung der Jüngsten beitragen.[38] Im Gegenteil: »Die digitale Welt verändert das gesamte Gehirn. Genauer: Sie hat es schon verändert. Sie hat ihm die Klarheit des Denkens geraubt«, ist einem Artikel in der Wochenzeitung *Die Zeit* zu entnehmen.[39] Prasseln zu viele Informationen in Gestalt digitaler Reize auf das Gehirn ein, nehmen Aufmerksamkeit und Konzentrationsfähigkeit ab. »So werden wir die Welt nicht mehr durchdenken«, gibt der Braunschweiger Hirnforscher Martin Korte zu bedenken.[40]

Niemand anderer als der Nachwuchs selbst ist für den Aufbau seiner Hirnarchitektur zuständig. Die gesamte Bewegungsfähigkeit der Babys wirkt an der Ausbildung des Gehirns mit. Im Zuge des Laufenlernens verfeinern Kinder ihre Bewegungen durch unermüdliches Ausprobieren, durch zahlreiche Versuche. Dadurch werden die Nervenverbindungen stärker, es entstehen mehr Kontakte zwischen den Nervenzellen sowie zwischen Gehirn und Muskeln.[41]

3

# Was die Denkentwicklung fördert

Weil Babys und Kleinkinder noch wenig Weltwissen haben, saugen sie wie Schwämme ihre Umgebung in sich auf. Nichts entgeht ihnen. Sie achten auf jede Kleinigkeit. Anfangs können sie noch keinen Unterschied zwischen Wichtigem und Unwichtigem machen. Sie lernen unglaublich schnell, aber nur so lange, bis man ihnen fundiertes Wissen vermittelt und sie damit zu kleinen Erwachsenen macht. Das haben Experimente mit Dreijährigen und Erwachsenen gezeigt. Dann lernen die Kleinen genauso schlecht wie die Großen.[42] Die Gehirnentwicklung bedingt, dass Kinder aus komplexen Beobachtungsobjekten zunächst alles aussondern, was ihre Verarbeitungskapazitäten übersteigt. Gelernt wird zuerst Einfaches, dafür aber Grundlegendes. Mit wachsenden Informationsverarbeitungsprozessen werden immer anspruchsvollere Dinge gelernt. »Ein sich entwickelndes Gehirn kann daher auf einen Lehrer verzichten«, sagt Manfred Spitzer. »Es ›nimmt‹ sich nur die Lernerfahrungen, die es gerade ›gebrauchen‹ kann – ohne Unterweisung.«[43]

Kinder lernen am besten selbst. Sie benötigen weder ein von Erwachsenen ersonnenes Synapsentraining noch spielerische Anregungen zum Lernen. Das bedeutet für Mama und Papa, dass sie sich nicht in die kindlichen Lernprozesse einmischen müssen, indem sie etwa irgendwelche kognitiven Übungen mit Heranwachsenden machen. Vielmehr liegt es in ihrer Verantwortung, dafür zu sorgen, dass Kinder ihren Geist selbst entwickeln und sich die Welt eigenständig erobern können.[44]

## Sinneserfahrungen

Kleine Menschen brauchen Erfahrungen an und mit der Welt.[45] Diese erschließen sie sich vor allem durch ihre Sinnesorgane. Sie müssen Erfahrungen selbst machen, mit ihrem eigenen Körper. Nicht ohne Grund sind Babys und Kleinkinder ausgesprochen empfänglich für alle Eindrücke aus ihrer Umgebung.[46] Mehr als alles andere benötigen sie Nahrung für die Sinne. Dabei sind sie auf ein möglichst breites Spektrum unterschiedlicher Sinneserfahrungen angewiesen.[47] Das wusste bereits Rousseau: »Das Kind will alles berühren, alles anfassen. Verhindert diese Unruhe nicht. Sie vermittelt ihm eine sehr notwendige Lehre. Es lernt Wärme, Kälte, Härte, Weichheit, Schwere, Leichtigkeit der Körper kennen und Größe, Gestalt und alle anderen Eigenschaften beurteilen, indem es sie betrachtet, befühlt, belauscht; indem es Gesichts- und Tasteindrücke vergleicht; indem es das Auge lehrt abzuschätzen, welchen Eindruck die Körper unter den Fingern erzeugen.«[48] Sinneswahrnehmungen wie etwa warm – kalt, groß – klein, oben – unten bilden Spuren auf den einfachen Gehirnrindenarealen aus. Der springende Punkt ist, dass sämtliche höheren kognitiven Leistungen auf keinem anderen Weg als über diese durch körperliche Erfahrungen herausgebildeten Spuren in den unteren Bereichen in die entsprechenden Areale des Gehirns gelangen. Die neuronalen Verschaltungsmuster der einfachen Bereiche bilden somit die Grundlage für komplexere kognitive Fähigkeiten.[49] Diese unteren Ebenen sind also wichtig, um auf höheren Ebenen abstraktes Denken zu lernen.[50] Mehr noch: Die frühen Verschaltungsmuster sind vergleichsweise resistent gegenüber Veränderungen. Was einmal angelegt ist, bleibt später weitgehend erhalten, ist also mehr oder weniger irreversibel.[51]

Da sich das kindliche Gehirn in Abhängigkeit von seinem Gebrauch entwickelt, ist es nicht belanglos, welche Sinneseindrücke auf kleine Menschen zu Beginn des Lebens einströmen. Es liegt in der Verantwortung der Eltern, für angemessene Sinneserfahrungen und eine gut gestaltete materiale Umgebung zu sorgen.[52] Weil der Nachwuchs »allgemeine Strukturen aus dem Gewühl der Sinne extrahiert, muss man eine *möglichst große Varianz* für das Kind fordern. Einseitigkeit der Erfahrung wird Einseitigkeit des Denkens produzieren.«[53]

Zudem lernen die Kleinen am effektivsten, wenn sie selbst wählen dürfen, womit sie sich beschäftigen wollen. Remo H. Largo sagt: »Echte Förderung besteht darin, dem Kind zu Erfahrungen zu verhelfen, die es selbstbestimmt machen kann.«[54] Intuitiv wählt der Nachwuchs aus dem Angebot das aus, was er für seine Entwicklung gerade braucht.[55] Das gilt allerdings nur für Erfahrungen an der realen Welt, nicht für Bildschirmmedien, die keine echten Sinneserfahrungen ermöglichen und somit generell ungeeignet für Babys und Kleinkinder sind.[56]

## ! Tipp: Reizüberflutung vermeiden

Doch Vorsicht vor übermäßiger Erregung des kindlichen Gehirns! Reizüberflutung etwa in Form effektvoller Spielzeuge wirkt sich eher hinderlich auf die kindliche Entwicklung aus. Dazu zählt alles, was knallbunt ist, quietscht, Krach macht und sich ohne eigenes Zutun bewegt. Derlei Überstimulation kann dazu führen, dass sich die Kleinen ganz im Außen orientieren, statt bei sich zu bleiben und sich hingebungsvoll ihrer notwendigen Entwicklungsarbeit zu widmen.[57]

Es kommt auf das richtige Maß an Anregung für Kinder an. Reize dürfen weder zu schwach noch zu stark sein. Das Angebot sollte so gestaltet sein, dass Kinder die Wahl haben, womit sie sich beschäftigen wollen. Mama und Papa stellen ihren Kindern am besten keine Objekte zur Verfügung, die diese dazu zwingen, ihre Aufmerksamkeit darauf zu richten, wie etwa Mobiles oder »magische«, das heißt batteriebetriebene, leuchtende oder sich selbst bewegende Spielsachen.

# 4
# Die Qual der Wahl. Geeignete Spielmaterialien

Angesichts des schier unüberschaubaren Angebots an Spielwaren ist es kein leichtes Unterfangen für Eltern, eine sinnvolle Auswahl zu treffen. Vor dem Hintergrund der Gehirnentwicklung sind komplizierte Spielsachen, die aus sehr vielen Elementen bestehen, erst einmal ungeeignet. Damit sind Babys und Kleinkinder schlicht überfordert. Ungünstig erweist sich außerdem alles, was aus einzelnen Teilen zu einem Ganzen zusammengesetzt werden soll, zielt es doch darauf ab, den Intellekt zu trainieren. In Frage kommen vor allem einfache Spielmaterialien, die Kindern Gelegenheit geben, auf vielerlei Weise mit ihnen zu hantieren. Besonders förderlich erweisen sich Objekte, die der kindlichen Fantasie freien Lauf lassen. Schließlich liegt der Sinn des Spielens darin, die Fantasie zu entwickeln. »Diesem Zweck sollte sich jede Spielsache unterordnen«, sagt der Psychologe und Erziehungswissenschaftler André Frank Zimpel.[58]

Vor allem undifferenzierte Spielmaterialien beflügeln die kindliche Fantasie. Gemeint sind damit Gegenstände, die keine detailgetreue Kopie darstellen oder nur einseitig verwendbar sind.[59] Je weniger vorgegeben ist, desto mehr Vorstellungskraft müssen die Kleinen aufwenden, was die Gehirnentwicklung positiv stimuliert.[60] Gerade der Gebrauch der Fantasie wirkt sich förderlich auf die Gehirnbildung aus. Nach Zimpel sollten »Spielsachen nichts anderes als nett anzuschauende Gedächtnisstützen für die Phantasie« sein.[61]

Vor allem Unvollkommenes, nicht perfekt Ausgestaltetes lädt die Kleinen zu kreativem Spielen ein. Handgefertigtes eignet sich oft besser als Industrieware.[62] Spielzeug, das der Wirklichkeit exakt nachgebildet ist, also wie »echt«

aussieht, nimmt der kindlichen Vorstellungskraft jegliche Arbeit ab. Das gilt übrigens unabhängig vom Material. Realitätsgetreu aussehendes Holzspielzeug lähmt die kindliche Fantasie genauso wie entsprechend gestaltetes Plastikspielzeug. So oder so haben kleine Gehirne perfekten Formen nichts mehr hinzuzufügen. Das Gehirn arbeitet nur, wenn es muss.[63] Ohne angemessene Stimulation baut es Überflüssiges wieder ab nach dem Motto »Use it or lose it«.[64]

## ! Tipp: Aller guten Dinge sind drei

Nicht wenige Kinder werden mit Spielzeug regelrecht überschüttet und Kinderzimmer immer voller. So paradox es klingt: Je mehr Spielsachen zur Verfügung stehen, desto weniger fällt dem Nachwuchs ein, was er damit anfangen kann. Um Spielfrust durch Überstimulation zu vermeiden, sollten sich Erwachsene bei der Anschaffung von Spielzeug zurückhalten. Weniger ist hier mehr. Drei bis vier Gegenstände auf einmal sind nach Einschätzung der modernen Forschung optimal zum Spielen. Mehr als vier Spielsachen zur gleichen Zeit überfordern Kinder bereits. Sie können sich dann nicht entscheiden, womit sie sich beschäftigen wollen, nehmen ein Objekt nach dem anderen in die Hand, um es gleich darauf wieder beiseitezulegen. Zu viele Spielsachen gleichzeitig verhindern, dass sich Kinder auf eine Sache konzentrieren können und in ein vertieftes Spiel finden.[65]

Wichtig ist, dass Eltern das Spielzeugangebot dem jeweiligen Entwicklungsstand ihrer Kinder anpassen. Das bedeutet auch, dass die Menge des Spielzeugs im Lauf der Spielentwicklung variieren kann. Während zu Beginn des Lebens ein überschaubares Angebot an einfachen Spielsachen vollkommen ausreicht, brauchen Kinder in Phasen, in denen sie das Ordnen, Sortieren, Reihenbilden, Sammeln, Stapeln, Transportieren, Einwickeln, Bauen und Verbinden entdecken, genügend geeignete Materialien, um auf befriedigende Weise spielen zu können. Beispielsweise brauchen sie mehrere Behälter und eine ausreichende Anzahl kleinerer Gegenstände zum Befüllen und Ausschütten. Sobald sich Kinder über- beziehungsweise unterfordert fühlen, verlieren sie ihre angeborene Lust am Spielen. Beobachten Mama und Papa, dass ihre Kleinen über längere Zeit kein Interesse mehr an einzelnen Spielsachen zeigen, tauschen sie diese gegen andere aus. Stets sollten aber ein bis zwei vertraute Spielmaterialien im Angebot bleiben.[66]

## Ab wann brauchen Babys Spielzeug?

Da Neugeborene ganz und gar damit beschäftigt sind, sich an die Verhältnisse außerhalb des Mutterleibes zu gewöhnen, benötigen sie weder Spielzeug noch spielerische Anregungen von den Großen. Beides würde Lebensanfänger überfordern. Eltern warten geduldig, bis die Kinder von sich aus zu spielen beginnen.[67]

*Spielmaterial in Reichweite legen*

Der eigene Körper ist das erste und wichtigste Spielzeug. Auf dem Rücken liegend erkunden Säuglinge ihre Umgebung zunächst mit den Augen. Sie wenden ihren Kopf hin und her, lassen ihre Blicke umherschweifen, immer auf der Suche nach Anhaltspunkten. Eines Tages entdecken sie ihre eigenen Hände. Bevor Babys sie in Gebrauch nehmen, erforschen sie sie in aller Gründlichkeit. Auf diese Weise trainieren sie ganz von alleine die Auge-Hand-Koordination, die eine notwendige Vorbereitung für das Greifen- und Loslassenlernen ist. Später entdecken sie auch ihre Füße zum Spielen.[68]

Allmählich weiten Babys die spielerische Erkundung ihres Körpers auf fremde Objekte aus. Sobald Säuglinge nach Gegenständen in ihrer Umgebung zu greifen beginnen, etwa nach dem Spucktuch, ihren Kleidern, den Haaren der Mutter oder dem Hosenbein des Vaters, ist es an der Zeit, ihnen Spielmaterialien zur Verfügung zu stellen. Am besten legen Mama und Papa das Spielzeug in erreichbare Nähe auf die Unterlage, also weder zu nah noch zu weit weg. Auf diese Weise ermöglichen sie ihrem Kind, selbst die Initiative zum Spielen zu ergreifen. Auch wenn es schwerfällt, halten sich Eltern möglichst zurück, indem sie das Spielzeug nicht im Gesichtsfeld ihres Säuglings aufhängen, es nicht hin und her schwenken oder ihm in die Hände drücken. Außer Reichweite gelangtes Spielzeug schieben die Großen von Zeit zu Zeit zurück.

Sobald Babys in der Lage sind, eigenständig an Gegenstände zu gelangen, ist es nicht mehr notwendig, diese direkt um sie herum zu deponieren. Stattdessen werden Spielmaterialien an einem festgelegten Platz zur Verfügung gestellt. Sie sollten überschaubar angeordnet und gut erreichbar für die Kleinen sein. Einzelne Gegenstände können ansprechend auf dem Boden arrangiert oder etwa in flachen Körben, Schüsseln sowie niedrigen Kisten angeboten werden. Ungeeignet sind dagegen Spielzeugbehälter, in denen alles durcheinanderliegt. Besser ist es, das Spielmaterial auf mehrere Behälter zu verteilen, die jeweils Gleiches oder Ähnliches enthalten. Zwischendurch räumen Eltern verstreutes Spielzeug wieder auf. Frisch sortiert erweckt es das Interesse der Kleinen erneut.[69]

*Spielzeugarrangement auf dem Boden*

## ! Tipp: Erstes Spielzeug

Das zielgerichtete Greifenlernen fällt gewöhnlich in eine Phase, in der Kinder vornehmlich auf dem Rücken liegen. Deshalb eignen sich zum Spielen leichte und gut greifbare Gegenstände wie etwa ein kleines Baumwolltuch (circa 30 × 30 cm) oder ein einfaches Stoffpüppchen. Das erste Spielzeug sollte in jedem Fall aus weichen Materialien beschaffen sein, damit sich Kinder nicht wehtun, wenn es auf sie herunterfällt oder sie sich versehentlich darauflegen. Zudem sind Säuglinge anfangs außerstande, harte Gegenstände wieder loszulassen, da der Greifreflex noch nicht integriert ist. Dann beginnen sie möglicherweise zu weinen, weil sie das Spielzeug nicht mehr loswerden.

Ein kleines Tuch lässt sich einfach greifen und wieder loslassen. Zunächst untersuchen Säuglinge es auf seine Eigenschaften hin. Dabei kann es passieren, dass sie es sich zufällig auf das Gesicht legen. Anfangs reißen sie es sich durch unwillkürliche Armbewegungen wieder herunter. Später ziehen sie sich das Tuch gekonnt über die Augen und wieder beiseite. Dieses selber entdeckte Versteckspiel bereitet Babys großes Vergnügen. Dabei zappeln sie aufgeregt mit allen vieren. Deshalb ist das Material des Stoffes zu berücksichtigen. Während leichter Baumwollstoff im Kontakt mit Feuchtigkeit luftdurchlässig bleibt, verdichtet sich die Gewebestruktur von Seide sowie Kunststofffasern, wenn sie nass wird, so dass die Atmung möglicherweise eingeschränkt wird. Am besten stellen Mama und Papa ihren Babys nur kleine Tücher aus leichter Baumwolle zum Spielen zur Verfügung.[70]

*Kleines Stofftuch*

Das einfache Stoffpüppchen gewährt der kindlichen Vorstellungskraft genügend Freiraum. Das unstrukturierte Gebilde besteht lediglich aus einer Kugel mit vier

*Stoffpüppchen*

herabhängenden Zipfeln, die bei Bedarf durch Knoten an den Enden in Arme und Beine verwandelt werden können. Je nach Belieben kann der Kopf um Augen und Mund in Form zurückhaltender Farbtupfen ergänzt werden. Alles Weitere vervollständigen kleine Kinder in ihrer Fantasie. Die rudimentären Andeutungen des Stoffpüppchens stimmen in etwa mit dem Bild überein, das sich kleine Leute von ihrer Spezies machen. Die ersten Menschen, die sie zeichnen, bestehen in der Regel aus einem Kreis mit ein paar Strichen daran, weshalb sie auch »Kopffüßler« genannt werden.[71]

*Babygreifling und Perlenkette*

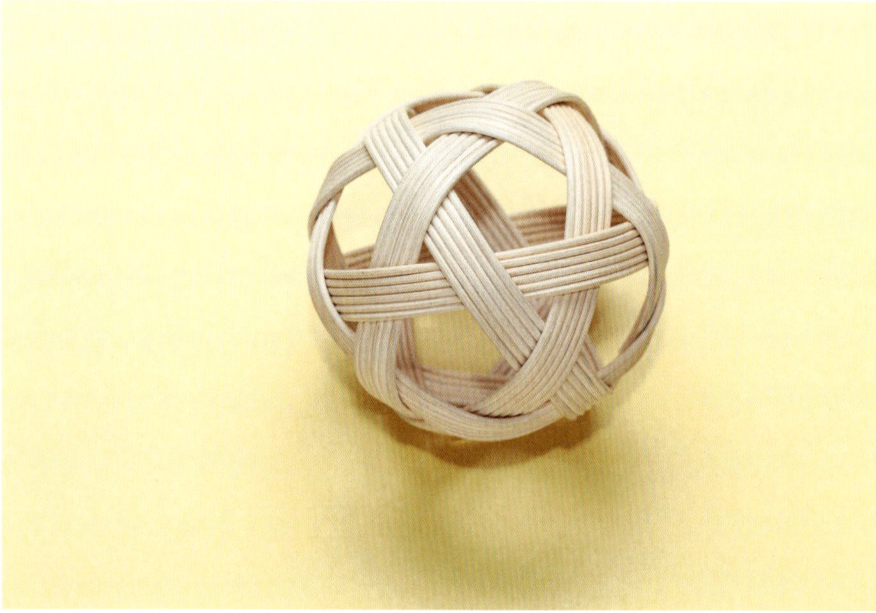

*Flechtball*

Sobald der Greifreflex integriert ist und Kinder das Loslassen gelernt haben, kommen auch harte Spielzeuge in Betracht, etwa ein hölzerner Babygreifling. Interessiert beobachten die Kleinen beispielsweise die geräuscherzeugenden Teile einer Scheibenklapper, während sie den schlichten Greifling hin- und herschwenken. Darüber hinaus eignet er sich auch als Beißring.

Sehr beliebt bei den Kleinen sind Ketten aus großen bunten Holzperlen, deren Länge je nach Alter variiert werden kann. In jedem Fall sollte die Schnur reißfest sein. Babys verwenden Perlenketten zunächst zweckentfremdet als Greifspielzeug. Später hängen sie sich lange Exemplare gerne um den Hals, wie überhaupt alles andere Mögliche und Unmögliche. Auf diese Weise erkunden sie ihren rückwärtigen Raum, was wichtig für die Ausbildung ihres Körperschemas ist.

Ein Flechtball aus Peddigrohr ist ebenfalls ein schönes Spielzeug. Dank der Zwischenräume lässt sich die ursprüngliche Version des Oballs aus Naturmaterial bequem aufnehmen. Außerdem rollt der Ball nicht allzu weit davon, so dass ihm die Kleinen je nach Entwicklungsstand eigenständig hinterherkriechen können.[72]

## Zum Selbermachen: Ein einfaches Stoffpüppchen

Material:

- 1 Baumwolltuch circa 30 × 30 cm
- Schafwolle zum Stopfen
- Fester Bindfaden

Anleitung:

- Die Stopfwolle zu einer festen Kugel formen und in die Mitte des Tuches legen.
- Das Tuch straff um die Wollkugel legen, so dass ein fester Kopf entsteht.
- Den Kopf mit Garn fest abbinden.
- Bei Bedarf die Zipfel des Tuches an den Enden verknoten.
- Gegebenenfalls Augen und Mund in Form zarter Punkte mit einem Buntstift aufmalen.[73]

### Das Wichtigste für Eltern auf einen Blick

- *Stellen Sie Ihrem Baby erst Spielzeug zur Verfügung, wenn es gezielt zu greifen beginnt.*
- *Legen Sie das Spielmaterial in Reichweite Ihres Babys auf die Unterlage.*
- *Überlassen Sie es Ihrem Baby, die Initiative zum Spielen zu ergreifen.*
- *Geben Sie Ihrem Baby zuerst weiche, gut greifbare Spielsachen.*
- *Passen Sie Beschaffenheit und Menge des Spielzeugs dem Entwicklungsstand Ihres Babys an.*
- *Tauschen Sie einzelne Spielmaterialien aus, wenn Ihr Baby kein Interesse mehr daran zeigt.*

## Ursache und Wirkung

Auch im Spiel wollen sich Kinder als selbstwirksam erleben. Das gelingt ihnen etwa dann, wenn sie Ursache und Wirkung eines Spielzeugs mit allen Sinnen nachvollziehen können. Dazu eignet sich beispielsweise eine Rassel mit einsehbarem Gehäuse. Wieder und wieder schwenken Babys den Spielzeugklassiker hin und her. Dabei hören sie ein Geräusch und sehen gleichzeitig, wie sich die bunten Perlen unter ihrer Einwirkung bewegen. Auf diese Weise erschließt sich ihnen mit der Zeit der Zusammenhang zwischen dem, was sie hören, und dem, was sie sehen. Ist die Rassel dagegen geschlossen, können sie nicht sinnlich nachvollziehen, wie es zu dem Geräusch kommt.[74]

*Babyrassel*

Ganz und gar ungeeignet für Lebensanfänger sind quietschende Spielwaren etwa in Gestalt von Gummitieren. Der Berufsverband der Kinder- und Jugendärzte weist darauf hin, dass sich Lärm von kurzer Dauer besonders schädlich auf Kinderohren auswirkt.[75] Abgesehen davon, dass Babys bei unerwarteten Geräuschen erschrecken, entzieht sich ihnen auch im Fall quietschender Spielzeuge der Zusammenhang von Ursache und Wirkung. Da die Pfeife im Inneren versteckt ist, sind sie nicht in der Lage, die Wirkung ihres Tuns mit allen Sinnen zu erfassen.[76]

Schon kleine Kinder leben stets in der Erwartung, dass ihr Tun einen bestimmten Effekt hat. Das ist auch ein Grund, warum es ihnen großen Spaß macht, etwas aus- und umzuschütten, auf- und zuzumachen, einen Lichtschalter ein- und auszuknipsen oder einen Wasserhahn auf- und zuzudrehen. Dabei erleben sie jedes Mal, dass ihre Handlung eine erwartete Wirkung zeigt, dass sie Konsequenzen hat. Und genau darauf kommt es beim Lernen an.[77]

## Zum Selbermachen: Eine einsehbare Rassel

Material:

- 2 kleine Küchensiebe aus Metall
- circa 15–20 bunte Holzperlen
- reißfester Bindfaden

Anleitung:

- Die Holzperlen in das eine Sieb geben, das andere Sieb bündig darüberlegen.
- Die Griffe, Ösen und/oder Ränder der beiden Siebe mit Bindfaden fest umwickeln beziehungsweise zusammenbinden und sicher verknoten.

## Zur Qualität des Spielmaterials

Spielmaterialien sollten so beschaffen sein, dass sie viele verschiedene Sinneswahrnehmungen ermöglichen, wie etwa rau und glatt, hart und weich, schwer und leicht oder kalt und warm. Dazu eignen sich unterschiedliche Materialien aus dem Haushalt, für die sich Babys oft mehr interessieren als für klassisches Spielzeug.

Insbesondere stimulieren Naturmaterialien mit ihren organischen Formen, unterschiedlichen Oberflächenstrukturen, Gerüchen und Farben die sensorische Entwicklung kleiner Leute. Kein Naturprodukt gleicht exakt dem anderen. Somit erlauben diese Objekte komplexere Erfahrungsmöglichkeiten als industriell gefertigte.[78] Je vielfältiger Sinneserfahrungen sind, die Kinder machen, desto differenzierter bildet sich ihr Gehirn aus. Entscheidend ist also nicht, wie bunt oder laut ein Spielzeug ist, sondern dass es kleine Leute mit dem sensorischen Reichtum der natürlichen Umgebung vertraut macht.[79]

## ! Tipp: Haushaltsgegenstände und Naturmaterialien

Hoch im Kurs bei Babys und Kleinkindern stehen Haushaltsgegenstände wie Kochlöffel, Schneebesen, Honiglöffel, Schüsseln, Becher und Teller aus Holz, Metall oder Plastik, Küchensiebe, Kuchenformen, Töpfe, Stopfeier, hölzerne Gardinenringe, Schlüsselbunde, Babybürsten, Körbe, Taschen und Eimer sowie verschließbare Gefäße. Schon Liegekinder sind durchaus imstande, mit leichten größeren Gegenständen zu hantieren, etwa mit Sandeimern und Schüsseln, großen Küchensieben oder weichen Körben.

*Küchenutensilien aus Holz*

Mit kleinen, weichen Bällen aus Naturmaterialien können Kinder das Werfen gefahrlos üben. Die Bälle lassen sich aus Stoff oder Filz ohne großen Aufwand selbst anfertigen.[80] Größe und Material sollten dem jeweiligen Entwicklungsstand der Kinder angepasst sein. Babys brauchen zunächst kleine, weiche Bälle, die sie gut greifen können und die beim Werfen keinen Schaden anrichten. Je größer Kinder werden, desto geschickter handhaben sie auch größere und schwerere Wurfobjekte.

*Kuchenförmchen*

*Lederbälle*

Auch Naturmaterialien etwa in Form von Muscheln, Zapfen, Naturhölzern und Steinen erfreuen sich großer Beliebtheit. Muscheln sind sowohl aufgrund ihrer unterschiedlichen Textur als auch wegen ihrer Farbenpracht sehr attraktiv zum Spielen. Sie sollten hart und fest genug sein, um keine Gefahr für die Kleinen darzustellen. Pinienzapfen sind ebenfalls ein haptischer Genuss. Je größer Kinder werden, desto kleiner können die Zapfen zum Spielen sein. Kleine Stöcke und Holzklötze, die aus Ästen in verschiedenen Formen und Größen selbst hergestellt werden können, laden zu vielfältigen Sinneserlebnissen ein.[81] Auch Steine in verschiedenen Größen, Formen und Farben finden regen Anklang. Geschliffene Exemplare können etwa am Fluss- oder Meeresufer gesammelt werden. Steine sollten weder zu klein noch zu groß

*Muscheln*

*Pinienzapfen*

sein, damit sich Kinder nicht verletzen können. Das Gewicht der Mineralien bietet Kindern eine willkommene Gelegenheit, ihre Körperkraft zu erproben.

*Äste*

*Steine*

## Aktive Kinder – passives Spielzeug

Als Faustregel gilt: Aktive Kinder spielen mit passivem Spielzeug. Heranwachsende sollten stets die kreativen Akteure im Spiel sein und nicht etwa passive Zuschauer eines Spielgeräts. Insofern eignen sich für Babys und Kleinkinder weder batteriebetriebene, aufziehbare, elektronische, digitale noch interaktive Spielwaren. Derlei »magische« Spielsachen ziehen Kinder länger in ihren Bann, als ihnen guttut. Das hat zur Folge, dass sie ihre Bedürfnisse nicht mehr richtig wahrnehmen. Ihr natürliches Gefühl für Pausen geht dabei verloren. Pausen sind jedoch wichtig zur Selbstregulation. Außerdem machen derlei unruhige Spielsachen die Kleinen abhängig von äußeren Reizen.

Während Spielwaren mit Unterhaltungswert Kinder von ihren eigentlichen Aufgaben ablenken, regen Spielmaterialien, die in ihrem Gebrauch nicht von vornherein festgelegt sind, ihre Kreativität und Fantasie an. Sogenannte »offene« Spielmaterialien stellen sich ganz in den Dienst der kindlichen Erfindungsgabe. Weder können sie irgendetwas von sich aus, noch haben sie eine bestimmte Funktion. Gerade die Einfachheit lädt Kinder dazu ein, sich aktiv, kompetent, kreativ und fantasievoll mit ihnen zu beschäftigen.[82]

## ! Tipp: Spielmaterialien, die zu Kreativität und Fantasie anregen

Zum fantasievollen Spielen kommen vor allem Materialien in Betracht, die frei von jeglichem Verwendungszweck sind, wie etwa sogenannte Schneckenbänder, Spieltücher, Reis- oder Sandsäckchen oder kleine Stöcke aus der Natur. Sie bieten Kindern schier unerschöpfliche Spielmöglichkeiten und laden Eltern zum Selbermachen ein.[83]

Schneckenbänder können in ihrem Gebrauch unendlich variiert werden. Zum Beispiel dienen sie als Hundeleine, Pferdegeschirr, Flaschenzug, Verband, Feuerwehrschlauch, Kuchen, Weihnachtsbaumdekoration, Puppentrage, Krone, Putzlappen, Kletter-, Hüpf- oder Abschleppseil. Fantasiebegabte nehmen sie auch her, um Dinge zusammenzubinden, Adventskalender an der Vorhangstange aufzuhängen, Päckchen zu schnüren, Puppen durch Umwickeln ihrer Beine in Meerjungfrauen zu verwandeln, Höhlen zu bauen, Schubladen vor dem Zugriff jüngerer Geschwister zu sichern, Friseur zu spielen oder Flechten zu üben.

Spieltücher in verschiedenen Größen und Farben verwandeln sich etwa in eine Puppenzudecke, einen Umhang, Indianerkopfschmuck, Putzlappen oder ein Versteck. Aus Reis- oder Sandsäckchen bauen Kleinkinder Straßen

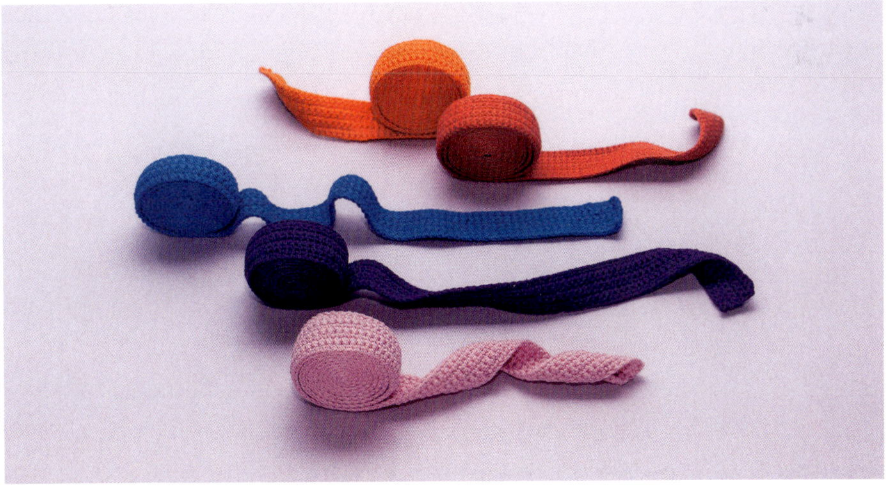

*Schneckenbänder*

*Spieltücher*

und Türme. Oder sie werden als Schlittschuhe, Handschuhe, Teig, Kopfkissen, Puppenmatratze, Instrument oder Gewicht verwendet. Mit Holzklötzen unterschiedlicher Größe und Beschaffenheit lassen sich erste Bauten in die Höhe errichten sowie Gehege und Zäune bauen. Sie werden aber auch als Teller, Brote, Handys oder Autos eingesetzt.

*Reissäckchen*

*Holzklötze*

## Zum Selbermachen: Ein Schneckenband

Material:

- 1 Baumwollknäuel 50 g, zum Beispiel Topflappengarn
- 1 Häkelnadel Nr. 4

Anleitung:

- Luftmaschen häkeln, circa 155 cm lang (die Länge kann variieren; für jüngere Kinder eignen sich kürzere Bänder)
- Zurückhäkeln mit festen Maschen, das heißt auf dem »Rückweg« in jede Luftmasche mit der Häkelnadel einstechen; Faden holen und durch die Masche ziehen, so dass zwei Maschen auf der Nadel sind; wiederum Faden holen und durch beide Maschen hintereinander durchziehen, so dass nur noch eine Masche auf der Nadel ist; in die nächste Luftmasche einstechen usw.
- Am Ende einer Reihe eventuell eine Wendemasche einfügen; das Häkelzeug wenden; Häkelnadel in die letzte feste Masche vor der Wendemasche bzw. in die erste feste Masche einstechen und weiter mit festen Maschen häkeln
- So lange hin und her häkeln, bis das Schneckenband circa 3–4 cm breit oder die Wolle aufgebraucht ist (bündig abschließen)
- Fäden vernähen

### Das Wichtigste für Eltern auf einen Blick

- *Geben Sie Ihrem Baby Spielzeug, bei dem es Ursache und Wirkung mit allen Sinnen nachvollziehen kann.*
- *Wählen Sie Gegenstände aus, die viele verschiedene Sinneserfahrungen ermöglichen.*
- *Achten Sie darauf, dass Ihr Baby stets der Akteur im Spiel ist und nicht passiver Zuschauer des Spielzeugs.*

- *Verzichten Sie auf quietschende, batteriebetriebene, aufziehbare, elektronische, digitale oder interaktive Spielwaren.*
- *Stellen Sie Ihrem Baby vor allem einfache Spielmaterialien zur Verfügung, die seine Fantasie anregen.*

*Ein Erfahrungsbericht*

»Ich versuche weiterhin, den Naturmaterialien, dem Spielzeug ohne Batterie sowie den Gegenständen, die in der Fantasie alles sein können, treu zu bleiben: Muggelsteine, Klötze, nur eine Sorte Figürchen, kurz: keine Massen an Spielzeug. Manchmal komme ich ins Hadern, wenn ich bei gut betuchten Freunden ein extra Spielestockwerk für ihre Kinder mit Toberaum und Spielzeug ohne Ende sehe. Ich frage mich dann, ob wir etwas falsch machen. Was mich dann beruhigt und in meinem Weg bestärkt, ist, wenn diese Kinder alle fünf bis zehn Minuten kommen und sagen, dass ihnen langweilig ist, und fragen, was sie jetzt machen sollen. Dagegen kann sich mein Kind über eine Stunde lang mit Schneckenbändern alleine beschäftigen.«
(Vanessa mit Laura und Raphael)

# 5
# Warum Spielen für Kinder so wichtig ist

Das Bedürfnis zu spielen bringen Babys mit auf die Welt. Sobald ihr Interesse an der Umgebung erwacht und sie über entsprechende Fähigkeiten verfügen, fangen sie an, das, was sie dort vorfinden, spielerisch zu erkunden. Das kindliche Spiel entwickelt sich in aktiver Auseinandersetzung mit der materialen Wirklichkeit, und zwar ganz von alleine ohne direkten Input von Mama und Papa. Entdeckerfreude und Gestaltungslust sind kleinen Menschen angeboren.[84]

Spielen ist für Kinder nicht etwa ein netter Freizeitspaß wie für die Großen. Es ist der Hauptinhalt ihres Lebens. Im Grunde genommen bedeutet Spielen harte Arbeit für die Kleinen. Man sieht ihnen nur nicht an, dass es eine ernste Angelegenheit für sie ist, da sie mit Hingabe und Begeisterung bei der Sache sind.[85] »Die gewöhnlichen Spiele der Kinder sind – ungleich den unsrigen – nichts als die Äußerungen ernster Tätigkeit, aber in leichtesten Flügelkleidern«, formulierte Jean Paul poetisch.[86] Da Spielen die Hauptbeschäftigung kleiner Menschen ist, nimmt es einen vergleichbar hohen Stellenwert in ihrem Alltag ein. Deshalb sollten Mama und Papa dem Kinderspiel Respekt entgegenbringen.[87]

Während die Arbeit der Erwachsenen einem bestimmten Zweck dient, zeichnet sich das kindliche Spiel gerade dadurch aus, dass es völlig zweckfrei ist.[88] Im freien Spiel ahmen kleine Leute die Tätigkeiten der Erwachsenen nach. Allerdings imitieren sie die Handlungen nur äußerlich, ohne denselben Zweck damit zu verbinden. Während Erwachsene im Beisein der Kinder Wäsche bügeln, schnappen sich die Kleinen einen Bauklotz und tun so, als würden sie ebenfalls bügeln. Sie wollen dabei aber einfach nur spielen. Es bereitet ihnen Vergnügen, dasselbe zu tun wie ihre Vorbilder. Kinder spielen um des Spielens willen.

Gerade diese Nonchalance ist nicht wenigen Eltern suspekt. Häufig tun sie das Spiel als vergeudete Zeit ab. Stattdessen wenden sie viel Energie und Zeit auf, um ihre Kinder von Anfang an bestmöglich durch ergebnisorientiertes Lernen zu fördern. Was sie dabei umtreibt, ist die Sorge, ihre Sprösslinge könnten sonst mit der modernen Wettbewerbsgesellschaft nicht mithalten.[89] Das kindliche Spiel ist aber nur scheinbar nutzlos. In der Tat laborieren Kinder im Spiel an ihrer kognitiven Entwicklung. Dank der modernen Neurowissenschaften wissen wir, dass sich freies Spielen äußerst positiv auf die Strukturbildung des Gehirns auswirkt.[90] Im ungezwungenen Spiel haben Kinder reichlich Gelegenheit, selbstwirksam und kreativ zu sein. Ganz nebenbei erwerben sie Metakompetenzen wie etwa Ausdauer, Konzentration, Motivation, Problemlösung, Flexibilität, Frustrationstoleranz, Impulskontrolle, Angstbewältigung, Handlungsplanung, Kooperationsfähigkeit sowie das Abschätzen von Gefahren.[91]

## Spielentwicklung

Jedes Kind spielt anders. Das erklärt auch den individuellen Charakter des Spiels in den ersten Lebensjahren.[92] Anfangs spielen die Kleinen mehr oder weniger für sich. In einer Gruppe Gleichaltriger beschäftigen sie sich lange Zeit hauptsächlich nebeneinander. Erst in der zweiten Hälfte des dritten Lebensjahres spielen sie ab und zu gemeinsam. Ein echtes Miteinander-Spielen entwickelt sich ab dem Schulalter.[93]

Auch die Art und Weise, wie Kinder spielen, ändert sich im Lauf ihrer Entwicklung. In welchem Alter sich das Spielverhalten ändert, variiert von Kind zu Kind. Gleichbleibend ist dagegen die Reihenfolge, in der die verschiedenen Spielweisen auftauchen.[94] Sie gehen außerdem fließend ineinander über. Spielende Kinder aller Altersstufen haben eines gemeinsam: die Freude am Tun. Beispielsweise errichten Eineinhalb- bis Zweijährige einen Turm oder backen einen Sandkuchen, um ihr Werk gleich darauf wieder zu zerstören und von Neuem zu beginnen. Es geht ihnen noch nicht darum, ein bestimmtes Ergebnis zu erzielen. Die reine Aktivität, das Bauen beziehungsweise Backen an sich, steht im Vordergrund, nicht das fertige Produkt. Sich selbst in Aktion zu erleben und zu beobachten, wie sich die Dinge unter ihrer Einwirkung verhalten, bereitet kleinen Kindern das größte Vergnügen.[95]

## Funktions- oder Objektspiel

In der ersten Spielphase ist die spontane Aktivität der Säuglinge noch eng an ihren eigenen Körper gebunden. Ein wichtiger Schritt in der Spielentwicklung ist erreicht, wenn sie nach Objekten in ihrer unmittelbaren Umgebung greifen. Anfangs geschieht dies eher zufällig, mit der Zeit immer gezielter. Zunächst ziehen Babys an Gegenständen, heben sie auf, bringen sie in ihr Blickfeld, betrachten sie und lassen sie wieder los.

Die konzentrierte Dichte an Tastrezeptoren im Mund ist ein Grund, warum Säuglinge so ziemlich alles in den Mund stecken, dessen sie habhaft werden können. Die eigenen Hände, Zehen, bewegliche und feste Gegenstände werden abgelutscht, geschmeckt, betastet und befühlt. Schließlich lassen sich Materialeigenschaften mit den Mundwerkzeugen am sensibelsten wahrnehmen. Deshalb ist es geradezu notwendig, dass Kinder Gegenstände in den Mund nehmen. In dieser Phase ist besonders wichtig, dass nur solche Dinge greifbar sind, die auch gefahrlos in den Mund wandern können. Diese Gegenstände dürfen weder zu klein sein, um verschluckt oder in Nase und Ohren gesteckt werden zu können, noch dürfen sie zu Verletzungen führen.[96]

Im Funktions- oder Objektspiel untersuchen Babys einzelne Gegenstände auf ihre Eigenschaften hin. Auf dem Rücken liegend halten sie einen Gegenstand mit beiden Händen und probieren aus, was sich alles damit anstellen lässt. Aufmerksam beobachten sie die Wirkungen ihrer Handbewegungen. Fällt ihnen ein Objekt aus den Händen, scheinen sie das Interesse daran zu verlieren, nach dem Motto »Aus den Augen, aus dem Sinn«. In dieser frühen Phase entwickeln sie noch kein spezifisches Verhältnis zu einzelnen Spielsachen. Wahllos greifen sie nach dem nächstliegenden Objekt.

Immer häufiger wechselt das Spielzeug von einer Hand in die andere. Die Schwierigkeit besteht darin, mit einer Hand zuzugreifen, während die andere loslässt. Das ist nicht leicht für junge Säuglinge, da ihre Handbewegungen anfangs parallel geschaltet sind, die Hände sich also gleichzeitig öffnen und schließen. Allmählich richten sie ihre Aufmerksamkeit auf ganz bestimmte Gegenstände, halten Ausschau nach ihnen und wählen sie unter anderen Objekten gezielt aus.

Durch das Hantieren mit möglichst vielen verschiedenen Materialien erschließen sich kleine Forscher beiläufig die physikalischen Gesetze der Welt. Wiederholt hämmern sie Gegenstände auf den Boden, schieben sie auf der Unterlage hin und her, werfen sie herum, lassen sie fallen oder pendeln, schütteln oder drücken sie. Stets beobachten sie mit allen Sinnen die Wirkungen ihres Tuns.

Ein weiterer Entwicklungsschritt ist erreicht, wenn die Kleinen mit zwei Objekten gleichzeitig hantieren. Zuerst stoßen sie sie vor ihrer Körpermitte zusammen und beobachten, was dabei geschieht. Mit Fleiß erzeugen sie laute Klopfgeräusche, indem sie etwa mit einem Gegenstand auf einen anderen schlagen. Oder sie legen den einen auf den anderen drauf oder schieben ein Spielzeug mithilfe eines anderen herum.

Gegen Ende des ersten Lebensjahres werden Kinder auf gleiche oder ähnliche Spielmaterialien aufmerksam, beispielsweise auf Bälle, von denen sie jeweils einen in jeder Hand halten oder sie nebeneinanderlegen. In dieser Zeit entdecken sie auch das Reinlegen von Gegenständen in einen Behälter und das Rausnehmen. Es fängt damit an, dass sie ein kleineres Objekt in ein größeres Sammelgefäß halten, ohne es zunächst loszulassen. Erst in einem weiteren Schritt legen sie den Gegenstand tatsächlich in ein passendes Gefäß hinein und holen ihn wieder heraus. Interessiert beobachten sie, was mit dem Spielzeug im Behälter geschieht, wenn sie diesen hin- und herbewegen.

Mit der Zeit entdecken Kinder die Zusammengehörigkeit von zwei Teilen. In sämtlichen Variationen erkunden sie das In-Beziehung-Setzen und Trennen von zwei oder mehreren Gegenständen. Beispielsweise kommen sie dahinter, dass ein Deckel auf ein Gefäß passt oder dass die Holzscheiben eines Scheibenturms auf den Stab gesteckt werden können.[97]

Im zweiten und dritten Lebensjahr werden die gegen Ende des ersten Lebensjahres begonnenen einfachen Spielweisen zunehmend verfeinert und erweitert. Die Kleinen erkunden das Aus- und Umschütten sowie das Stapeln und Stecken. Statt einfach nur einzelne Objekte in einen Behälter reinzulegen und wieder rauszunehmen, schütten sie jetzt den ganzen Inhalt aus, füllen ihn in ein anderes Gefäß um oder verteilen ihn auf verschiedene Behälter. Hinzu kommt das Transportieren, Schieben und Tragen. Dazu brauchen die Kleinen durchaus große und schwere Gegenstände, an denen sie ihre Kräfte messen können.

Eine wahre Leidenschaft entwickeln kleine Kinder für das Sammeln. Zu Beginn des zweiten Lebensjahres steht das bloße Tun im Vordergrund. Später zieht sie die schiere Menge gleichartiger Spielobjekte in ihren Bann. Oft hüten sie ihr Sammelsurium wie einen Schatz, dem sich kein anderes Kind nähern darf: »Meins!« Erwachsene mischen sich am besten nicht in diese Spiele ein, denn das Sammeln entspricht einem natürlichen Bedürfnis. Teilen lernen kleine Menschen erst später.[98] Vielmehr sorgen die Großen dafür, dass die Kleinen genügend Möglichkeiten zum Sammeln haben. Kinder benötigen jetzt mehrere Behältnisse, etwa Eimer, Töpfe, Schüsseln oder Körbe, sowie Füllmaterial in ausreichender Menge. Geeignet sind kleine Bälle, Zapfen, Hölzer, Gardinenringe oder kleine Sand- bzw. Reissäckchen.

Gegen Ende des zweiten Lebensjahres bilden Kinder Kategorien, indem sie Gegenstände nach Größe, Gestalt oder Farbe anhäufen, aufreihen, sortieren oder ineinanderstapeln. Dabei orientieren sie sich am Prinzip der Ähnlichkeit. Indem sie verschiedene Gegenstände miteinander vergleichen, erkennen sie übereinstimmende beziehungsweise voneinander abweichende Merkmale. Dadurch sind sie in der Lage, gleichartige Objekte zu gruppieren. Die sammelnde, ordnende und Reihen bildende Spielaktivität junger Kinder ist eine wichtige Voraussetzung für späteres Bauen.[99]

Die kindliche Bautätigkeit setzt in der Regel um den ersten Geburtstag ein. Zunächst begnügen sich die Kleinen mit scheinbar einfachen Übungen wie dem Drauflegen eines Gegenstands auf einen anderen. Mit der Reihenbildung gegen Ende des zweiten Lebensjahres entwickelt sich dann das Bauen im engeren Sinne. Zunächst bauen Kinder eindimensional, also in der Horizontale, indem sie Bauklötze aneinanderreihen. Das In-die-Höhe-Bauen bereiten kleine Baumeister ebenfalls schrittweise vor. Zunächst halten sie einen Holzklotz über einen am Boden liegenden, ohne ihn abzusetzen. Dann halten sie mit beiden Händen zwei Bauelemente übereinander, ohne loszulassen. Sie bauen gleichsam in der Luft. Schließlich türmen sie einzelne Bausteine recht nachlässig übereinander mit der Folge, dass alles wieder umfällt. Erst nach und nach gelingt es jungen Architekten, sorgfältig konstruierte Türme von beträchtlicher Höhe zu errichten.

Neben Reihen und Turmbauten entstehen auch kompakte Blockbauten aus dicht an dicht neben- und aufeinandergelegten Bausteinen. Vergleichsweise spät entdecken Kinder, dass sie mit einem Baustein zwei Elemente überbrücken können, so dass ephemere Bauwerke entstehen. In diese Zeit fällt gewöhnlich auch das Umbauen eines Platzes. Zäune, Gehege und Ställe begrenzen jetzt einen Innenraum. Im Zusammenhang mit Raumbauten entdecken kleine Forscher die räumliche Dimension der Tiefe.

Zum Bauen eignen sich am besten große, schlichte, farblose Holzbausteine in ausreichender Menge. Ausschließlich Duplo- oder Legosteine anzubieten, empfiehlt sich nicht, da sie keine echten Erfahrungen mit der Statik ermöglichen.[100]

## Symbol- oder Als-Ob-Spiel

In der zweiten Spielphase kommt Fantasie auf. Erste Anzeichen dafür lassen sich bei rund Einjährigen beobachten, wenn sie so tun, als ob sie aus einer leeren Puppentasse trinken oder den Sandkuchen essen würden. Im dritten Lebensjahr gehen sie dazu über, Alltagsgegenständen in ihrer Vorstellung eine völlig neue Bedeutung zu verleihen. Beispielsweise münzen sie einen flachen Holzklotz in ein Handy um, indem sie ihn ans Ohr halten und munter drauflosplappern.[101]

Anlass zu vielseitigen Symbolspielen bietet etwa ein hölzerner Regenbogen. Die verschiedenfarbigen Bogenelemente unterschiedlicher Größe verwandeln sich kraft der kindlichen Erfindungsgabe etwa in diverse Orchesterinstrumente. Der gelbe Holzbogen bietet sich zum Trompetespielen an, während andere Bögen locker als Harfe oder Kontrabass durchgehen. Eine

Pauke in Gestalt eines runden Sandsäckchens, auf das junge Musiker mit kleinen Holzstöckchen munter trommeln, vervollständigt das kleine Orchester. Kinder begleiten ihr Spiel mit einer entsprechenden Geräuschkulisse, gibt es doch in einem Orchester jede Menge zu hören.

Im fantasievollen Spiel tun sich Kinder keinen Zwang an. Jenseits aller Logik verleihen sie den Spielobjekten einen neuen Sinn, und zwar so, wie es ihnen gerade gefällt. Zunächst spielen sie eigene Verhaltensweisen wie essen, trinken oder schlafen nach. In der zweiten Hälfte des dritten Lebensjahres imitieren sie zunehmend auch Tätigkeiten der Erwachsenenwelt. Charakteristische Spiele sind etwa Einkaufen gehen, Kochen, Tisch decken, Füttern, Trösten, Wickeln, Reparieren, Arztbesuche, Orchester oder Zugfahren.

Für das Als-Ob-Spiel benötigen die Kleinen verschiedene Objekte als Gedächtnisstütze. Beispielsweise weckt der gelbe Holzbogen die Erinnerung an eine Trompete, die sie irgendwann einmal gesehen und gehört haben. Der Gegenstand tritt symbolisch an die Stelle des echten Instruments. Mit der Zeit löst sich das Symbolspiel zunehmend von den Objekten los. Kinder kommen mit immer weniger Gedächtnishilfen aus, bis sie im pantomimischen Spiel schließlich vollständig auf sie verzichten. Das Trompetespielen mimen sie dann nur noch mit den Händen.[102]

## Rollenspiel

In der dritten Spielphase dehnen Kinder die symbolische Umdeutung der Dinge allmählich auf ihre eigene Person aus. Plötzlich interessieren sie sich nicht bloß für das Kochen oder Zugfahren an sich, sondern auch für die Rolle des Kochs oder Lokführers.[103] Erste Rollenspiele lassen sich vereinzelt in der zweiten Hälfte des dritten Lebensjahres beobachten. Sie treten gewöhnlich in Erscheinung, nachdem sich Kinder ihrer eigenen Persönlichkeit bewusst geworden sind.[104] Das Rollenspiel festigt das Ich-Bewusstsein des Kindes.[105]

Auch im Rollenspiel benötigen kleine Kinder zunächst eine Gedächtnisstütze in Form von Requisiten oder Verkleidungen.[106] Beispielsweise startet der kleine Lokführer seine Fahrt nicht eher, als bis er einen passenden Gegenstand gefunden hat, der sich in seiner Fantasie in ein Lenkrad verwandelt.

Einstweilen bleibt der Zug stehen. Da ist nichts zu wollen. Kaum aber hält der Zugführer das Vorgestellte in Händen, etwa ein Holzschälchen, ist er sich seiner Rolle gewiss und steuert seinen Zug aus aneinandergereihten Stühlen mit lautem Getöse in exotisch klingende Länder.

Gelegentlich beziehen Kinder auch Spielkameraden mit ein.[107] Beispielsweise macht sich der kleine Lokführer auf die Suche nach Fahrgästen. Hin und wieder gewinnt er gleichaltrige Mitspieler, die sich ihrerseits eine Gedächtnisstütze suchen, etwa ein Schneckenband als Sicherheitsgurt, um sich mit ihrer neuen Rolle identifizieren zu können. Während der Lokführer munter durch die Gegend lenkt, sind die Reisegefährten unermüdlich damit beschäftigt, sich umständlich anzuschnallen.

Dem eifrigen Lokführer kann es aber auch passieren, dass ihm ein kleiner Fahrgast seine Position streitig macht. Nicht selten steuern am Ende beide Kinder dieselbe Eisenbahn in entgegengesetzte Richtungen. Das Nebeneinanderspielen gewinnt häufig noch die Oberhand. Zweieinhalb- bis Dreijährige sind noch nicht so weit, dass sie ihre Rollen im gemeinsamen Spiel zuverlässig aufeinander abstimmen können.[108]

Klassische Rollenspiele mit klarer Zuweisung wie etwa Vater-Mutter-Kind oder Hund und Meister sind erst im Kindergartenalter anzutreffen. Themen wie Familie, sämtliche Hausarbeiten, Kindergarten oder Schule werden jetzt durchgespielt. Häufig setzen sich Kinder im Rollenspiel auch mit ihren Konflikten auseinander. Somit ist das Rollenspiel eine wichtige Form des sozialen Lernens.[109]

## Freies Spiel. Der beste Weg zur Selbstbildung

In der Auseinandersetzung mit der materialen Welt bilden sich Babys selbst. Indem sie beobachten, wie sich die Dinge unter ihrer Einwirkung verhalten, sammeln sie grundlegende Erfahrungen.[110] Für alle Altersstufen ist entscheidend, dass Kinder frei und selbstbestimmt spielen dürfen. Als wichtigster Bereich kindlicher Selbstbildung sollte das Spiel nicht mit pädagogischen Maßnahmen, didaktischen Materialien oder stark regulierenden Vorgaben überfrachtet werden. Kinder brauchen weder intellektuellen Input von den Großen noch irgendeine Animation von außen, denn sie sind von sich aus neugierig und wollen die Welt selbst erkunden.[111]

Am besten eignen sich Kinder die Welt durch Versuch und Irrtum selbst an. Dass sie Fehler machen, tut ihrer Entwicklung keinen Abbruch. Im Gegenteil: Nur so lernen sie hinzu.[112] Schließlich sind die ersten Lebensjahre dazu da, »im freien Spiel herauszufinden, was alles geht. Spielen ist Potenzialerkundung«, sagt Gerald Hüther.[113] Emmi Pikler bezeichnet das freie Spiel als »Hochschule der Säuglinge und Kleinkinder«.[114] Im freien Spiel lernen Heranwachsende das, was sie fit für das Leben macht. An anderer Stelle bemerkt die ungarische Kinderärztin: »Das wirklich wertvolle Wissen, welches das Kind und später der Erwachsene im Leben gut gebrauchen kann, ist das, was es selbst ausprobiert, erarbeitet hat.«[115]

## Was Kinder brauchen, um frei spielen zu können

Wichtige Voraussetzung für das freie Spiel ist eine verlässliche Eltern-Kind-Beziehung. Eine liebevolle, ungezwungene, ruhige und Sicherheit bietende Atmosphäre wirkt sich positiv auf das kindliche Spielverhalten aus. Fühlen sich Kinder rundum wohl, sind sie eher bereit, sich in ein Spiel zu vertiefen. Oft genügt es ihnen, wenn die Großen in Sicht- oder Rufweite sind, um sich hingebungsvoll einer Sache zu widmen.[116] Kaum geraten sie unter Druck, etwa durch Belehrung oder in verunsichernden Situationen, hören sie auf zu spielen.[117]

*Drinnen spielen*

Darüber hinaus sorgen Mama und Papa für eine sichere räumliche Umgebung. Die Kleinen sollten sich stets frei bewegen und spielen können, ohne Gefahr zu laufen, sich zu verletzen oder etwas kaputt zu machen. Hinzu kommen entwicklungsgerechte Spielmaterialien, die an einem festgelegten Ort zur Verfügung gestellt werden.[118]

Nicht zuletzt bietet die Natur alles, was Kinder für ein gelingendes Freispiel brauchen: unstrukturierte Erlebnisräume, elementare Körpererfahrungen, unbekannte Erkundungsmöglichkeiten, Selbstwirksamkeit und jede Menge Widerstände. Gerade das Überwinden von echten Herausforderungen wirkt sich förderlich auf die Persönlichkeitsentwicklung aus. Immer dann, wenn es kleinen Forschern gelingt, eine Schwierigkeit selbst zu meistern, stärkt das ihre innere Widerstandskraft.[119]

Schon die Jüngsten profitieren vom Draußensein in der Natur, indem sie etwa im Kinderwagen spazieren gefahren oder im Garten beziehungsweise auf dem Balkon zum Schlafen gelegt werden. Sobald sie so weit sind, eröffnet der Erdboden mit Gras, Blumen, Blättern, Steinen und Stöckchen einen wahren Reichtum an Naturerfahrungen. Beispielsweise verlocken Wasser, Sand und Erde zu vielfältigen Spielen.[120]

*Draußen spielen*

Babys und Kleinkinder benötigen viel Ruhe und Zeit zum freien Spielen.[121] In einer ruhigen Umgebung finden sie zu sich selbst und können ihren notwendigen Entwicklungsaufgaben ungestört nachgehen. Nach dem Berufsverband der Kinder- und Jugendärzte erhöht sich der Stresspegel von Kindern nachweislich, wenn Radio, Fernseher oder andere elektronische Geräte ständig in Betrieb sind. In der Folge schlafen Kinder unruhiger und können sich schlechter konzentrieren.[122] Sie orientieren sich dann ganz im Außen.

Mit der Zeit gewöhnen sie sich an diese Formen von Unterhaltung, was den Effekt hat, dass sie permanent beschäftigt werden wollen. Schließlich haben sie nie gelernt, Zufriedenheit aus sich selbst zu schöpfen.

Das Zeitmanagement der Eltern entscheidet darüber, ob Kinder ausreichend Muße für ununterbrochenes Spielen haben. Viele Kinder haben oft keine Zeit für ihre eigentliche Haupttätigkeit: das freie Spielen, da ihre Zeit vom Babyschwimmen über musikalische Früherziehung, Kinderturnen, Yoga bis hin zu Englisch oder Chinesisch verplant ist. Ein derart überfrachteter Terminkalender kann dazu führen, dass kleine Menschen völlig überstimuliert sind, vor Erschöpfung manchmal nur noch weinen, nervöse Geräusche von sich geben oder unter Schlaflosigkeit und Unkonzentriertheit leiden.[123] Hingegen entwickeln Kinder, die in einer ruhigen Umgebung ausreichend Zeit zu kontinuierlichem Spielen haben, eine viel längere Aufmerksamkeitsspanne als gemeinhin angenommen sowie eine höhere Frustrationstoleranz.[124]

### *Ein Erfahrungsbericht*

»An Noemi kann ich sehr gut beobachten, wann sie ganz in Ruhe ›bei sich‹ und wann sie ›im Außen‹ ist. Wenn sie in Ruhe spielt und wenig unterbrochen wird, ist sie meistens konzentriert und ausdauernd bei der Sache. Strömt allerdings zu viel Neues auf sie ein, weil wir beispielsweise viel unterwegs sind oder häufig Besuch kommt, verliert sich Noemi ›im Außen‹ und findet nur schwer wieder zu sich selbst zurück. Dann braucht sie häufiger unsere Hilfe, um sich zu beruhigen, etwa beim Einschlafen. Sobald sie viel Ruhe und Zeit für sich hat, kommt sie auch wieder ›bei sich‹ an. Dank der vielen Ruhe wird unsere Tochter zunehmend robuster und kann im Alter von fünf Monaten schon viel mehr Eindrücke in kürzerer Zeit integrieren und ist dabei trotzdem zufrieden. Aber es bleibt ein ständiges Abwägen, wie viel wir ihr zumuten können, ohne dass sie ihre Grundzufriedenheit verliert.«
(Mila mit Noemi)

## Bitte nicht stören!

Auch wenn es den Eltern schwerfällt: Sie sollten so wenig wie möglich in das spontane, selbstgewählte Spiel ihrer Kinder eingreifen. Schon die Allerkleinsten brauchen weder Anleitung noch Belehrung. Sie entscheiden von klein auf selbst, in welcher Haltung, mit welchen Gegenständen, auf welche Art und wie lange sie sich damit beschäftigen wollen.[125] Dadurch ist gewährleistet, dass die Kleinen »ihre Entwicklungsschritte im Spiel selber tun«, sagt Emmi Pikler.[126]

Eltern müssen nicht sofort herbeieilen, um ihren Kindern beim Überwinden einer Schwierigkeit zu helfen. Ein guter Anfang ist, heruntergefallenes Spielzeug nicht sofort automatisch wieder aufzuheben. Das lenkt Babys eher vom Spielen ab und begünstigt mit der Zeit unselbstständiges und passives Verhalten.[127] »Wesentlich ist, daß das Kind möglichst viele Dinge selbst entdeckt«, so die ungarische Kinderärztin. »Wenn wir ihm bei der Lösung aller Aufgaben behilflich sind, berauben wir es gerade dessen, was für seine geistige Entwicklung das wichtigste ist. Ein Kind, das durch selbständige Experimente etwas erreicht, erwirbt ein ganz andersartiges Wissen als eines, dem die Lösung fertig geboten wird.«[128] Die Freude der Kleinen ist am größten, wenn sie selbst etwas geschafft haben.[129]

Im Vertrauen auf das Selbstbildungspotenzial der Kinder dürfen Eltern erst einmal abwarten, ob die Kleinen mit einer Herausforderung alleine zurechtkommen. Sie können die Selbstversuche begleiten, indem sie beschreiben, was ihr Kind gerade tut oder erlebt. Hilfreich ist auch eine kleine verbale Anregung, wie es selbst Abhilfe schaffen könnte.[130] Das gibt Orientierung und emotionalen Halt. Die Kleinen machen die wichtige Erfahrung, dass die Großen mitbekommen, was in ihnen vorgeht. Sie fühlen sich wahrgenommen und verstanden. Selbstverständlich gehen Erwachsene Kindern zur Hand, wenn es notwendig ist.

Eltern haben weniger die Aufgabe, die Kleinen zu irgendetwas zu animieren, als ihr Spiel gut zu beobachten. Bemerken sie etwa, dass sich ihre Kinder für ein bestimmtes Spielzeug oder eine bestimmte Spielweise wie Sammeln besonders interessieren, können sie für entsprechende Spielmöglichkeiten sorgen, indem sie etwa genügend Sammelbehälter sowie Füllmaterial zur

Verfügung stellen.[131] Das bedeutet nicht, dass Mama und Papa nicht mit ihren Kindern spielen sollen. Wenn sie sich wünschen, dass ihre Kinder ihr Selbstbildungspotenzial entfalten und Selbstwirksamkeit erfahren, gibt es nach Emmi Pikler eine gute Faustregel: Eltern dürfen guten Gewissens auf den Impuls ihrer Kinder warten. Der Nachwuchs ergreift die Initiative zum gemeinsamen Spielen von sich aus. Dabei lassen Erwachsene sich von den spontanen Handlungen ihrer Schützlinge leiten und nicht umgekehrt.[132]

Kinder spielen viel einfacher, als die Großen es gewöhnlich tun.[133] Deshalb ist es wichtig, dass Eltern möglichst wenig Erwachsenenlogik in das kindliche Spiel hineintragen.[134] »Wenn wir Erwachsene dem Kind unsere Spiele zeigen, es zur Nachahmung anhalten«, erklärt Emmi Pikler, »bringen wir es um das, was für es das Wertvollste, das Wunderbarste beim Spiel ist: die Freude, neue Entdeckungen zu machen; wir nehmen ihm die Möglichkeit, selbständig, nach eigener Initiative zu handeln, die Welt besser kennenzulernen«.[135]

Nach Emmi Pikler ist es nicht notwendig, dass Eltern anstelle ihrer Kinder spielen, indem sie etwa einen Turm vor ihren Augen errichten. Babys bauen noch nicht. Ehe sie mit Konstruktionsspielen beginnen, erforschen sie zuerst die Eigenschaften der Gegenstände. Viel später als die meisten Mütter und Väter annehmen, nämlich um den zweiten Geburtstag, beginnen Kinder mit einfachen Bauten, und zwar ganz von alleine.[136]

Ohne sich dessen bewusst zu sein, können Erwachsene regelrecht zu Spielverderbern werden, wenn sie sich zu stark einmischen. Dazu zählt etwa übertriebenes Loben, Belehren, Korrigieren. Auch mit Lenkungsversuchen, wie zum Beispiel der Aufforderung, mit anderen Kindern zu spielen, sollte sparsam umgegangen werden.[137] Entfesseln die Großen angesichts eines selbst errichteten Turms ihrer Lieblinge jedes Mal einen Sturm der Begeisterung und rufen »Oh, was für einen schönen Turm du gebaut hast!«, stören sie das selbstvergessene Spiel der Kinder mit dem Effekt, dass diese unwillkürlich damit aufhören.[138] Auch wenn es ungewohnt erscheinen mag, warten stolze Eltern ruhig und innerlich präsent auf den Moment, in dem die Kleinen von sich aus Blickkontakt suchen, um ihnen ihr Werk zu zeigen. Dies ist ein guter Augenblick für Anerkennung, etwa in Form einer einfachen genauen Beschreibung der kindlichen Tätigkeit wie zum Beispiel »Ich sehe, du hast einen hohen Turm gebaut«.[139] Auch ein freundliches Lächeln würdigt die kindliche Leistung. Zu viel Lob birgt das Risiko, dass die Kleinen nur etwas tun, um den Großen zu gefallen, und nicht, weil es ihrer Neigung entspricht. Die angeborene Lust der Kinder, die Welt zu erkunden, erlahmt durch äußere Motivation etwa in Form übertriebenen Lobs.[140] Entwickeln Mama und Papa hingegen ein ehrliches Interesse an den spontanen Aktivitäten ihrer Schützlinge und freuen sich von Herzen mit ihnen mit, dann machen Kinder die wichtige Erfahrung, dass sie von ihren Bezugspersonen gesehen und in ihrem Tun wertgeschätzt werden.

## Spielen statt Frühförderung

Seit die Neurowissenschaften in den 1990er Jahren entdeckt haben, dass sich das kindliche Gehirn erfahrungsabhängig entwickelt, erfreuen sich Frühförderprogramme ungebrochener Beliebtheit.[141] Deren positiver Effekt ist aber viel geringer als gemeinhin angenommen. Bestenfalls erlangen kleine Leute gewisse Fertigkeiten etwas früher als ihre Altersgenossen. Was ihnen mühevoll beigebracht worden ist, hätten sie zur gegebenen Zeit ganz von alleine und vor allem mit Freude und nachhaltig gelernt.[142] Schon das alte indianische Sprichwort »Das Gras wächst nicht schneller, wenn man daran zieht« besagt, dass sich alles Lebendige in seinem eigenen Rhythmus und Zeitmaß entwickelt. Es lässt sich nicht von außen forcieren. Jede Art der Frühförderung bringt den großen Nachteil mit sich, dass sie kleinen Menschen entweder zu viel oder zu wenig abverlangt.[143] Schließlich werden Frühförderprogramme »wie ein Rasenmäher über die individuellen Besonderheiten und bisherigen Erfahrungshorizonte von Kindern hinweggezogen«, sagt Gerald Hüther.[144]

Im freien Spiel beschäftigen sich Kinder dagegen mit genau den Themen, die für ihre Entwicklung gerade relevant sind. Intuitiv vermeiden sie Überbeziehungsweise Unterforderung. Das auf die individuellen Bedürfnisse und Möglichkeiten kleiner Menschen optimal abgestimmte Freispiel stellt die zumeist standardisierten Förderprogramme bei Weitem in den Schatten.[145] André Frank Zimpel kommt zu dem Schluss: »Nichts macht Kinder so klug wie das selbstvergessene, frei gewählte Spiel.«[146] Deshalb sollten Kinder so viel Zeit wie möglich mit Spielen verbringen. Ohne Belehrung und Fördermaßnahmen bilden sich frei spielende Kinder auf der Grundlage eigenaktiver Lernversuche selbst. Sie probieren einfach aus, was geht und was nicht – durch Versuch und Irrtum eben.[147]

Wichtiger als jegliche Frühförderprogramme ist das unerschütterliche Vertrauen der Eltern in das Selbstbildungspotenzial ihrer Kinder. Letztendlich ist der Nachwuchs zu sehr viel mehr imstande, »wenn man seinen Fähigkeiten vertraut und die dazu gehörigen Umweltbedingungen ihm zur Verfügung stellt«, betont Emmi Pikler.[148]

### Das Wichtigste für Eltern auf einen Blick

- *Schaffen Sie eine sichere und anregende Spielumgebung für Ihr Baby.*
- *Sorgen Sie dafür, dass Ihr Baby viel Zeit und Ruhe zum ununterbrochenen Spielen hat.*
- *Lassen Sie Ihr Baby stets frei und aus eigenem Antrieb spielen.*
- *Greifen Sie nicht unnötig in das selbst gewählte Spiel Ihres Babys ein.*

# 6
# Soziales Lernen von Anfang an

Mama und Papa vermeiden ausgelassene Spiele mit ihren Kindern, die die Beziehung zwischen Klein und Groß auf die Probe stellen könnten. Rangeleien sind eine Domäne der Kinder und sollten unter ihresgleichen ausgetragen werden. Dagegen können derlei Spielereien zwischen Groß und Klein das Sicherheitsgefühl der Kleinen ins Wanken bringen. Dazu zählen etwa übertriebenes Kitzeln, allzu festes Drücken, In-die-Luft-Werfen, Toben oder Raufen. Gerade beim gemeinsamen Spielen sollten sich Eltern ihrer Rolle als sicherer Hafen ihrer Schützlinge stets bewusst sein.[149]

Die Großen lassen von vornherein nicht zu, dass die Kleinen etwa beißen, hauen, an den Haaren ziehen, zwicken oder kratzen. Nicht wenige Erwachsene reagieren anfangs mit Lachen darauf oder sehen einfach darüber hinweg. Sie finden es süß, amüsant oder harmlos. Stillschweigend gehen sie davon aus, dass sich ungebührliches Benehmen von alleine auswächst. Doch ohne angemessenes Feedback der Bezugspersonen verfestigen sich derartige Verhaltensmuster. Eine ausbleibende Reaktion der Eltern kommt einem Freibrief für Kinder gleich.[150]

## Regeln im Umgang mit Lebewesen

Von Anfang an ist es wichtig, dass Eltern ihrem Kind Orientierung geben, was erlaubt und was nicht erlaubt ist. Gleich beim ersten Mal sagen sie ihm ruhig und freundlich, aber durchaus ernst, dass Beißen oder Hauen wehtut, und bitten es, damit aufzuhören.[151]

Es liegt in der Verantwortung der Eltern, dafür zu sorgen, dass entsprechende Regeln eingehalten werden. Das bedeutet nicht, dass Kinder ausgeschimpft oder durch andere Maßnahmen beschämt werden sollen. Vielmehr erklären Erwachsene ihren Schützlingen von Anfang an zuverlässig und unaufgeregt, was in Ordnung ist und was nicht. Dabei spielt die innere Haltung eine wichtige Rolle. Sind Eltern von der Richtigkeit einer Erwartung selbst überzeugt, kann es sein, dass sie diese nicht in allen Fällen explizit formulieren müssen. Die Klarheit und Eindeutigkeit ihrer Werte teilt sich Kindern auch nonverbal mit.[152]

Nicht alle Regeln sind gleicher Art. Zu unterscheiden sind solche, die bis zu einem gewissen Grad verhandelbar sind, und solche, deren Einhaltung unerlässlich ist. Das hängt einerseits von den Erwartungen ab, die daran geknüpft sind, andererseits vom Entwicklungsstand der Kinder. Erwartungen sollten stets angemessen sein und Kindern nichts abverlangen, wozu sie noch nicht reif sind.

Nicht verhandelbar ist alles, was die physische Sicherheit und Unversehrtheit der eigenen Person sowie anderer Lebewesen betrifft. Es versteht sich von selbst, dass Kinder nicht einfach über die Straße rennen dürfen, wenn es ihnen gerade einfällt. Unangemessen sind außerdem Verhaltensweisen, die andere Menschen belästigen oder ihnen wehtun. Beispielsweise erkunden Babys voller Neugier ihresgleichen, langen ihnen in die Augen, patschen ihnen ins Gesicht oder ziehen sie kräftig an den Haaren. Kein Wunder, dass ihr Gegenüber zu weinen beginnt. Kleine Forscher wissen noch nicht, dass sie ihren Spielgefährten zu nahegetreten sind. Zwar erlauben Eltern ihren Kleinen, Kontakt zu anderen Kindern aufzunehmen, doch lassen sie nur sanfte Berührungen zu. Das erfordert zunächst eine enge und wachsame Begleitung vonseiten der Erwachsenen. Das Gleiche gilt für erste Begegnungen mit Haustieren.[153]

Kinder brauchen Unterstützung, damit sie lernen, ihre eigenen Handlungen sowie die Reaktionen ihrer Umwelt richtig einzuschätzen. Andernfalls sind sie vermeidbaren Gefahren ausgeliefert.[154] Unterlassen es Mama und Papa, ihrem Nachwuchs angemessenes Sozialverhalten zu vermitteln, kann das kindliche Stirnhirn nicht richtig ausreifen. Das sich am langsamsten entwickelnde Hirnareal ist just der Ort, an dem die Fähigkeit, sich in andere Menschen hineinzuversetzen, potenziell angelegt wird. Nur, wenn Erwachsene Kinder freundlich korrigieren und generell die Rolle eines Vorbilds übernehmen, kann sich dieses Potenzial entwickeln.[155] Es sind also nicht genetische Programme, die für die Ausbildung des präfrontalen Kortex sorgen, sondern eigene Erfahrungen in Auseinandersetzung mit dem sozialen Umfeld.[156]

Damit ist nicht gemeint, dass sich Kinder einfach nur passiv an die Erwartungen der Erwachsenen anpassen oder ihre eigenen Bedürfnisse unterdrücken sollen. Vielmehr findet soziales Lernen in fortwährender Resonanz zwischen Groß und Klein statt. Von Anfang an orientieren Eltern ihren Nachwuchs vor allem durch Sprache. Situationsbedingt kann es notwendig sein, dass Bezugspersonen aktiv eingreifen. Beispielsweise halten Mama und Papa die kleine Hand fest, um Schlimmeres zu verhindern. Diese anspruchsvolle Aufgabe erfordert liebevolle Geduld und eine aufmerksame Begleitung von den Großen. Schließlich braucht soziales Lernen genauso seine Zeit wie andere Entwicklungsbereiche.[157]

## Regeln im Umgang mit Gegenständen

Erwachsene untersagen Kindern von vornherein das, was sie auch in Zukunft nicht tun dürfen, zum Beispiel fragile Gegenstände wie Bücher oder Zerbrechliches zerstören. Gelangt ein empfindliches Objekt versehentlich in Kinderhände, reißen Eltern es ihnen nicht einfach weg. Vielmehr sprechen sie ihren Nachwuchs ruhig und freundlich an und bitten ihn, das Betreffende zurückzugeben. Eine wartende Geste hilft, die elterlichen Worte besser zu verstehen. In der Regel geben Kinder den gewünschten Gegenstand über kurz oder lang aus eigenen Stücken wieder her. Kooperieren Kinder trotz wiederholter Aufforderung nicht, nehmen Eltern ihnen das Objekt achtsam aus der Hand. Mit einfachen Worten erklären sie, warum es verboten ist, und legen das Gefährdete an seinen Platz zurück oder ziehen es ganz aus dem Verkehr. Lehrreich für Lebensanfänger kann sein, konkrete Erfahrungen im Umgang mit empfindlichen Objekten anhand von Ausschussware zu machen, also Dingen, die kaputt gehen dürfen, wie etwa ausrangierte Bücher.[158]

Es ist nicht damit getan, kleine Menschen von etwaigen Verboten einfach abzulenken oder vor sämtlichen Gefahren abzuschirmen. Auf diese Weise könnten junge Weltentdecker keine echten Erfahrungen sammeln. Vielmehr kommt es darauf an, die Umgebung der Kinder sicher und entwicklungsgerecht zu gestalten und von Anfang an angemessene Erwartungen zu formulieren, Regeln einzuführen und konsequent auf deren Einhaltung zu achten. Wollen doch die Kleinen »ausprobieren: Wo ist hier eine feste Grenze, wo eine Regel, an die ich mich auch halten will und halten kann«, sagen Spitzer und Herschkowitz.[159] Eltern sind am besten beraten, wenn sie weder zu viele noch gar keine Regeln aufstellen. Sie verbieten nur so viel, wie tatsächlich notwendig ist, um den natürlichen Erkundungsdrang ihrer Sprösslinge nicht durch überflüssige Verbote zu lähmen.[160]

Nicht wenige Eltern ziehen es vor, Kinder uneingeschränkt walten zu lassen. Sie vermeiden es, klare Regeln aufzustellen in dem Glauben, ihnen damit zu freier Entfaltung zu verhelfen. Doch nicht alle Kinder profitieren davon. Je nach Veranlagung kann sich Haltlosigkeit mehr oder weniger ungünstig auf die kindliche Persönlichkeitsentwicklung auswirken. Schließlich sehnen sich kleine Leute nach innerem Halt.[161]

Haben Eltern ihren Kindern von Anfang verlässlich und eindeutig erwünschte Verhaltensweisen erklärt sowie kontinuierlich und einfühlsam auf deren Einhaltung geachtet, reicht es später oft schon aus, dass sie ihre Erwartungen indirekt zum Ausdruck bringen. Beispielsweise fassen sie das kindliche Bedürfnis, mit der Erde im Blumentopf zu spielen, in beschreibende Worte wie etwa: »Ich weiß, der Blumentopf interessiert dich sehr. Die Blume braucht die Erde zum Wachsen.« Auf diese Weise sprechen Mama und Papa kein direktes Verbot aus, sondern erinnern die Kleinen nur an die bereits eingeführte Regel im Vertrauen, dass ihre Sprösslinge kooperieren werden. Kinder erleben dabei, dass sie in ihrem Bestreben ernst genommen und dabei unterstützt werden, ihre Impulse immer besser selbst zu regulieren.[162]

Bezugspersonen müssen dabei in Kauf nehmen, dass ihr Nachwuchs nicht immer mit der besten Laune darauf reagiert. Sie muten ihren Kindern – aus Liebe – auch einmal ein Nein zu. Denn »Nein ist die liebevollste aller möglichen Antworten«, sagt Jesper Juul.[163] Auf den dritten Versuch der kleinen Forscher, die Erde aus dem Blumentopf zu räumen, reagieren Eltern mit einer freundlichen, aber klaren Aussage: »Ich möchte nicht, dass du die Erde anfasst.«[164] Angemessene Erwartungen geben Heranwachsenden Sicherheit und Halt. Regeln einzuhalten ist durchaus eine befriedigende Erfahrung für junge Kinder. Sie erleben sich selbst als kooperativ und kompetent. Das hilft ihnen, sich den verschiedenen Anforderungen des sozialen Lebens gewachsen zu fühlen.[165]

### *Ein Erfahrungsbericht*

»Immer wieder haben wir uns gefragt, wie wir es mit dem Einführen von Regeln im Haushalt machen sollen. Insgesamt haben wir die Wohnung so eingerichtet, dass sich Alma möglichst frei darin bewegen kann. Beispielsweise haben wir die Schränke mit dem Restmüll und den Putzmitteln mit Kindersicherungen verriegelt. Dinge, die wirklich gefährlich sind, haben wir außer Reichweite gestellt. Andere Gegenstände, die ebenfalls nicht für kleine Kinderhände gedacht sind, wie den Papiermüll, die Topfpflanzen oder die Nachttischlampe haben wir stehen gelassen. Natürlich versuchte Alma immer wieder damit zu spielen. Wiederholt sagten wir ihr, dass sie dies nicht dürfe. Wenn sie nicht auf uns hörte, nahmen wir ihre Hand von dem Objekt weg. Führte auch das nicht zum Erfolg, brachten wir das ganze Kind an einen anderen Ort. Mit der Zeit lernte unsere Tochter, sich an unsere Regeln zu halten. Dabei ging es uns nicht darum, ein möglichst gehorsames Kind aus ihr zu machen, das sich stets artig an alle Regeln hält. Vielmehr ist es uns wichtig, dass sie sowohl einen achtsamen Umgang mit Zerbrechlichem als auch das Einhalten von Verboten auf eine gute und klare Weise lernen kann. Inzwischen können wir uns sehr gut auf Alma verlassen. Auch unterwegs sind wir ganz entspannt, da sie sehr pfleglich mit allem umgeht. Wenn wir sie klar darauf hinweisen, was sie nicht darf, lässt sie dies in ausgeschlafenem Zustand auch bleiben. Im Großen und Ganzen bemühen wir uns, Alma nur wenige Dinge zu verbieten, damit sie ihre Erfahrungen selbst sammeln und sich frei entfalten

kann. Wir erlauben ihr beispielsweise, mit Porzellan oder Gläsern zu hantieren. Hin und wieder geht zwar etwas kaputt. Aber sie versteht dann meistens von sich aus, was passiert ist, und ist selbst traurig darüber. Wenn Alma beim Blumengießen in der Wohnung etwas Wasser verschüttet, verlangt sie sofort nach einem Lappen, um die Pfütze sorgfältig aufzuwischen.«
(Zoe mit Alma)

### Das Wichtigste für Eltern auf einen Blick

- *Machen Sie keine Spiele mit Ihrem Baby, die sein Sicherheitsgefühl irritieren könnten.*
- *Sagen Sie Ihrem Kind von Anfang an, was nicht gestattet ist.*
- *Führen Sie von klein auf entwicklungsgemäße Regeln ein.*

# 7
# Alltagsgestaltung

Babys werden ohne ein spezifisches Verhältnis zur Dimension der Zeit geboren. Sie leben ganz im Hier und Jetzt. Ein rhythmisch gegliederter Tagesablauf hilft ihnen, sich im anfangs oft verwirrenden Alltag immer besser zu orientieren.[166] Mit Rhythmus ist hier eine lebendige Tagesstruktur gemeint, in der sich Phasen der Aktivität und Ruhe, des Wachens und Schlafens sinnvoll abwechseln. Trotz verlässlicher Abläufe handelt es sich nicht um ein starres System. Vielmehr passt sich der Tagesrhythmus den jeweiligen Gegebenheiten mit einer gewissen Flexibilität genauso an, wie der Herzschlag auf körperliche oder emotionale Ereignisse mit einer geringfügigen Verzögerung oder Beschleunigung reagiert. Gerade die Variabilität des Herzschlags ist ein Ausdruck von Gesundheit. Würde das Herz gleichmäßig wie ein Metronom schlagen, würde es die Lebenserwartung der Menschen erheblich verkürzen.[167]

## Rhythmus und Rituale

Regelmäßigkeit und Verlässlichkeit sind wichtige Stützen für Babys und Kleinkinder, da sie mit Vorhersehbarkeit verbunden sind.[168] Werden einzelne Aktivitäten wie Stillen oder Füttern, Wickeln, Schlafen, Spielen und Rausgehen klar voneinander abgegrenzt, finden sich Lebensanfänger im Durcheinander der vielen wiederkehrenden Alltagshandlungen mit der Zeit besser zurecht. Für jede Tätigkeit gibt es einen festgelegten Ort. Es ist gut, wenn Säuglinge stets am selben Platz gestillt beziehungsweise gefüttert, gewickelt oder zum Schlafen gelegt werden. Das hilft ihnen, sich räumlich besser zu orientieren und sich darauf einzustellen, was als Nächstes auf sie zukommt.[169] Werden sie dagegen einmal auf dem Bett, einmal auf dem Wickeltisch und ein anderes Mal auf dem Boden gewickelt oder an unterschiedlichen Orten gestillt beziehungsweise gefüttert, gibt es keine erkennbare Ordnung für sie.

Genauso desorientierend ist es für Babys, wenn sie beim Stillen oder Tragen auf dem Arm einschlafen und dann zum Schlafen abgelegt werden. Nicht selten wachen sie just in dem Moment auf und beginnen zu weinen. Sie verstehen die Welt nicht mehr, sind sie doch in einer anderen Situation eingeschlafen als aufgewacht. Werden sie dagegen wach ins Bett gebracht, lernen sie mit der Zeit nicht nur selbstständig einzuschlafen, sondern kennen sich beim Aufwachen auch besser aus. Nicht eindeutig voneinander getrennte Abläufe – in diesem Fall trinken und schlafen – verunsichern die Kleinen. In der Folge wollen Babys nur an der Brust oder auf dem Arm einschlafen, da sie nie gelernt haben, selbstständig in den Schlaf zu finden.[170]

Verrichten Eltern pflegerische Tätigkeiten darüber hinaus stets in derselben Reihenfolge und ab einem gewissen Entwicklungsalter auch ungefähr zur gleichen Zeit, liefern sie jungen Säuglingen wichtige Anhaltspunkte im Tagesgeschehen. Aus gleichbleibenden Abläufen entwickeln sich schließlich gute Gewohnheiten.[171] »Mit das Schlimmste, was einem jungen Menschen passieren kann, ist das Fehlen von Struktur«, sagt Manfred Spitzer.[172] Mangels äußerlich erfahrbarer Struktur kann eine innerlich repräsentierte gar nicht erst entstehen. Möglicherweise ist dies ein Grund, warum die Kleinen ein so großes Bedürfnis nach erkennbaren Strukturen haben. Manchmal schreien sie buchstäblich danach.[173]

Ist die erste Zeit der Anpassung erst einmal vorbei, will ein rhythmisch gegliederter Tagesablauf wohl überlegt sein. Hilfreich für die Großen kann es sein, die Reihenfolge der einzelnen Tätigkeiten mit Orts- und Zeitangaben aufzuschreiben: Was muss wie, wo und wann alles erledigt werden? Als Nächstes gilt es, den gut strukturierten Tagesrhythmus zu etablieren, indem die festgelegten Abläufe Tag für Tag wiederholt werden. Läuft immer alles nach dem gleichen Muster ab, können sich die Kleinen darauf einstellen, was auf sie zukommt, und im Rahmen ihrer Möglichkeiten mitwirken. Das Geheimnis eines gelingenden Alltags liegt in der Wiederholung des immer Gleichen. Selbstverständlich passen Eltern die Abläufe dem jeweiligen Entwicklungsstand an.[174]

Ein regelmäßiger und verlässlicher Tagesablauf ist für kleine Menschen alles andere als langweilig. Im Gegenteil vermittelt er ihnen Sicherheit und Geborgenheit. Je klarer der Tag gegliedert ist, desto weniger Unruhe und Stress entsteht für alle Beteiligten. Ein geregelter Alltag macht kleine Menschen insgesamt flexibler. Sie sind weniger anfällig für Irritationen und tolerieren Ausnahmen in der Regel besser. Ortswechsel wie etwa eine Reise verkraften Kinder leichter, wenn die gewohnte Tagesstruktur in der fremden Umgebung weitgehend beibehalten wird. Vertraute Gegenstände wie Tücher, eigenes Bettzeug und Spielsachen von zu Hause vermitteln ihnen zusätzlich ein Gefühl der Geborgenheit und Stabilität.[175] Im Gegensatz zu vielen Erwachsenen haben kleine Kinder allerdings kein Bedürfnis nach einem Tapetenwechsel. Sie ziehen ihre vertraute Umgebung mit der gewohnten Tagesstruktur vor. Geregelte Abläufe stärken nicht nur das Lebensvertrauen der Jüngsten, sondern stellen auch eine Erleichterung für Erwachsene dar. Einmal eingeführt, ist eine rhythmische Tagesstruktur wesentlich effektiver. Eltern müssen nicht jedes Mal aufs Neue überlegen, wann sie was, wie und wo mit ihrem Nachwuchs erledigen.[176]

Auch täglich wiederkehrende Rituale erleichtern das Tagesgeschehen, in dessen Verlauf sich verschiedene Tätigkeiten wie Wickeln, Essen, Spielen und Schlafen einander abwechseln. Häufig sind es gerade die Übergänge etwa vom Spielen zum Schlafen, die sich schwierig gestalten, da sie mit Verunsicherung einhergehen. Vorhersagbare Rituale helfen Kindern, in Übergangssituationen besser klarzukommen.[177] Vor dem Zu-Bett-Gehen, Essen, Händewaschen, Zähneputzen oder Trösten leisten Rituale gute Dienste. Beispielsweise können Eltern mit einem einfachen Schlafritual die bevorstehende Nachtruhe ankündigen. Dafür eignet sich etwa ein Schlaflied, ein Spruch, ein Gebet oder eine sanfte Streicheleinheit.[178] Mama und Papa gestalten Rituale am besten so, dass sie sich selbst dabei wohlfühlen, da diese über einen längeren Zeitraum in gleichbleibender Weise beibehalten werden sollten.[179]

### Das Wichtigste für Eltern auf einen Blick

- *Sorgen Sie für einen gut strukturierten Tagesablauf Ihres Babys.*
- *Grenzen Sie die einzelnen Tätigkeiten wie Wickeln, Stillen und Schlafen klar voneinander ab.*
- *Führen Sie die verschiedenen Aktivitäten mit Ihrem Baby stets am selben Ort, in der gleichen Reihenfolge und ab einem gewissen Alter auch zur gleichen Zeit aus.*
- *Erleichtern Sie den Alltag Ihres Babys durch Rituale zum Beispiel vor dem Nachtschlaf.*
- *Behalten Sie gleichbleibende Rituale über einen längeren Zeitraum bei.*

### *Ein Erfahrungsbericht*

»Ich habe mich an Natalies Rat gehalten und unseren Alltag strukturiert. Es hat einige Zeit gedauert, bis sich alles eingependelt hat. Nun ist unser Tag sinnvoll und rhythmisch gegliedert, und jede Tätigkeit wird immer am selben Ort ausgeführt. Meine Erfahrung damit ist, dass ich seitdem weniger Stress habe. Ich muss nicht ständig von Neuem organisieren und mir überlegen, wann ich was erledige. Jede Tätigkeit hat ihren festen Platz im Tagesablauf. Ich kann jetzt ungefähr einschätzen, wann meine Tochter müde wird. Ich weiß inzwischen, für welche Uhrzeit ich Besuch einladen und wann ich Treffen mit Freundinnen ausmachen kann. Ich habe das Gefühl, dass sich die geregelten Tagesabläufe mittlerweile auch bei meiner Kleinen bezahlt machen. Ich glaube, sie kann sich nun im Alltag besser zurechtfinden. Sie ist jetzt viel entspannter als noch vor einigen Monaten. Sie weiß, dass sie auf dem Wickeltisch gewaschen, gewickelt und angezogen wird. Sie fängt schon an zu kauen, wenn wir zum Küchentisch gehen, an dem gegessen wird. Bevor

wir nach draußen gehen, kann sie mir dabei zusehen, wie ich mir – immer am selben Ort – die Schuhe und Jacke anziehe. Danach wird meine Tochter angezogen. Das Jacke-Anziehen und In-den-Kinderwagen-Legen war früher immer mit Geschrei verbunden. Das ist nun vorbei. Ich denke, sie weiß jetzt einfach, was als Nächstes passiert, und das gibt ihr Sicherheit.«
(Anna mit Sophie)

*Ein Erfahrungsbericht*

»Mit der Umstellung auf feste Nahrung haben wir zwei Rituale bei Tisch eingeführt: Vor dem Essen sprechen wir einen kurzen Spruch und nach dem Essen singen wir ein kleines Lied. Dabei reichen wir uns jeweils die Hände. Unsere Tochter liebt beide Rituale sehr! Wenn sie hungrig ist, klettert sie auf ihren Hochstuhl, hält ihr Lätzchen hoch, damit wir es ihr anziehen, und möchte dann gleich unsere Hände halten. Bereits lange bevor sie sprechen konnte, hat sie uns mitgeteilt, wenn sie satt war, indem sie uns ihre Hände hingestreckt hat, damit wir das Essen mit ihr beenden. Das ist wirklich prima für uns! Wir singen dann gemeinsam das kleine Lied, ziehen Anouk das Lätzchen aus, woraufhin sie alleine von ihrem Hochstuhl herunterklettert und zu spielen beginnt, während wir noch in Ruhe fertig essen.«
(Marie mit Anouk)

## Wie Babys und Haushalt unter einen Hut passen

Viele Eltern fühlen sich unter großem Druck. Einerseits wollen sie ihren Kindern bestmöglich gerecht werden. Andererseits haben sie auch noch andere Dinge zu tun, als sich rund um die Uhr mit ihrem Baby zu beschäftigen. Sobald sie ihren häuslichen Pflichten nachgehen, plagt sie nicht selten ein schlechtes Gewissen. Sie sorgen sich, ihre Kinder könnten etwas Wichtiges versäumen, wenn sie nicht pausenlos unterhalten werden. Weit verbreitet ist außerdem die Vorstellung, Babys und Kleinkinder seien nicht in der Lage, sich ausdauernd selbst zu beschäftigen. Da es für Eltern mit der Zeit mühsam wird, darauf einzugehen, nehmen sie sämtliche Angebote für Kinder außer Haus wahr, so dass die Kleinen kaum Zeit für ununterbrochenes freies Spielen haben.

Ständige Animation von außen, sei sie auch noch so gut gemeint, bringt die Gefahr mit sich, die Kleinen zu überreizen. Hinzu kommt, dass sie an derlei Entertainment gewöhnt werden. Kein Wunder, wollen sie sich in der Folge wenig bis gar nicht selbst beschäftigen. Nicht zuletzt wachsen die Ansprüche auf Unterhaltung mit den Kindern mit. Das verleitet Eltern in der Regel zu noch mehr Aktionismus. Groß und Klein geraten in eine Spirale gegenseitiger Überstimulation. Frust auf beiden Seiten ist vorprogrammiert. Permanentes Beschäftigtwerden schwächt außerdem den kindlichen Trieb zur Eigenaktivität. Dadurch vernachlässigen die Kleinen unter Umständen ihre notwendige Entwicklungsarbeit.

Eine denkbar einfache und weit unterschätzte Lösung des Problems ist, dass Mama und Papa ihre Alltagsverrichtungen im Beisein der Kinder erledigen. Am besten gehen sie ihren Pflichten oder anderen praktischen Arbeiten in Haus und Garten nach, während die Kleinen wach sind und nicht gerade dann, wenn sie schlafen. Befinden sich wohlversorgte Babys an einem sicheren Ort mit ausreichend Bewegungsfreiheit sowie entwicklungsadäquatem Spielmaterial, können sich Eltern guten Gewissens mit ihren eigenen Angelegenheiten beschäftigen. Selbstverständlich bleiben sie in Ruf- und/oder Sichtweite der Kleinen und sind jederzeit bereit, auf die kindlichen Signale angemessen und prompt zu reagieren. Auf diese Weise lassen sich Haushalt und Kinder sinnvoll miteinander vereinen. Praktische Tätigkeiten im Beisein kleiner Kinder zu erledigen, ist eine Win-win-Situation für beide Seiten. Kinder sind dadurch viel zufriedener und fordern nicht ständig Aufmerksamkeit und Animation. Auch Erwachsene sind ausgeglichener, wenn sie ihre häuslichen oder andere Aufgaben nebenher erfüllen können. Auf diese Weise gestaltet sich das Familienleben deutlich entspannter und harmonischer.[180]

## Lernen durch Vorbild und Nachahmung

In den ersten Lebensjahren lernen Kinder vor allem durch Vorbild und Nachahmung.[181] Diese Form des Lernens kann auch nach Ansicht der Hirnforschung nicht hoch genug gewürdigt werden.[182] Auf neurobiologischer Ebene hängt die angeborene Fähigkeit zur Nachahmung mit dem System der Spiegelneurone zusammen. Während das Selbst-System für bewusstes Denken zuständig ist, beruht intuitives Wissen auf dem Spiegelsystem. Die in unmittelbarer Nähe des motorischen Systems angesiedelten Spiegelneurone sind Nervenzellen, die sowohl aktiv sind, wenn wir selbst etwas tun, als auch dann, wenn wir nur zusehen, wie ein anderer etwas macht. Allein das Beobachten einer Handlung regt dieselben motorischen Areale im Gehirn des Zuschauers an, die aktiv sind, wenn er sie eigenhändig ausführen würde. Die durch das bloße Zuschauen angeregten Impulse hält der Beobachter jedoch zurück. Es bleibt also bei einem potenziellen Handlungsakt.[183] Indem der Betrachter die Tätigkeit »unbewusst als inneres Simulationsprogramm erlebt, *versteht* er, und zwar spontan und ohne nachzudenken, was der andere tut«, sagt Joachim Bauer.[184] Auf diese Weise können wir durch Nachahmung von anderen lernen.

Eltern haben weniger die Aufgabe, ihrem Nachwuchs diese oder jene Fertigkeit beizubringen, als ihnen ein gutes Beispiel zu geben. Dazu zählt alles, was sie im Beisein der Kinder tun.[185] Schließlich richtet sich der Nachwuchs »unwillkürlich danach, was sich vor seinen Augen täglich abspielt«, sagt Emmi Pikler.[186] Beispielsweise achten die Kleinen darauf, wie Mama und Papa mit Gegenständen hantieren oder welche Umgangsformen sie mit anderen Menschen und Lebewesen an den Tag legen. Sie orientieren sich nicht nur an äußeren Handlungen der Großen, sondern übernehmen auch deren innere Haltungen.[187]

Im Wissen um ihre Vorbildrolle sollten Eltern sich bemühen, in Gegenwart ihrer Kinder nichts zu tun, was sie ihnen selbst verbieten müssten. Unangebracht wäre es etwa, wenn sie »heimlich« eine Kleinigkeit essen, ihrem Nachwuchs aber gleichzeitig Zwischenmahlzeiten untersagen würden. Sind die Großen daran interessiert, dass sich die Kleinen nicht stundenlang mit Bildschirmen beschäftigen, lassen sie das in ihrem Beisein am besten auch selbst bleiben.[188] Stattdessen sollten Eltern auf die Nachahmungsfähigkeit ihrer Kinder bauen »und ihnen vorleben, was sie selbst für wichtig halten«, so André Frank Zimpel. »Besser können sie ihre Kinder nicht fördern.«[189]

Es kommt darauf an, dass Erwachsene in Gegenwart kleiner Menschen praktische Tätigkeiten verrichten, die reichlich Anschauungsmaterial zum Nachahmen bieten.

## ! Tipp: Geeignete Tätigkeiten im Beisein von Babys und Kleinkindern

In Anwesenheit junger Kinder können Mama und Papa zum Beispiel alltägliche Hausarbeiten wie Kochen, Backen, Putzen, Bügeln, Wäsche auf- und abhängen, Aussortieren oder Aufräumen verrichten. Kleine Menschen beobachten Erwachsene sehr genau bei allem, was sie tun. Werfen Eltern beispielsweise das Spielzeug beim Aufräumen achtlos an seinen Platz, werden es ihnen die Kleinen gleichtun. Vorbildhafter wäre es, wenn sich Erwachsene in aller Ruhe bewegen, die Dinge sorgsam aufnehmen und behutsam an ihren Ort zurücklegen würden. Der achtsame Umgang mit Dingen wirkt sich nicht nur positiv auf die Eltern-Kind-Interaktion aus, sondern trägt insgesamt zu einer angenehmen Atmosphäre bei.

Auch kunsthandwerkliche Tätigkeiten wie etwa Stricken, Häkeln, Filzen, Basteln oder Holzarbeiten können in Gegenwart junger Kinder erledigt werden, an denen sie je nach Alter teilnehmen dürfen. Genauso anregend für Kinder ist es,

*Möhren ernten*

wenn Eltern Gartenarbeiten verrichten wie zum Beispiel Blumen pflanzen, Unkraut jäten, ernten, Pflanzen schneiden, Holz machen oder Laub rechen. Handwerkliche Arbeiten rund ums Bauen und Renovieren wie beispielsweise Hämmern, Schleifen, Streichen oder Zimmern stoßen in der Regel auf großes Interesse bei Kleinkindern. Allen Aktivitäten gemeinsam ist, dass sie anschaulich sind, nachvollziehbare Zusammenhänge erkennen lassen und noch dazu Sinn ergeben. Je mehr Vergnügen Mama und Papa an einer Sache haben, desto größer ist der Lerneffekt für Kinder.[190]

*Ein Erfahrungsbericht*

»Als unsere Zwillinge noch klein waren und man noch nicht richtig mit ihnen spielen konnte, habe ich immer den Haushalt in ihrem Beisein erledigt. Damit sie mir bei der Arbeit zuschauen konnten, habe ich sie auf eine Decke in meine Nähe gelegt. Es hat meistens sehr gut geklappt, da ich rumgewuselt bin und die Kinder etwas zum Schauen hatten. Auch räumen wir abends vor dem Schlafengehen die Spielsachen in ihrer Gegenwart auf. Zwar können sie noch nicht mithelfen, aber so lernen sie, wie man es macht.«
(Alice mit Annika und Moritz)

## Vom Nebeneinander zum Miteinander

Zunächst ist es die Tatsache an sich, dass Erwachsene in Gegenwart der Kinder tätig sind, die Babys dazu anregt, sich selbstständig mit Dingen zu beschäftigen, die ihrem Entwicklungsniveau entsprechen. Während Mama und Papa beispielsweise in der Küche zugange sind, hantieren Babys in ihrer Nähe mit einem Kochlöffel oder anderen interessanten Utensilien wie etwa einem großen Küchensieb. Im Säuglingsalter ahmen Kinder die praktischen Handlungen der Erwachsenen noch nicht äußerlich sichtbar nach. Vielmehr sind Groß und Klein nebeneinander tätig.[191]

Mit zunehmenden Fertigkeiten tritt das Miteinander von Eltern und Kleinkindern immer mehr in den Vordergrund. Mit der Devise »Ich auch!« wollen sich kleine Mädchen und Jungen an den Aktivitäten der Bezugspersonen beteiligen und ihre Handgriffe nachahmen. Nicht selten verlangen sie das Gleiche mit genau demselben Gegenstand zu tun wie die Großen.[192] Am besten beziehen Eltern ihren Nachwuchs in ihre Aktivitäten mit ein. Das erfordert durchaus Geduld. Schließlich können sie ihre Tätigkeiten dann in der Regel weniger schnell und effektiv erledigen. Anstatt die Kleinen jedoch zum Spielen wegzuschicken, lassen sie sie bereitwillig mitmachen. Sie dürfen helfen, müssen es aber nicht.[193]

*Mit Küchenutensilien spielen*

Überhaupt hilft es dem Familienfrieden und der kindlichen Entwicklung nicht, wenn Erwachsene unrealistische Erwartungen haben. Beispielsweise

*Besteck einräumen*

ist es nicht sinnvoll zu verlangen, dass die Kleinen regelmäßig beim Aufräumen zur Hand gehen oder sich immer alleine an- und ausziehen, auch wenn sie es schon selbst können. Helfen Kinder aus eigenen Stücken mit, freuen sich die Großen, geben ihnen ausreichend Zeit und Raum dazu, übernehmen aber stets selbst die Verantwortung für das Aufräumen oder Ankleiden. Schließlich soll das Helfen mit Freude verbunden sein, keine auferlegte Pflicht.[194]

In der Küche gibt es zahlreiche Gelegenheiten, Kinder einzubeziehen. Sie können zunächst einfache Handgriffe erledigen wie Zutaten reichen, Wischen, Umrühren oder Besteck einräumen. Später kommen komplexere Aufgaben wie Salat waschen, Gemüse schneiden, Teig kneten oder Sahne mit dem Handquirl schlagen dazu. Gerade beim Kochen und Backen erleben Kinder mit allen Sinnen nachvollziehbare und sinnvolle Abläufe vom ersten bis zum letzten Arbeitsschritt.[195]

*Ein Erfahrungsbericht*

»Unsere Tochter ist jetzt gut eineinhalb Jahre alt und hilft bereits sehr gerne im Haushalt mit, vor allem in der Küche, auch wenn sie dabei am liebsten nascht. Noch bevor Noemi laufen konnte, kletterte sie auf den Montessori Lernturm in der Küche, um uns beim Kochen fleißig zu assistieren. Dementsprechend war eines ihrer ersten Wörter ›heiß‹, das sie neben dem Herd ständig gehört hat. Natürlich ist sie noch zu klein, um eine wirkliche Hilfe zu sein, aber sie hat große Freude mitzuerleben, was wir alles tun, und einiges nachzumachen. Beispielsweise sortiert sie Erbsen von einer Schale in die andere oder stapelt Dosen ineinander. Besonders gerne hilft sie ihrem Papa beim Kaffee kochen. Sie darf immer den Schalter der Kaffeemaschine hoch und runter schieben und die Milch vom Kännchen in die Tasse gießen. Wenn sie etwas danebenschüttet, dürfen wir erst weitermachen, nachdem sie den Klecks selbst aufgewischt hat. Mit Hingabe räumt sie auch sämtliche Schubladen vor allem aus, seltener auch wieder ein. Dabei ist noch nie etwas kaputt

gegangen, da sie in der Regel sehr sorgsam mit den Dingen hantiert. Anfangs hat sie sich ab und zu den Finger in der Schublade ein bisschen eingeklemmt, aber es dauerte nicht lange, bis sie herausgefunden hat, wie sie die Schubladen auch ohne Schaden zu nehmen öffnen und schließen konnte. Am meisten liebt sie handwerkliche Tätigkeiten. Sie sortiert dann alle Schrauben von einer in die andere Schachtel, steckt Schrauben in irgendwelche Löcher oder stapelt Hölzer aufeinander. Nur machen wir das leider nicht so oft. Beim Wäschewaschen darf sie zum Beispiel die Wäsche in die Waschmaschine stecken und wieder herausholen. Das klappt schon ganz gut! Auch beim Zusammenlegen der Wäsche hilft sie mit und hat vor allem Freude daran, die Wäsche wieder auseinanderzufalten. Grundsätzlich geben wir unserer Tochter so viele Gelegenheiten wie möglich, bei allem mitzuhelfen, was sie einigermaßen selbst hinbekommt. Natürlich dauert dadurch alles etwas länger. Aber uns ist es wichtig, dass Noemi ihre Freude daran hat und Teil des Geschehens ist!«
(Mila mit Noemi)

## Was Alltagshandlungen mit Kognition zu tun haben

Indem Erwachsene vor den Augen der Kinder praktisch tätig sind, leisten sie einen wichtigen Beitrag zu deren kognitiver Entwicklung. Die für das Nachahmen zuständigen Spiegelsysteme sind ab der Geburt zwar funktionsfähig, müssen aber weiter eingespielt werden.[196] Dazu brauchen Kinder lebendige Vorbilder. Versuche haben gezeigt, dass Spiegelneurone nur dann angeregt werden, »wenn *ein biologischer Akteur, also eine lebende handelnde Person* beobachtet wird«.[197] Die aus der Beobachtung anderer Menschen gewonnenen visuellen Informationen werden im optischen Aufbereitungs- und Interpretationssystem für die Spiegelsysteme analysiert. Als Erstes kontrolliert das System, ob es überhaupt aktiv werden muss. Es wird nur dann tätig, wenn es über die

Sehrinde Bilder von handelnden Menschen oder anderen Lebewesen erhält. Treffen dagegen optische Signale von Maschinen oder Automaten im Gehirn ein, schaltet es sich ab, weil es nichts zu tun hat, ist es doch darauf geeicht, die Absichten und Gefühle anderer Lebewesen zu erfassen.[198]

Anstatt die Kleinen an Aufgaben im Haushalt teilhaben zu lassen, setzen nicht wenige Eltern sie vor Bildschirme, um ihren alltäglichen Aufgaben möglichst ungestört nachgehen zu können. Das ist eine vertane Chance für kleine Kinder, lernen sie doch gerade von lebendigen Vorbildern. Personen, die nur über Bildschirme flimmern, bringen den schwerwiegenden Nachteil mit sich, dass sie keine zwischenmenschlichen Beziehungen zu Kindern aufbauen können. Ein verlässliches Beziehungsangebot vonseiten der Erwachsenen ist jedoch Voraussetzung dafür, dass sich die angeborenen Spiegelsysteme der Babys weiterentwickeln.[199]

Kleine Kinder lieben es, Erwachsenen bei der Arbeit zuzuschauen. Je mehr es zu sehen gibt, desto besser. Beispielsweise verfolgen sie wie gebannt das bunte Treiben auf einer Baustelle. Genauso profitieren die Kleinen, wenn Mama und Papa zu Hause etwa kochen, backen, putzen oder bügeln. Weniger geeignet, um in Gegenwart kleiner Kinder erledigt zu werden, sind intellektuelle Beschäftigungen der Großen, etwa wenn sie am Bildschirm arbeiten oder vertieft lesen. Derlei Tätigkeiten besitzen nicht genügend Anschauungswert für Kinder, gibt es doch äußerlich dabei so gut wie nichts zu sehen. Das macht kleine Leute eher unruhig. Gehen Mama und Papa dagegen einer anschaulichen Tätigkeit im Beisein der Kinder nach, sind die Kleinen viel friedlicher. Allein das Tätigsein der Erwachsenen regt Kinder dazu an, entsprechend ihres Entwicklungsstands ebenfalls aktiv zu sein.

Kein von Erwachsenen für Kinder erdachtes kognitives Training vermag kleinen Menschen das Begreifen von Zusammenhängen besser zu vermitteln als das Mitverfolgen und Nachahmen durchschaubarer, sinnvoller Aktivitäten im häuslichen Umfeld. »Damit Kinder schlau werden, braucht es keine Intelligenztrainings oder Kurse in Frühenglisch und Baby-Yoga«, schreibt Martin Spiewak in der Wochenzeitung *Die Zeit*. »Entscheidend ist, was die Eltern im Alltag tun, intuitiv, ohne Programm – und was sie unterlassen.«[200]

### Das Wichtigste für Eltern auf einen Blick

- *Erledigen Sie praktische Haus- und Gartenarbeiten guten Gewissens im Beisein Ihres Babys und nicht nur dann, wenn es schläft.*
- *Tun Sie nichts im Beisein Ihres Babys, was Sie ihm selbst verbieten müssten.*
- *Parken Sie Ihr Kind nicht vor Bildschirmen, um Ihren häuslichen Pflichten ungestört nachgehen zu können.*
- *Beziehen Sie Ihr Kind entsprechend seiner Fähigkeiten in Ihre Aktivitäten mit ein.*
- *Lassen Sie Ihr Kind so viel wie möglich selbst ausprobieren.*

# Schlusswort: Selbstbildung der Babys – Selbsterziehung der Erwachsenen

Gehen – Sprechen – Denken sind Potenziale, die Neugeborene mit auf die Welt bringen. Im Verlauf der ersten zweieinhalb bis drei Lebensjahre lernen Kinder, sich auf zwei Beinen fortzubewegen, sprachlich zu kommunizieren und sich erste Gedanken über ihre eigene Person und die Welt zu machen. Haben Babys ausreichend Gelegenheit, die Herausforderungen des Großwerdens aus eigener Kraft zu meistern, entwickeln sie sich in ihrem eigenen Rhythmus zu genau den Persönlichkeiten, die sie in Übereinstimmung mit ihren individuellen Anlagen tatsächlich werden wollen.

Damit frühkindliche Entwicklung auf der Basis von Selbstwirksamkeit gelingen kann, sind Lebensanfänger auf geeignete Rahmenbedingungen angewiesen. Neben einer angemessenen räumlichen Umgebungsgestaltung mit entwicklungsgerechtem Spielzeug sowie strukturierten Tagesabläufen kommt dem sozialen Umfeld eine bedeutsame Rolle zu. Gehen Mama und Papa bei täglichen Pflegehandlungen liebevoll, feinfühlig, aufmerksam und verlässlich mit ihrem Nachwuchs um und kultivieren von Anfang an eine Kultur echter Kooperation, schaffen sie nicht nur die Grundlage für ein gesundes Selbstwertgefühl kleiner Menschen, sondern stärken auch die Eltern-Kind-Beziehung. Das einvernehmliche Miteinander sorgt dafür, dass Groß und Klein das Zusammensein als angenehm, befriedigend und freudvoll empfinden.

Kleine Menschen sind auf Erwachsene angewiesen, die ihren angeborenen Selbstbildungspotenzialen vertrauen. Den unermüdlichen Selbstversuchen zollen Mama und Papa größten Respekt, indem sie sich nicht unnötig einmischen. Sie verlangen ihnen nichts ab, wozu sie noch nicht reif sind, seien es

Körperhaltungen, die sie nicht eigenständig einnehmen können, Spielangebote, die ihrem Entwicklungsstand nicht entsprechen, oder soziale Erwartungen, die sie schlicht überfordern. Stattdessen begleiten sie liebevoll und geduldig die damit verbundenen Lernprozesse. Von Geburt an sprechen sie ihre Nachkömmlinge persönlich an und sagen ihnen stets vorher, was sie mit ihnen vorhaben. Eltern tun gut daran, stets klar und verlässlich zu kommunizieren, um keine Verwirrung in kleinen Kinderköpfen zu erzeugen.

Die Zauberformel frühkindlichen Lernens lautet Nachahmung. Die ersten Bezugspersonen üben den größten Einfluss auf die Persönlichkeitsentfaltung junger Heranwachsender aus.[201] Das bedeutet nicht, dass Eltern ihren Kindern irgendetwas aktiv beibringen müssen, was diese von sich aus viel besser und nachhaltiger lernen. Vielmehr kommt es darauf an, dass sie sich als nachahmungswürdige Vorbilder erweisen.

Selbstbildung der Babys bedarf letztlich einer Selbsterziehung der Erwachsenen.[202] Damit ist nicht gemeint, dass Mama und Papa immer alles richtig machen müssen. Perfekte Eltern gibt es nicht. Vielmehr geht es um einen fortlaufenden Prozess, um ein stetiges Werden. Kleine Menschen sind eine große Chance für Erwachsene, innerlich zu wachsen. Sich etwa in Geduld zu üben und dem individuellen Entwicklungspotenzial der Kleinen Vertrauen zu schenken, sind Tugenden, die große Leute in der Begleitung kleiner Menschen lernen können. Die größte Kunst besteht darin, über sich hinauszuwachsen, ohne sich zu verlieren. Dazu gehört, sich als Mutter oder Vater nicht so sehr mit der Aufgabe als Elternteil zu identifizieren, dass den Kindern – meist unbewusst – die undankbare Rolle zugewiesen wird, einziges Lebensglück und Mittelpunkt der Familie zu sein. Das Kunststück gelingt durch warmherzige Anteilnahme an allem, was Babys und Kleinkinder bewegt. Freuen sich Mama und Papa mit ihren Kindern über jeden kleinsten Fortschritt mit und zeigen sich empathisch, wenn ihnen einmal etwas nicht auf Anhieb gelingt oder behagt, dann schenken sie ihnen jene Liebe, die sie über sich selbst erhebt.

# Anhang

# Zur Person Emmi Pikler (1902–1984)

Die ungarische Kinderärztin jüdischer Herkunft wurde 1902 als Emilie Madeleine Reich in Wien geboren. Mit sechs Jahren übersiedelte sie nach Ungarn und kehrte 1920 zum Medizinstudium nach Wien zurück, wo sie 1927 promovierte. Ihre Facharztausbildung für Kinderheilkunde absolvierte sie 1927 bis 1930 in Wien bei Professor Clemens von Pirquet, Leiter der Universitätskinderklinik, sowie dem Kinderchirurgen Professor Hans Salzer, Direktor des Mautner Markhof'schen Kinderspitals. Der außergewöhnliche Umgang dieser beiden Ärzte mit Kindern, ihre beispielhafte Zusammenarbeit mit den kleinen Patienten sowie ihre innere Haltung gegenüber den Jüngsten waren es, die Pikler maßgeblich in ihrer Arbeit geprägt haben.

Pirquet richtete seine Aufmerksamkeit nicht nur auf pathologische Aspekte, also das Erforschen, Diagnostizieren und Behandeln von Krankheiten, sondern auf das Kind als ganzheitliches Wesen. Er legte Wert darauf, dass angehende Kinderärzte lernten, »das gesunde Kind gesund zu erhalten (…). Nicht die Krankheit war die Hauptursache, sondern das Kind«, wie Pikler in einem Interview berichtet.[1] Mit der Verabreichung von Medikamenten ging Pirquet zurückhaltend um, interessierte sich umso mehr für die Kindererziehung. Die gute Heilungsstatistik seiner Klinik zog angehende Ärzte aus aller Welt an, die bei Pirquet lernen wollten. Die Räumlichkeiten der Klinik waren so konzipiert, dass Kinder ihre Betten verlassen konnten, um sich frei zu bewegen und zu spielen. Er sorgte dafür, dass sie möglichst viel an die frische Luft kamen, indem er »außen an den Fenstern Kästen anbringen« ließ, damit jüngere Kinder unter freiem Himmel gebettet werden konnten, berichtet Judit Falk.[2] Auszubildende Ärzte hielt Pirquet dazu an, praktische Erfahrungen in der Säuglingspflege sowie in der eigenhändigen Zubereitung der Säuglingsnahrung zu sammeln. Angeregt durch ihre Ausbildung bei Pirquet legte Pikler später in ihrer eigenen Arbeit großen Wert auf die Schaffung günstiger Lebensverhältnisse für kleine Menschen wie gesunde Ernährung, viel frische Luft, ungestörte Bewegungsentwicklung sowie die bewusste Gestaltung der Pflege.

Auch Salzer übte entscheidenden Einfluss auf Emmi Piklers Arbeitsweise aus. Der Primärchirurg redete freundlich mit Kindern, erklärte ihnen alles, was er mit ihnen vorhatte, bis sie sich angstfrei und einvernehmlich von ihm untersuchen ließen, selbst wenn es unangenehm war. Wenn sie weinten, dann nur vor Schmerz und nicht aus Angst vor der Behandlung des Arztes. Oberstes Gebot auf seiner Station war, Kindern freundlich zu begegnen und sie behutsam und einfühlsam zu berühren. Seine Mitarbeiter sollten sich der Tatsache stets bewusst sein, dass sie es mit empfindsamen Wesen zu tun haben, die fähig zu Reaktionen sind.

Darüber hinaus weckten die Unfallstatistiken der chirurgischen Klinik das besondere Interesse der mathematisch begabten Assistenzärztin Pikler. Sie stellte fest, dass sich vor allem wohlbehütete Kinder begüterter Familien im häuslichen Umfeld oder auf Spielplätzen schwere Verletzungen zuzogen, während Kinder, die frei und unbeaufsichtigt spielen durften, sich viel seltener so stark verletzten, dass sie im Krankenhaus behandelt werden mussten. Diese Entdeckung regte Emmi Pikler dazu an, sich eingehender mit der Bewegungsentwicklung zu beschäftigen. Sie kam zu dem Schluss, dass sich selbstständige und freie Bewegungsmöglichkeiten günstig auf die kindliche Gesamtentwicklung auswirken.[3]

Die Tochter Emmi Piklers, Anna Tardos, beschreibt die Erfahrungen ihrer Mutter als Assistenzärztin in Wien wie folgt: »Was Emmi Pikler bei Salzer und Pirquet erlebte, gab ihr innere Sicherheit, wies ihr einen Weg. Wo genau die Wurzeln liegen für das, was sie nachher verwirklichte, lässt sich nicht sagen, denn zur Bewegungsentwicklung hatten die beiden keine Meinung. Eine menschliche Philosophie oder Konzeption entsteht aus vielen Elementen.«[4]

1930 heiratete die junge Ärztin György Pikler, dem sie von Wien nach Triest folgte, wo er als Lehrer tätig war. Er sollte Emmi Piklers dritte wichtige Inspirationsquelle werden. Der Mittelschullehrer und spätere Versicherungsmathematiker gestaltete seinen Mathematikunterricht nach reformpädagogischen Gesichtspunkten. Seinen Schülern gestand er beispielsweise zu, in ihrem eigenen Tempo zu lernen. Er setzte auf ihre selbstständige und freie Entfaltung.

Am Strand von Triest bot sich Emmi Pikler vielfach Gelegenheit, die Bewegungskompetenzen junger Kinder zu beobachten. Ihr fiel auf, dass Babys ständig dazu angehalten wurden, etwas zu tun, was sie von sich aus noch gar nicht konnten. Die Folge davon waren eine schlechte Körperhaltung, ungeschickte Bewegungsabfolgen sowie häufige Verletzungen. Pikler gewann die Überzeugung, dass Kinder die Fähigkeit besitzen, motorische Kompetenzen aus eigener Initiative und Kraft in ihrem eigenen Rhythmus viel sicherer zu erwerben.

Die erste Tochter, Anna, erblickte 1931 in Wien das Licht der Welt, wohin Emmi Pikler zur Geburt zeitweilig zurückgekehrt war. Das Ehepaar Pikler traf bewusst die Entscheidung, ihrem ersten Kind eine selbstständige Bewegungsentwicklung, selbstbestimmtes Spielen sowie Eigeninitiative zu ermöglichen ohne unnötige Intervention vonseiten der Eltern. Schnell wurde ihnen klar, dass es nicht damit getan war, das Kind sich einfach nur ungestört entwickeln zu lassen, sondern dass es einer wohldurchdachten Umgebung bedurfte, damit es überhaupt eigenaktiv werden konnte. Wie viel Zurückhaltung und Geduld die selbstständige Entfaltung des Kindes den jungen Eltern abverlangte, erfuhren sie in der Begleitung ihrer kleinen Tochter am eigenen Leib. György erwies sich als der Standhaftere. Immer wenn Emmi Pikler die Geduld verlor, forderte ihr Mann sie dazu auf, weiterhin abzuwarten und ihre Tochter gut zu beobachten.[5]

1932 zog die kleine Familie von Triest nach Budapest. Nach dem Tod der 1933 geborenen zweiten Tochter Eva im Alter von eineinhalb Jahren nahm Emmi Pikler 1935 ihre Tätigkeit als Familienärztin in Budapest auf.[6] In der Begleitung junger Familien mit Säuglingen und Kleinkindern, denen sie regelmäßig Hausbesuche abstattete, wie es damals üblich war, legte sie großen Wert auf die Schaffung günstiger Lebensverhältnisse für die ganze Familie. Bis ins kleinste Detail beriet sie Eltern bezüglich der gesunden Entwicklung ihrer Kinder sowie des harmonischen Zusammenlebens in der Familie.[7]

Ihr erstes Buch, ein Elternratgeber, in dem sie ihre Erfahrungen als Familienärztin sowie Vorträge und Artikel zusammenfasste, die sie in diesen frühen Jahren für Eltern gehalten beziehungsweise verfasst hatte, erschien

1940 in Ungarn. Es trug den Titel *Was kann das Baby denn schon?* In deutscher Sprache wurde es erstmals 1982 unter dem Titel *Friedliche Babys – zufriedene Mütter* publiziert.[8]

1946 wurde der Sohn Józef geboren. 1953 gesellte sich der vier Jahre jüngere Adoptivsohn János der Familie Pikler hinzu.[9]

Im Jahr 1946 übernahm Emmi Pikler die Gründung und Leitung eines Säuglingsheims, des sogenannten Lóczy, benannt nach der Lóczystraße, in welcher sich die ehemalige Einfamilienvilla am Rosenhügel in Budapest befindet. Ihre Erfahrungen als Familienärztin übertrug Emmi Pikler in angepasster Form auf die Heimsituation.[10] Ihr größtes Anliegen war, die Lebensverhältnisse der ihr Anvertrauten im Heim so zu gestalten, dass sie nicht an Hospitalismus leiden mussten, sondern sich trotz der Heimsituation harmonisch und gesund entwickeln konnten. Symptome des Hospitalismus sind zum Beispiel Abgestumpftheit, Gleichgültigkeit, Desinteresse an der Umwelt, emotionale und intellektuelle Zurückgebliebenheit, unbefriedigende Bewegungskompetenzen.[11] Das Ergebnis ihrer Arbeit beschreibt sie so: »Wir erreichten, dass die Kinder im Heim nicht traurig, untätig und stumpf wurden. Unsere Säuglinge sind fröhlich, tätig und interessiert.«[12] Eine erste Nachuntersuchung von 30 ehemaligen Heimkindern des Lóczy im Jahr 1964 bestätigte, dass sie keinerlei Symptome des Hospitalismus aufwiesen. Mit finanzieller Unterstützung der Weltgesundheitsorganisation fand zwischen 1968 und 1970 eine zweite Nachuntersuchung von 100 Jugendlichen und jungen Erwachsenen statt, die in der frühen Kindheit eine Weile im Lóczy gelebt hatten. Alle Ehemaligen waren in der Lage, genauso am gesellschaftlichen Leben teilzunehmen wie Gleichaltrige, die in einer Familie aufwuchsen. Ihre schulische und berufliche Laufbahn entsprach im Großen und Ganzen der ihrer Altersgruppe, die in Familien lebten. Keines der ehemaligen »Lóczy-Kinder« wurde straffällig oder wies eine schwierige Sozialisation auf. Aus kleinen Heimmädchen waren junge Mütter geworden, die in der Lage waren, ihre eigenen Kinder selbst zu erziehen.[13]

Neben ihrer Heimtätigkeit betrieb Emmi Pikler zusammen mit ihren Mitarbeiterinnen ab den 1960er Jahren systematische Forschungsarbeit an dem angegliederten Institut zu Themen wie »Gesetzmäßigkeiten und Notwendigkeiten der Bewegungsentwicklung«, »Prävention von Hospitalismus«, »Beziehung der Kinder untereinander«, »Beziehung zwischen Kind und Erwachsenem«.[14] Zahlreiche Publikationen vornehmlich in ungarischer Sprache sowie Bildmaterialien legen Zeugnis von der regen Forschungstätigkeit Piklers und ihrer Mitarbeiterinnen ab. Ihre Studien beruhen auf genauer Beobachtung der Kinder in ihren natürlichen Lebensverhältnissen im Heim etwa beim freien Spiel oder bei der Pflege sowie minutiöser Dokumentation. Kinder wurden zu Forschungszwecken nicht wie sonst üblich einer künstlichen Versuchssituation ausgesetzt, sondern in ihrem gewohnten Umfeld beobachtet. Emmi Pikler und ihre Kolleginnen gaben ihre Erfahrungen und Erkenntnisse in Vorträgen, Kursen und Seminaren im In- und Ausland weiter.[15]

Einen wichtigen Schwerpunkt in Emmi Piklers Arbeit bildete die systematische Erforschung der selbstständigen Bewegungsentwicklung, die 1969 Gegenstand ihrer Habilitation war, mit der sie den akademischen Grad eines »Kandidaten der Wissenschaften« erwarb.[16] Die Monografie erschien 1988 in deutscher Übersetzung unter dem Titel *Laßt mir Zeit*.[17] Ein weiterer Hauptaspekt ihrer Arbeit war die bewusste Gestaltung der Kinderpflege.[18]

Bis 1979 leitete Emmi Pikler das Säuglingsheim. Nach ihrem Tod im Juni 1984 erhielt das Lóczy die offizielle Bezeichnung »Nationales Methodologisches Institut für Säuglingsheime Emmi Pikler« und wurde unter der Leitung verschiedener Nachfolgerinnen weitergeführt. Nachdem die staatliche Trägerschaft 1998 endete, wurden das Säuglingsheim sowie das Forschungs- und Ausbildungsinstitut schlicht »Pikler Institut« oder »Lóczy« genannt. 2002 gesellten sich zur Heimbetreuung Eltern-Kind-Gruppen und 2006 eine erste Krippengruppe hinzu. Im Zuge politischer Neustrukturierungen endete die Trägerschaft der staatlichen Stiftung des Heims im Jahr 2011. Damit musste das Säuglingsheim endgültig schließen. Bis heute wird die Arbeit Emmi Piklers in Eltern-Kind-Gruppen, Krippengruppen, Fortbildungen und Forschungen in denselben Räumlichkeiten sowie mit ehemaligen Mitarbeiterinnen des Säuglingsheims unter verschiedener Trägerschaft weitergeführt.[19]

# Anmerkungen

## Vorwort

1 Grundauswertung der Einschulungsdaten in Berlin 2017, S. 72–75; Vieth-Entus, 2019.

2 Bös, 2003, S. 99 f., 105; Hanssen-Doose / Niessner / Oriwol / Bös / Woll / Worth, 2020, S. 2; Bös / Oberger / Lämmle / Opper / Romahn / Tittelbach / Wagner / Woll / Worth, 2008, S. 141–145; Niessner / Hanssen-Doose / Eberhardt / Oriwol / Woll / Worth / Bös, 2020, S. 53.

3 Hanssen-Doose / Niessner / Oriwol / Bös / Woll / Worth, 2020, S. 1, 7 f.; Schmidt / Anedda / Buchartz / Oriwol / Kolb / Wäsche / Niessner / Woll, 2020; Niessner / Hanssen-Doose / Eberhardt / Oriwol / Woll / Worth / Bös, 2020, S. 54 f.

4 Breuer / Rossi, 2020, S. 20 f.; Niessner / Hanssen-Doose / Eberhardt / Oriwol / Woll / Worth / Bös, 2020, S. 55–57, 59.

5 Spitzer / Herschkowitz, 2019, S. 115.

6 Woll / Oriwol / Anedda / Buchartz / Hanssen-Doose / Kopp / Niessner / Schmidt / Bös / Worth, 2019, S. 1.

7 Spiegel online, 21.03.2019.

8 Berres, 2019; Joisten, 2020, S. 88 f.

9 Opper / Worth / Wagner / Bös, 2007, S. 879.

10 Grundauswertung der Einschulungsdaten in Berlin 2017, S. 106–108; Pauen / Roos, 2017, S. 75 f., 93.

11 Anzahl der minderjährigen Kinder in Familien in Deutschland von 2000 bis 2019; https://de.statista.com/statistik/daten/studie/197783/umfrage/minderjaehrige-kinder-in-deutschland/#professional (konsultiert am 30.12.2020).

12 Waltersbacher, 2020, S. 32–34.

13 Spitzer / Herschkowitz, 2019, S. 86 f.

14 BARMER GEK, 2012, S. 180–199.

15 Hartmann, 2020, S. 424.

16 Largo, 2019 b, S. 57–59; Bleuel / Heinen / Stelzer, 2019, S. 13 f.

17 Bleuel / Heinen / Stelzer, 2019, S. 13.

18 Bleuel / Heinen / Stelzer, 2019, S. 15.

19 Spiegel online, 07.05.2019; ZEIT ONLINE, 07.05.2019.

## Einführung

1 Pikler, 2010, S. 11.

2 Hüther, 2017, S. 116; Hüther, 2020.

3 Hüther, 2017, S. 116.

4 Hüther, 2016, S. 104, 106 f.; Bauer, 2016, S. 63 f.; Bauer, 2019, S. 61 f.

5 Schäfer, 2011 a, S. 30–56; Beek / Fuchs / Schäfer / Strätz, 2011, S. 180; Patzlaff 2013, S. 83 f.; Zimmer, 2008, S. 220; Zimmer 2014, S. 13 f.; Bauer, 2016, S. 65; Pauen / Frey / Ganser, 2014, S. 22; Pauen / Roos, 2017, S. 16, 21; Largo, 2019 a, S. 18 f.; Largo, 2019 b, S. 67.

6 Hüther, 2017, S. 116.

7 Largo, 2019 b, S. 192.

8 Largo, 2019 a, S. 16 f.; Largo, 2019 b, S. 60.

9 Schäfer, 2011 a, S. 16.

10 Ebd., S. 10–12, 63; Pauen / Roos, 2017, S. 19.

11 Gilles-Bacciu / Heuer / Lock-Spessert / Nießen / Suchy, 2019, S. 10.

12 Tardos, 2008 c, S. 145.

13 David / Appell, 1995, S. 30–34; Gilles-Bacciu / Heuer / Lock-Spessert / Nießen / Suchy, 2019, S. 11.

14 Rousseau, 1998, Erstes Buch, S. 14.

15 Brisch, 2010, S. 12, 15 f., 18, 20 f., 26 f.; Bauer, 2019, S. 63 f.

16 Brisch, 2010, S. 10.

17 Ebd., S. 12, 15 f., 41; Patzlaff / McKeen / Mackensen / Grah-Wittich, 2010, S. 20 f.; Bauer, 2016, S. 63 f.; Bauer, 2019, S. 51, 62–64; Largo, 2019 b, S. 142–144.

18 Brisch, 2010, S. 15 f., 23 f., 29; Largo, 2019 b, S. 178–180.

19 Tardos / Werner, 2015 a, S. 11; Hüther / Quarch, 2016, 93.

20 Pikler, 2010, S. 17; vgl. Papenkort, 2019, S. 131.

21 Patzlaff, 2017, S. 324; Bauer, 2019, S. 18, 62.

22 Bauer, 2019, S. 19.

23 Ebd., S. 90, Hervorhebung im Original.

24 Hüther, 2017, S. 116; vgl. König, 1981, S. 78; Largo, 2019 a, S. 61; Largo, 2019 b, S. 32 f., 249; Zimpel, 2014, S. 54 f.

25 König, 1981, S. 52 f.; Gerber, 2009, S. 149; Largo, 2019 a, S. 94; Largo, 2019 b, S. 32 f., 233, 249; Zimpel, 2014, S. 53.; Patzlaff, 2017, S. 324 f.; Bauer, 2016, S. 67–69; Bauer, 2019, S. 18; Patzlaff / McKeen / Mackensen / Grah-Wittich, 2010, S. 46 f.

26 Spitzer/Herschkowitz, 2019, S. 84.

27 König, 1981, S. 78; Largo, 2019 a, S. 383 f.

28 Paul, 1963 b, S. 1061; vgl. König, 1981, S. 77.

29 Largo, 2019 a, S. 94, 98 f.; Patzlaff/McKeen/Mackensen/Grah-Wittich, 2010, S. 46 f.; Bauer, 2019, S. 41, 43.

30 Bauer, 2019, S. 44; vgl. Zimpel, 2014, S. 114 f.

31 Largo, 2019 a, S. 101.

32 Ebd., S. 26, 100; König, 1981, S. 78 f.; Patzlaff/McKeen/Mackensen/Grah-Wittich, 2010, S. 46; Patzlaff, 2017, S. 325.

33 Bauer, 2019, S. 43.

34 Ebd., S. 41.

35 Tardos/Werner, 2015 a, S. 36; Patzlaff, 2017, S. 325; Bauer, 2019, S. 44; König, 1981, S. 79.

36 Pikler, 2010, S. 124; Falk/Vincze, 2014, S. 24 f.; Largo, 2019 b, S. 367.

37 König, 1981, S. 63, 67; Patzlaff/McKeen/Mackensen/Grah-Wittich, 2010, S. 46.

38 Spitzer/Herschkowitz, 2019, S. 102.

39 König, 1981, S. 75 f.

40 Ebd., S. 76, 81.

41 Spitzer/Herschkowitz, 2019, S. 122.

42 Patzlaff, 2017, S. 329.

43 Spitzer/Herschkowitz, 2019, S. 123, 143 f.; Spitzer, 2007, S. 60, 65.

44 Patzlaff/McKeen/Mackensen/Grah-Wittich, 2010, S. 46 f.; Patzlaff, 2017, S. 329; Tardos/Werner, 2015 b, S. 78–84; Bauer, 2019, S. 48 f.

45 Hüther, 2016, S. 194; Patzlaff, 2013, S. 92; Spitzer, 2007, S. 231, 235.

46 Hüther, 2016, S. 183.

47 König, 1981, S. 20; Patzlaff/McKeen/Mackensen/Grah-Wittich, 2010, S. 19; Patzlaff, 2013, S. 83; Bauer, 2019, S. 17, 27; Spitzer, 2007, S. 231; Largo, 2019 a, S. 82; Largo, 2019 b, S. 136.

48 Spitzer, 2007, S. 235, Hervorhebung im Original.

49 Spitzer/Herschkowitz, 2019, S. 49 f.

50 Spitzer, 2007, S. 251 f.

51 Hüther, 2016, S. 107, 194 f.; Patzlaff, 2013, S. 93, 114; Hüther, 2008, S. 106; Hüther/Quarch, 2016, S. 38; Weingarten, 2011; Patzlaff, 2017, S. 327 f.; Zimpel, 2014, S. 19; Zimmer, 2016, S. 20; Spitzer/Herschkowitz, 2019, S. 49 f.; Spitzer, 2007, S. 51 f., 229–231, 240.

52 Hüther, 2016, S. 200.

53 Ebd., S. 169; Spitzer, 2007, S. 94, 341.

54 Hüther, 2016, S. 105, 200; Renz-Polster / Hüther, 2013, S. 92.

55 Hüther, 2016, S. 194; Weingarten, 2011.

56 Hüther, 2016, S. 103, 106 f., 175, 206.

57 Ebd., S. 206; Patzlaff, 2013, S. 93; Spitzer, 2007, S. 94–96.

58 Rousseau, 1998, Erstes Buch, S. 38 f.

59 Hüther, 2016, S. 105, 194; Hüther / Quarch, 2016, S. 39; Patzlaff / McKeen / Mackensen / Grah-Wittich, 2010, S. 47.

60 König, 1981, S. 10; Spitzer, 2007, S. 224.

61 Spitzer, 2007, S. 206.

62 Pauen / Roos, 2017, S. 10.

63 Pauen, 2011, S. 101–122; Pauen / Frey / Ganser, 2014; Pauen / Roos, 2017, S. 62 f.; Largo, 2019 a, S. 359 f.; Largo, 2019 b, S. 246 f.

64 Spitzer, 2010.

65 König, 1981, S. 52; Patzlaff / McKeen / Mackensen / Grah-Wittich, 2010, S. 30; Patzlaff, 2013, S. 80–82.

66 König, 1981, S. 14; Largo, 2019 a, S. 131, 137; Zimmer, 2014, S. 19.

67 König, 1981, S. 52.

68 Ebd., S. 10, 14, 74 f., 90; Patzlaff / McKeen / Mackensen / Grah-Wittich, 2010, S. 28 f.

69 Largo, 2019 a, S. 130.

70 Zimmer, 2016, S. 67.

71 Zimmer, 2014, S. 47.

72 Largo, 2019 b, S. 281.

## 1 Gehen lernen

1 Hüther, 2016, S. 174.

2 Renz-Polster / Hüther, 2013, S. 91; Hüther, 2016, S. 175.

3 Spitzer, 2007, S. 239, Hervorhebung im Original.

4 Spitzer / Herschkowitz, 2019, S. 48; Largo, 2019 a, S. 133.

5 Patzlaff / McKeen / Mackensen / Grah-Wittich, 2010, S. 29; Patzlaff, 2017, S. 440, 447; Pauen, 2011, S. 14 f.; Zimmer, 2014, S. 85.

6 Spitzer / Herschkowitz, 2019, S. 31.

7 Pikler, 2008 b, S. 43; Tardos, 2008 c, S. 137; Tardos, 2019 a, S. 24 f.; Tardos, 2019 b, S. 29; Pikler, 2019, S. 48; Tardos, 2019 c, S. 61.

8 Czimmek, 2015, S. 32.

9 Pikler, 2008 b, S. 45; vgl. Pikler, 2001, S. 167; Pichler-Bogner, 2010, S. 11; Czimmek, 2015, S. 103; Largo, 2019 b, S. 97.

10 Tardos, 2019 b, S. 29.

11 Pikler, 2010, S. 21, 48 f.; Pikler, 2001, S. 19, 28.

12 Pikler, 2001, S. 104; Czimmek, 2015, S. 28; Largo, 2000, S. 22; Schneider / Wüstenberg, 2019, S. 154 f.

13 Largo, 2019 b, S. 106; vgl. Largo, 2019 a, S. 9.

14 Hüther, 2020.

15 Ebd.

16 Largo, 2019 a, S. 8.

17 Largo, 2019 b, S. 12 f., 17 f.; Patzlaff, 2017, S. 175.

18 Largo, 2019 b, S. 13.

19 Ebd., S. 13 f.

20 Tardos, 2019 a, S. 25; vgl. Tardos, 2019 c, S. 61; Papenkort, 2019, S. 120 f.; Schneider / Wüstenberg, 2019, S. 160.

21 Pikler, 2010, S. 126; Czimmek, 2015, S. 12, 32; Vincze, 2015, S. 166 f.; Gilles-Bacciu / Heuer / Lock-Spessert / Nießen / Suchy, 2019, S. 10; Tardos, 2019 a, S. 25; Tardos, 2019 b, S. 29, 31; Pikler, 2019, S. 44, 56 f.; Tardos, 2019 c, S. 61.

22 Tardos, 2019 a, S. 25.

23 Pikler, 2001, S. 18; vgl. Czimmek, 2015, S. 33; Czimmek, 2019, S. 19.

24 Falk, 2008 a, S. 20; Falk / Aly, 2012, S. 7 f.

25 Czimmek, 2015, S. 35, 39–49; Czimmek, 2019, S. 19 f.; Strub, 2010, S. 5.

26 Czimmek, 2015, S. 49 f.; Czimmek, 2019, S. 21.

27 Czimmek, 2015, S. 83–99; Czimmek, 2019, S. 21.

28 Czimmek, 2015, S. 100–102, 104 f.; Czimmek, 2019, S. 21; Tardos, 2019 a, S. 26 f.; Pikler, 2019, S. 44.

29 Pikler, 2008 a; Falk, 2019 a, S. 105–111; Tardos, 2019 f, S. 113-116; David / Appell, 1995, S. 43–63.

30 Pikler, 2019, S. 44.

31 Pikler, 2008 b, S. 43 f.; vgl. Tardos / David, 2015, S. 189; Pikler, 2019, S. 45, 61.

32 Pikler, 2019, S. 45 f.; Pikler, 2001, S. 35 f.

33 Pikler, 2019, S. 47.

34 Pikler, 2001, S. 70 f., 188, 203–223; Falk / Aly, 2012, S. 71 f.; Aly, 2013 b, S. 13; Tardos / David, 2015, S. 188–193; Tardos, 2019 b, S. 30; Pikler, 2019, S. 49; Tardos, 2019 c, S. 62 ff.

35 Pikler, 2010, S. 48 f.

36 Pikler, 2001, S. 19.

37 Tardos, 2019 b.

38 Pikler, 2001, S. 109.

39 Ebd., S. 98, 104.

40 Ebd., S. 102.

41 Ebd., S. 198; Aly, 2013 b, S. 43 f.; Aly / Werner / Zinser, 2019, S. 13.

42 Pikler, 2001, S. 64, 105 f., 112, 114 f., 197 f.; Krohmer / Bopp, 2010 b, S. 336; Aly, 2013 b, S. 43 f.; Aly / Werner / Zinser, 2019, S. 13, 65; Czimmek, 2015, S. 108.

43 Pikler, 2019, S. 45.

44 Aly, 2013 b, S. 43.

45 König, 1981, S. 15–18, 20, 25; Tardos, 2019 e, S. 80.

46 Pikler, 2001, S. 64, 105 f. 109 f., 191 f.; Gerber, 2009, S. 53, 209; Aly, 2013 b, S. 42 ff.; Aly, 2013 a, S. 4; Czimmek, 2015, S. 108 f.

47 Pikler, 2001, S. 102 f., 108, Anm.; Czimmek, 2015, S. 107 f.

48 Pikler, 2001, S. 102.

49 Ebd.

50 Ebd., S. 102 f., 104; Aly, 2013 b, S. 44–48; Czimmek, 2015, S. 46.

51 Pikler, 2010, S. 37 f.; Pikler, 2001, S. 30, 69; Krohmer / Bopp, 2010 b, S. 337; Aly, 2013 a, S. 7; Pikler, 2019, S. 45, 53; Aly / Werner / Zinser, 2019, S. 13, 19–21; Aly, 2013 b, S. 46.

52 Strub / Zinser, 2008, S. 62.

53 Aly, 2013 a, S. 124; Aly, 2013 b, S. 29; Czimmek, 2015, S. 48; Pikler, 2019, S. 48 f.

54 Czimmek, 2015, S. 48.

55 Emmi Pikler zitiert nach Vincze, 2015, S. 171.

56 Pikler, 2001, S. 13, 26; Tardos, 2008 a, 94; Strub / Tardos, 2008, S. 107 f.; Aly, 2013 b, S.28 f.; Falk, 2019 a, S. 108 f., Tardos, 2019 f, S. 115.

57 Pikler, 2010, S. 24, 67; Pikler, 2001, S. 105 f., 110; Czimmek, 2015, S. 106–108; Tardos / David, 2015, S. 195; Kálló, 2008 a, S. 16; Tardos, 2019 e, S. 80; Krohmer / Bopp, 2010 b, S. 363; Aly, 2013 b, S. 49–51; Aly, 2013 a, S. 10, 51 f.; Aly / Werner / Zinser, 2019, S. 12; König, 1981, S. 18; Patzlaff, 2013, S. 80.

58 Spitzer, 2012, S. 167.

59 Grundauswertung der Einschulungsdaten in Berlin 2017, S. 76 f.; Vieth-Entus, 2019.

60 Tardos, 2019 d, S. 70.

61 Pikler, 2008 b, S. 41; Kálló, 2008 a, S. 17 f.; Aly, 2013 a, S. 10–12; Aly, 2013 b, S. 59; Allwörden / Wiese, 2013, S. 31; Krohmer / Bopp, 2010 b, S. 363 f.; Aly / Werner / Zinser, 2019, S. 16.

62 Pikler, 2010, S. 89–94; Strub / Tardos, 2008, S. 109; Aly, 2013 b, S. 42.

63 Pikler, 2010, S. 24, 68; Pikler, 2001, S. 111; Tardos, 2019 e, S. 81; Beigel, 2017, S. 154; Krohmer / Bopp, 2010 b, S. 366 f.

64 Kálló, 2008 a, S. 27 f.; Aly, 2013 b, S. 56.

65 Pikler, 2010, S. 25; Pikler, 2001, S. 34, 111, 195; Aly, 2013 b, S. 64; Falk / Aly, 2012, S. 36; Krohmer / Bopp, 2010 b, S. 340.

66 Krohmer / Bopp, 2010 b, S. 337 f.; Pikler, 2019, S. 53.

67 Pikler, 2010, S. 39–42, 69; Pikler, 2001, S. 29; Falk, 2008 a, S. 20; Strub / Zinser, 2008, S. 60, 62; Aly / Werner / Zinser, 2019, S. 13–15; David / Appell, 1995, S. 65 f.; Aly, 2013 b, S. 46 f.; Pikler, 2019, S. 53; Tardos, 2019 e, S. 86; Patzlaff / McKeen / Mackensen / Grah-Wittich, 2010, S. 63.

68 Pikler, 2010, S. 23 f., 38; Pikler, 2001, S. 104 f.; Aly, 2013 b, S. 64 f.

69 Beigel, 2017, S. 124 ff.

70 Pikler, 2010, S. 38; Aly, 2013 b, S. 64 f.

71 Strub / Tardos, 2008, S. 108.

72 Pikler, 2010, S. 27 f., 98; Pikler, 2001, S. 34, 63, 101, 103, 111 f., 198; Strub / Tardos, 2008, S. 108; Aly, 2013 a, S. 5; Aly, 2013 b, S. 65; Czimmek, 2015, S. 48; Krohmer / Bopp, 2010 b, S. 341.

73 Pikler, 2010, S. 25 f.; Pikler, 2001, S. 62, 101; Gerber, 2009, S. 35 ff., 55; Aly, 2013 b, S. 65 f.; Krohmer / Bopp, 2010 b, S. 340.

74 Pikler, 2010, S. 26–28; Pikler, 2001, S. 41, 50 f., 111, 198; Krohmer / Bopp, 2010 b, S. 341.

75 Pikler, 2010, S. 40.

76 Pikler, 2010, S. 40 f., 108; Pikler, 2001, S. 29 f.; Gerber, 2009, S. 31; Strub / Zinser, 2008, S. 60; Tardos / Werner, 2015 a, S. 21 ff.; Pikler, 2019, S. 53; Krohmer / Bopp, 2010 b, S. 342; Vincze, 2015, S. 173; Aly, 2013 b, S. 84, 104; Allwörden / Wiese, 2013, S. 14 ff.

77 Pikler, 2010, S. 28; Pikler, 2001, S. 51, 198 f.; Aly, 2013 b, S. 79; Aly, 2013 a, S. 6.

78 Pikler, 2010, S. 43; Aly, 2013 b, S. 95; Aly / Werner / Zinser, 2019, S. 23.

79 Pikler, 2010, S. 28; Pikler, 2001, S. 43, 52, 208–210, 213–216, 225 f.; Aly, 2013 b, S. 80–82.

80 Pikler, 2001, S. 30, Anm.; Aly, 2013 a, S. 25; Allwörden / Wiese, 2013, S. 19.

81 Krohmer / Bopp, 2010 b, S. 342.

82 Pikler, 2001, S. 175, 210 f.; Gerber, 2009, S. 28; Aly, 2013 b, S. 95–97; Krohmer / Bopp, 2010 b, S. 343, 346 f.; Tardos / David, 2015, S. 192.

83 Pikler, 2001, S. 61 f.; Krohmer / Bopp, 2010 b, S. 347 f.

84 Pikler, 2010, S. 29, 31; Pikler, 2001, S. 34, 52, 203 ff., 224 f.; Aly, 2013 a, S. 23; Aly, 2013 b, S. 89; Tardos, 2019 c, S. 63.

85 Pikler, 2010, S. 29 f.; Pikler, 2001, S. 64, 224; Aly, 2013 b, S. 59, 92.

86 Pikler, 2010, S. 29 ff., Pikler, 2001, S. 56; Tardos, 2008 c, S. 137; Aly, 2013 a, S. 23; Aly, 2013 b, S. 59 f., 89, 92 f.; Tardos / David, 2015, S. 193 f.; Aly / Werner / Zinser, 2019, S. 65; Tardos, 2019 b, S. 30; Tardos, 2019 c, S. 64; Pikler, 2019, S. 47.

87 Vincze, 2008 b, S. 74 f., 79, 81; Tardos, 2008 a, S. 94 f.; Strub / Tardos, 2008, S. 125; Tardos, 2008 c, S. 143; Gerber, 2009, S. 107; Allwörden / Wiese, 2013, S. 53–55; Vincze, 2017, S. 14, 17; Krohmer / Bopp, 2010 a, S. 203; Krohmer / Bopp, 2010 b, S. 348.

88 Vincze, 2008 b, S. 71–89; Strub / Tardos, 2008, 125–127; Vincze, 2015, S. 177; Vincze, 2017, S. 7, 10, 14; David / Appell, 1995, S. 57; Aly, 2013 b, S. 75 f.; Krohmer / Bopp, 2010 a, S. 204; Czimmek, 2015, S. 13.

89 Pikler, 2010, S. 31; Pikler, 2001, S. 52 f., 217.

90 Allwörden / Wiese, 2013, S. 21 ff., 28.

91 Pikler, 2010, S. 31 f.; Pikler, 2001, S. 35 f., 53, 229 f.; Aly, 2013 b, S. 99; Krohmer / Bopp, 2010 b, S. 349; Pikler, 2019, 46; Tardos, 2019 c, S. 63.

92 Aly, 2013 b, S. 115.

93 Pikler, 2010, S. 32.

94 Pikler, 2001, S. 54; Aly, 2013 b, S. 109.

95 Aly, 2013 b, S. 111.

96 Pikler, 2001, S. 231.

97 Pikler, 2010, S. 33; Pikler, 2001, S. 54, 230 f.

98 Pikler, 2010, S. 47 f.; Aly, 2013 b, S. 109–112.

99 Pikler, 2010, S. 116; Gerber, 2009, S. 75, 184; Aly, 2013 b, S. 109; Krohmer / Bopp, 2010 b, S. 351 f.; Largo, 2019 a, S. 159; Kinder- und Jugendärzte raten zum wiederholten Male dringend von Lauflernhilfen ab, 12.12.2018, https://www.kinderaerzte-im-netz.de/news-archiv/meldung/article/kinder-und-jugendaerzte-raten-zum-wiederholten-male-dringend-von-lauflernhilfen-ab/; Lauflernhilfen, Babywalker und Gehfrei: Förderung oder Gefahr?, 30.11.2020, https://www.kindersicherheit.de/kinderunfaelle-vermeiden/artikel/lauflernhilfen-babywalker-und-gehfrei-foerderung-oder-gefahr.html

100 Pikler, 2001, S. 231.

101 Spitzer / Herschkowitz, 2019, S. 112 f.

102 Pikler, 2010, S. 115 f.; Gerber, 2008, S. 149; Aly 2013 b, S. 115; Krohmer / Bopp, 2010 b, S. 351, 353; Brisch, 2010, S. 162; Spitzer / Herschkowitz, 2019, S. 113; Largo, 2019 b, S. 341.

103 Pikler, 2010, S. 22, 49; Pikler, 2001, S. 19, 61–63, 70, 173, 175, 188 f.; Tardos, 2008 c, S. 137, 139; Gerber, 2009, S. 73 f.; Czimmek, 2015, S. 47, 50; Tardos / David, 2015, S. 191, 199; Tardos, 2019 c, S. 64.

104 Pikler, 2001, S. 62; Falk, 2008 a, S. 19; Gerber, 2009, S. 73, 184; Czimmek, 2015, S. 26 f.; Renz-Polster / Hüther, 2013, S. 182.

105 David / Appell, 1995, S. 145; Pikler, 2019, S. 57.

106 Saß / Poethko-Müller / Rommel, 2014, S. 795 f.

107 Zimmer, 2008, S. 243.

108 Pikler, 2001, S. 19, 60–62, 70 f., 166, 170 f., 173; Falk, 2008 a, S. 21; Tardos, 2008 c, S. 137, 139; Czimmek, 2015, S. 50, 142; Tardos / David, 2015, S. 193; Krohmer / Bopp, 2010 b, S. 334, 340; Pikler, 2019, S. 54, 57.

109 Brisch, 2010, S. 18; vgl. Hüther, 2016, S. 111, 116; Harms, 2019, S. 54.

110 Pikler, 2001, S. 71, 166, 173; Tardos / Werner, 2015 a, S. 15 f.; Tardos / David, 2015, S. 193, 200; Zimmer, 2014, S. 15, 31, 33, 35 f.; Zimmer, 2016, S. 24, 115 f.

111 Pikler, 2010, S. 35; Tardos, 2008 c, S. 139; Tardos, 2019 b, S. 30; Tardos, 2019 c, S. 63.

112 Pikler, 2010, S. 35; vgl. Krohmer / Bopp, 2010 b, S. 358.

113 Pikler, 2001, S. 19.

114 Spitzer / Herschkowitz, 2019, S. 113.

115 Brisch, 2010, S. 162.

116 Hüther, 2016, S. 141.

117 Pikler, 2010, S. 34, 49; Pikler, 2001, S. 14, 116–125; Gerber, 2009, S. 75 f.; Aly, 2013 a, S. 6, 25; Aly, 2013 b, S. 71; Falk / Aly, 2012, S. 15 f.; Aly / Werner / Zinser, 2019, S. 10; Czimmek, 2015, S. 14, 58; Vincze, 2015, S. 167; Tardos / David, 2015, S. 199; Pikler, 2019, S. 46; Largo, 2019 a, S. 15, 134, 160-167; Largo, 2019 b, S. 13, 31, 287 f.; Patzlaff / McKeen / Mackensen / Grah-Wittich, 2010, S. 29 f.; Patzlaff, 2017, S. 175 f.; Spitzer / Herschkowitz, 2019, S. 36 f.

118 Pikler, 2010, S. 49; Pikler, 2001, S. 118, 122 f.; Aly, 2013 b, S. 71, 119 f.; Falk / Aly, 2012, S. 17; Czimmek, 2015, S. 14, 58; Tardos / David, 2015, S. 191 f., 199; Patzlaff / McKeen / Mackensen / Grah-Wittich, 2010, S. 29 f.; Patzlaff, 2017, S. 175.

119 Pikler, 2001, S. 14.

120 Ebd., S. 125; Falk / Aly, 2012, S. 10, 19, 23; Aly, 2013 a, S. 45; Tardos / David, 2015, S. 199 f.

121 Pikler, 2001, S. 125.

122 Largo, 2019 a, S. 15; Largo, 2019 b, S. 12 f.

123 Largo, 2019 b, S. 18, vgl. S. 27.

124 Pikler, 2001, S. 36 f.; Aly, 2013 a, S. 21; Pikler, 2019, S. 46; Largo, 2019 a, S. 162; Largo, 2019 b, S. 27, 36 f., 283.

125 Pikler, 2001, S. 56; Aly, 2013 a, S. 6; Falk / Aly, 2012, S. 16 f.; Aly 2013 b, S. 71 f.

126 Spitzer / Herschkowitz, 2019, S. 105.

127 Ebd.

128 Aly, 2013 a, S. 18; Spitzer / Herschkowitz, 2019, S. 105.

129 Pikler, 2001, S. 56 f.

130 Patzlaff / McKeen / Mackensen / Grah-Wittich, 2010, S. 30 f.

131 Schäfer, 2007, S. 33.

132 Rousseau, 1998, Zweites Buch, S. 54; vgl. Vincze, 2015, S. 166.

133 Tardos, 2019 b, S. 29; Zimmer, 2014, S. 38.

134 Falk, 2008 a, S. 30.

135 Emmi Pikler in einem Brief an Helmut Müller vom 05.01.1981, zitiert nach Czimmek, 2015, S. 112.

136 Pikler, 2001, S. 173.

137 Gerber, 2008, S. 152.

138 Pikler, 2001, S. 66; Tardos, 2019 b, S. 30.

139 Pikler, 2010, S. 33, 38, 49; Pikler, 2001, S. 13, 19, 26 f., 117, 173; Falk, 2008 a, S. 21; Pikler, 2008 b, S. 45 f.

140 Tardos, 2008 c, S. 141.

141 Gerber, 2009, S. 27.

142 Allwörden / Wiese, 2013, S. 62 f.; Aly, 2013 b, S.16-18.

143 Pikler, 2010, S. 37; Pikler, 2001, S. 18 f., 28–30, 69; Fak, 2008 a, S. 18, 20, 24 f., 30; Gerber, 2009, S. 11, 19, 31; David / Appell, 1995, S. 42; Aly, 2013 b, S. 104, 115; Falk / Aly, 2012, S. 7; Allwörden / Wiese, 2013, S. 61 ff.; Pikler, 2019, S. 53 f.

144 Pikler, 2010, S. 38; Aly, 2013 a, S. 7; Graf / Ferrari / Beneke / Bloch / Eiser / Koch / Lawrenz / Krug / Manz / Oberhoffer / Stibbe / Woll, 2017, S. 12, 18 f.

145 Bauer, 2016, S. 72.

146 Gerber, 2008, S. 151; Gerber, 2009, S. 185; Aly, 2013 b, S. 24 f.; Krohmer / Bopp, 2010 b, S. 356 f.

147 Aly, 2013 b, S. 25, 60; Joisten, 2020, S. 89.

148 Pikler, 2010, S. 42 f.; Strub / Tardos, 2008, S. 109; Gerber, 2009, S. 63, 184; Aly, 2013 a, S. 7; Aly, 2013 b, S. 23; Krohmer / Bopp, 2010 b, S. 356; Falk, 2019 a, S. 108.

149 Pikler, 2010, S. 57; Tardos / Werner, 2015 a, S. 11; Spitzer / Herschkowitz, 2019, S. 38; Pikler, 2019, S. 49 f.; Brisch, 2010, S. 21–28; Bauer, 2019, S. 33, 51; Hüther, 2016, S. 111; Harms, 2019, S. 23 f.

150 Tardos, 2008 c, S. 239 f.; Pauen / Roos, 2017, S. 22; Largo, 2019 a, S. 14, 44, 47; Largo, 2019 b, S. 128 f., 132.

151 Bauer, 2019, S. 40, vgl. 70; Tardos, 2008 c, S. 140.

152 Pikler, 2010, S. 58; Tardos / Werner, 2015 a, S. 11; Tardos, 2019 a, S. 25 f.

153 Largo, 2019 a, S. 14, 287.

154 Pikler, 2010, S. 60, Hervorhebungen im Original.

155 Pikler, 2010, S. 58, 65; Pikler, 2001, S. 23 f., 65; Tardos, 2008 b, S. 99; Gerber, 2009, S. 23; Tardos, 2019 a, S. 25 f.; Pikler, 2019, S. 50; Tardos / Werner, 2015 a, S. 11–13; Largo, 2019 a, S. 45, 47.

156 Pikler, 2001, S. 65; Pikler, 2019, S. 50.

157 Pikler, 2010, S. 60–63; Pikler, 2001, S. 10, 23 f., 65, 169 f.; Falk, 2008 a, S. 29; Pikler, 2008 b, S. 44–46; Falk, 2008 b, S. 47–52; Tardos, 2008 b, S. 99, 105; Gerber, 2009, S. 18,

96, 99; Tardos / Werner, 2015 a, 11; Aly, 2013 b, S. 34; Allwörden / Wiese, 2013, S. 44; Kitchenham, 2010, S. 158; Krohmer / Bopp, 2010 a, S. 181, 196; Ostermayer, 2013, S. 20 f.; Tardos, 2019 b, S. 29, 32; Falk, 2019 a, S. 105–111.

158 Strub / Tardos, 2008, S. 121 f.

159 Vincze, 2008 a, S. 58–65; Strub / Tardos, 2008, S. 122; Aly, 2013 b, S. 19-22; Allwörden / Wiese, 2013, S. 46–48; Krohmer / Bopp, 2010 a, S. 189 f.; Patzlaff / McKeen / Mackensen / Grah-Wittich, 2010, S. 64.

160 Vincze, 2008 a, S. 60; Aly, 2013 b, S. 22; Krohmer / Bopp, 2010 a, S. 189.

161 Strub / Tardos, 2008, S. 119 f.; Aly, 2013 b, S. 22; Krohmer / Bopp, 2010 a, S. 182, 186.

162 Strub / Tardos, 2008, S. 121; Gerber, 2009, S. 24; Krohmer / Bopp, 2010 a, S. 192.

163 Pikler, 2010, S. 65; Falk, 2008 a, S. 23; Falk, 2008 b, S. 49 f.; Vincze, 2008 a, S. 61; Tardos, 2008 a, S. 95 f.; Strub / Tardos, 2008, S. 114-116; Gerber, 2009, S. 24; David / Appell, 1995, S. 45; Krohmer / Bopp, 2010 a, S. 182; Ostermayer, 2013, S. 20; Tardos, 2019 b, S. 32; Falk, 2019 a, S. 109; Tardos, 2019 f, S. 113, 115 f.; Patzlaff / McKeen / Mackensen / Grah-Wittich, 2010, S. 55 f.; Patzlaff, 2017, S. 189.

164 Pikler, 2010, S. 85; vgl. Vincze, 2015, S. 171; Pikler, 2011, S. 18.

165 Pikler, 2010, S. 65; Kálló, 2015, S. 95; Sándor, 2011, S. 21 f.

166 Pikler, 2010, S. 65; Falk, 2008 a, S. 23; Falk, 2008 b, S. 49 f.; Vincze, 2008 a, S. 61; Tardos, 2008 a, S. 95 f.; Strub / Tardos, 2008, S. 114–116; Gerber, 2009, S. 24; Krohmer / Bopp, 2010 a, S. 182; Ostermayer, 2013, S. 20; Tardos, 2019 b, S. 32; Falk, 2019 a, S. 109; Tardos, 2019 f, S. 113, 115 f.; Patzlaff / McKeen / Mackensen / Grah-Wittich, 2010, S. 55 f.; Patzlaff, 2017, S. 189.

167 Strub / Tardos, 2008, S. 114, 118 f.; Gerber, 2009, S. 147 f.; Vincze, 2011, S. 15; Krohmer / Bopp, 2010 a, S. 208.

168 Emmi Pikler zitiert nach Vincze, 2015, S. 171.

169 David / Appell, 1995, S. 46.

170 Strub / Tardos, 2008, 115; Aly, 2013 b, S. 28; Krohmer / Bopp, 2010 a, S. 186.

171 Tardos, 2019 f, S. 116.

172 Vincze, 2008 a, S. 55; Aly, 2013 a, S. 2.

173 Pikler, 2010, S. 60 f.; Falk, 2008 b, S. 52; Tardos, 2008 a, S. 91–96; Bauer, 2019, S. 28.

174 Pikler, 2010, S. 61.

175 Pikler, 2001, S. 169 f.; Vincze, 2008 a, S. 55 f.; Tardos, 2008 a, S. 91–98; Gerber, 2009, S. 77; Krohmer / Bopp, 2010 a, S. 186–188.

176 Falk, 2008 b, S. 49 f.; Vincze, 2008 a, S. 55; Hevesi, 2008, S. 69 f.; Tardos, 2008 b, S. 105; Strub / Tardos, 2008, S. 115, 117; Sándor, 2011, S. 21; David / Appell, 1995, S. 34, 43; Ostermayer, 2013, S. 20; Tardos, 2019 b, S. 32; Falk, 2019 a, S. 109; Tardos, 2019 f, S. 115; Patzlaff / McKeen / Mackensen / Grah-Wittich, 2010, S. 56 f.

177 Falk, 2008 b, S. 50 f.; Vincze, 2008 a, S. 56–58; Hevesi, 2008, S. 67–70; Falk, 2019 b, S. 112.

178 Pikler, 2001, S. 170; Ostermayer, 2013, S. 20; Falk, 2019 a, S. 107.

179 Krohmer / Bopp, 2010 a, S. 196.

180 Tardos, 2019 f, S. 114.

181 Emmi Pikler zitiert nach Vincze, 2015, S. 171 f.

182 Pikler, 2010, S. 65; Pikler, 2001, S. 170; Falk, 2008 a, S. 23 f.; Falk, 2008 b, S. 50 f.; Vincze, 2008 a, S. 55, 57 f.; Hevesi, 2008. S. 68 f.; Tardos, 2008 a, S. 96; Strub / Tardos, 2008, S. 115, 117, 120–122; Kálló, 2015, S. 95; Aly, 2013 b, S. 28, 61; Krohmer / Bopp, 2010 a, S. 193; Ostermayer, 2013, S. 20; Falk, 2019 a, S. 107; Falk, 2019 b, S. 112; Tardos, 2019 f, S. 115.

183 Tardos, 2008 a, S. 96–98.

184 Pikler, 2001, S. 170; Pikler, 2010, S. 76 f.; Vincze, 2008, S. 56; Tardos / Werner, 2015 a, S. 34; Aly, 2013 b, S. 86–88; Kálló, 2015, S. 96 f.; Kálló / Vamos, 2011, S. 29; Török, 2008, S. 130, 132; Czimmek, 2015, S. 13; Tardos, 2019 b, S. 33; Strub, 2019, S. 117.

185 Hevesi, 2008, S. 67–70; Aly, 2013 b, S. 77; Krohmer / Bopp, 2010 a, S. 195.

186 Strub / Tardos, 2008, S. 120.

187 Hevesi, 2008, S. 69.

188 Strub / Tardos, 2008, S. 121; Vincze, 2008 a, S. 60 f.; Hevesi, 2008, S. 68; David / Appell, 1995, S. 46 f.; Aly, 2013 b, S. 77; Ostermayer, 2013, S. 20; Strub, 2010, S. 5.

189 Pikler, 2010, S. 77 f.

190 David / Appell, 1995, S. 34; Falk, 2008 b, S. 48, 52 f.; Falk, 2019 a, S. 105–111; Bauer, 2019, S. 98.

191 Falk, 2008 b, S. 47–49, 52 f.; Vincze, 2008 a, S. 56; Tardos, 2008 b, S. 105; Tardos / Werner, 2015 a, S. 11, 13; Krohmer / Bopp, 2010 a, S. 183, 195; Ostermayer, 2013, S. 20; Vincze, 2015, S. 171; Falk, 2019 a, S. 105 f., 111; Bauer, 2019, S. 24.

192 Hüther, 2016, S. 110; vgl. Brisch, 2010, S. 53.

193 Brisch, 2010, S. 53 f., 57.

194 Tardos, 2008 c, S. 143 f.

195 Tardos, 2008 c, S. 143 f.; Gerber, 2009, S. 23; Krohmer / Bopp, 2010 a, S. 183; Ostermayer, 2013, S. 21; Tardos / David, 2015, S. 184; Dieter / Walter / Brisch, 2005, S. 171; Patzlaff / McKeen / Mackensen / Grah-Wittich, 2010, S. 56; Falk, 2019 a, S. 106.

196 Strub / Tardos, 2008, S. 113; Gerber, 2009, S. 47, 57, 59; Krohmer / Bopp, 2010 a, S. 212 f.; Brisch, 2010, S. 31, 41, 89 f., 90, 93, 95; Largo, 2019 a, S. 242–256; Harms, 2019, S. 9, 19 ff., 25, 39 ff., 46.

197 Gerber, 2009, S. 58; Aly, 2013 a, S. 36; Harms, 2019, S. 25.

198 Strub / Tardos, 2008, S. 110.

199 Pikler, 2008 b, S. 34; Gerber, 2009, S. 101, 103.

200 Harms, 2019, S. 106.

201 Gerber, 2009, S. 58, 103 f.; Brisch, 2010, S. 31 f.

202 Strub / Tardos, 2008, S. 110; Gerber, 2009, S. 58; Harms, 2019, S. 99–108.

203 Harms, 2019, S. 89.

204 Ebd., S. 119, Hervorhebung im Original; vgl. S. 92 f., 115 ff.

205 Brisch, 2010, S. 92; Largo, 2019 a, S. 249; Harms, 2019, S. 25 f., 93, 127 ff.

206 Strub / Tardos, 2008, S. 110–114; Gerber, 2009, S. 59 f., 93, 105, 192 f.; Aly, 2013 a, S. 36; Krohmer / Bopp, 2010 a, S. 213 f., Brisch, 2010, S. 23, 31 f., 37 f., 89 f., 93; Harms, 2019, S. 29, 36 f.

207 Harms, 2019, S. 127 ff.

## 2 Sprechen lernen

1 König, 1981, S. 30, 35 f.; Patzlaff / McKeen / Mackensen / Grah-Wittich, 2010, S. 30, 32; Zimmer, 2014, S. 94.

2 Spitzer / Herschkowitz, 2019, S. 85; vgl. Spitzer, 2007, S. 246; Lieberman, 2013.

3 Largo, 2019 a, S. 167; Largo, 2019 b, S. 211.

4 Spitzer, 2012, S. 184.

5 Bauer, 2016, S. 83 f.; Largo, 2019 a, S. 356; Largo, 2019 b, S. 242.

6 Bauer, 2016, S. 29, 79, 83 f.

7 William S. Condon zitiert nach Patzlaff, 1999 a, S. 792; vgl. Patzlaff, 2013, S. 201; Patzlaff, 2017, S. 149.

8 Patzlaff, 1999 a, S. 791; Patzlaff, 2013, S. 198–201; Patzlaff, 2017, S. 148–150; Zimpel, 2014, S. 35.

9 Zimmer, 2013, S. 91–96; Zimmer, 2016, S. 93 f.

10 Patzlaff, 2017, S. 119–122, 138; Patzlaff / McKeen / Mackensen / Grah-Wittich, 2010, S. 34; Hüther / Weser, 2015, S. 95–98; Zimmer, 2016, S. 33 f., 57, 81 f.; Largo, 2019 a, S. 363–365.

11 Spiegel online, 15.07.2014; Kuhl / Ramírez / Bosseler / Lin / Imada, 2014, S. 11238–11245.

12 Patzlaff, 2017, S. 118 f., 178; Zimmer, 2016, S. 42, 59; König, 1981, S. 110.

13 König, 1981, S. 36, 39 f.; Patzlaff, 2017, S. 179 f.; Zimmer, 2016, S. 38, 80; Largo, 2019 a, S. 368.

14 Pikler, 2010, S. 85; Strub / Tardos, 2008, S. 114; Aly, 2011, S. 8; Pikler, 2011, S. 18; Largo, 2019 a, S. 366–368.

15 Patzlaff, 2017, S. 121, 123, 209 f.; Zimmer, 2016, S. 32 f.; Largo, 2019 b, S. 258 f.

16 König, 1981, S. 40 f., 91; Patzlaff, 2017, S. 181–184, 202 f.; Largo, 2019 a, S. 368 f.; Largo, 2019 b, S. 251.

17 König, 1981, S. 41; Patzlaff / McKeen / Mackensen / Grah-Wittich, 2010, S. 34; Schäfer, 2011 b, S. 139; Maintier, 2014, S. 52; Patzlaff, 2017, S. 196–199, 209 f.; Zimpel, 2014, S. 20; Zimmer, 2016, S. 58 f.; Spitzer, 2007, S. 69, 209 f.; Spitzer, 2012, S. 142; Largo 2019 a, S. 372; Largo, 2019 b, S. 244.

18 Sándor, 2011, S. 22; Patzlaff, 2017, S. 179 f.

19 Pikler, 2010, S. 85; Pikler, 2011, S. 19.

20 König, 1981, S. 40 f.; Maintier, 2014, S. 36; Schäfer, 2011 b, S. 138–140; Patzlaff, 2017, S. 203–208; Zimmer, 2013, S. 58.

21 Pikler, 2010, S. 83; Pikler, 2011, S. 17; König, 1981, S. 43, 84; Patzlaff, 2017, S. 207.

22 König, 1981, S. 43; Patzlaff, 2017, S. 214–216; Zimmer, 2016, S. 47.

23 König, 1981, S. 43–48, 59–63; Pikler, 2010, S. 83 f.; Pikler, 2011, S. 17 f.; Patzlaff, 2017, S. 216, 332–334; Zimmer, 2016, S. 47 f., 60 f.; Largo, 2019 a, S. 15, 377, 381 f.; Largo, 2019 b, S. 32, 37, 252, 255; Spitzer / Herschkowitz, 2019, S. 36 f., 53.

24 Maintier, 2014, S. 7; Patzlaff, 2017, S. 86; Zimmer, 2016, S. 78, 88; Zimmer, 2013, S. 76 f.

25 Pikler, 2010, S. 84 f.; Pikler, 2011, S. 17–19; Patzlaff / McKeen / Mackensen / Grah-Wittich, 2010, S. 36; Renz-Polster / Hüther, 2013, S. 129 f.; Patzlaff, 2013, S. 184 f., Patzlaff, 2017, S. 33, 86 f., Bauer, 2019, S. 45; Spitzer, 2007, S. XIII; Zimmer, 2014, S. 94; Zimpel, 2014, S. 90.

26 Spitzer, 2007, S. 314; vgl. Largo, 2019 a, S. 354; Largo, 2019 b, S. 137.

27 Spitzer, 2007, S. 236.

28 König, 1981, S. 48, 92; Hüther, 2016, S. 188.

29 Zimmer, 2016, S. 83 f.; Zimmer, 2013, S. 56; Spitzer, 2012, S. 140–142, 238; Patzlaff, 2017 S. 190–193.

30 Patzlaff, 2017, S. 184; Spitzer / Herschkowitz, 2019, S. 87 f.

31 Pikler, 2010, S. 85; vgl. Bauer, 2019, S. 28.

32 Bauer, 2019, S. 45.

33 Spitzer, 2007, S. 238; Renz-Polster / Hüther, 2013, S. 130; Zimmer, 2013, S. 55, 61, 77; Zimmer, 2016, S. 79; Largo, 2019 a, S. 376; Largo, 2019 b, S. 253.

34 Spiegel online, 22.09.2015.

35 Pikler, 2010, S. 85.

36 Spitzer, 2012, S. 238, Hervorhebungen im Original.

37 Zimmer, 2016, S. 15; Streeck, 2015.

38 Spitzer, 2012, S. 238.

39 Pikler, 2010, S. 85; Sándor, 2011, S. 25; Zimmer, 2013, S. 77; Spitzer / Herschkowitz, 2019, S. 155.

40 Patzlaff, 1999 a, S. 782 f., 785 f.; Zinke, 2001, S. 10–12; Patzlaff, 2013, S. 177 ff., 184 ff.; Patzlaff, 2017, S. 35–37, 46–48; Bauer, 2019, S. 205 f.; Spitzer, 2012, S. 195 f.; Reckert / Schwarz / Büsching / Martin, 2020, S. 195 f.

41 Reckert / Schwarz / Büsching / Martin, 2020, S. 196.

42 Pikler, 2010, S. 85; vgl. Pikler, 2011, S. 19.

43 Pikler, 2010, S. 85 f.; Vincze, 2011, S. 15; Pikler, 2011, S. 19; Aly, 2013 b, S. 115; Patzlaff / McKeen / Mackensen / Grah-Wittich, 2010, S. 36 f.; Patzlaff, 2017, S. 299, 310.

44 Spiegel online, 15.07.2014.

45 Brisch, 2010, S. 87; Renz-Polster / Hüther, 2013, S. 131; Zimpel, 2014, S. 88; Patzlaff, 2017, S. 186–188; Zimmer, 2016, S. 58; Spitzer, 2007, S. 233; Braun, 2020; Kuhl / Ramírez / Bosseler / Lin / Imada, 2014, S. 11244; Largo, 2019 a, S. 369.

46 Strub / Tardos, 2008, S. 116 f.; Aly, 2013 b, S. 116; Patzlaff, 2017, S. 224; Hüther, 2020.

47 Patzlaff, 1999 a, S. 797 f.; Patzlaff, 2013, S. 209; Largo, 2019 a, S. 361.

48 Pikler, 2010, S. 86; Pikler, 2011, S. 19; Patzlaff / McKeen / Mackensen / Grah-Wittich, 2010, S. 57; Renz-Polster / Hüther, 2013, S. 132; Patzlaff, 2017, S. 260 f.; Zimmer, 2016, S. 47, 61; Largo, 2019 a, S. 361.

49 Pikler, 2010, S. 86; vgl. Pikler, 2011, S. 19 f.

50 Patzlaff / McKeen / Mackensen / Grah-Wittich, 2010, S. 35 f.; Patzlaff, 2017, S. 303–312, 329; Spitzer / Herschkowitz, 2019, S. 89 f.; Largo, 2019 a, S. 386.

51 Patzlaff, 1999 b, S. 1129–1133; Patzlaff, 2013, S. 206; Patzlaff / McKeen / Mackensen / Grah-Wittich, 2010, S. 37; Mende-Kurz, 2012, S. 10; Patzlaff, 2017, S. 342, 349; Zimmer, 2014, S. 97; Largo, 2019 a, S. 400; Largo, 2019 b, S. 258 f.

52 Allerleirauh, 2012.

53 Patzlaff, 1999 a, S. 796; Patzlaff, 2013, S. 206 f.; Patzlaff, 2017, S. 393; Mende-Kurz, 2012, S. 14.

54 Das große Liederbuch. 204 deutsche Volks- und Kinderlieder; Mein schönstes Liederbuch.

55 Ellersiek, 2001; Oberländer, 2015; Oberländer, 2017 a–c.

56 Mende-Kurz, 2012, S. 13, 26.

57 Mahle, mahle Grützchen. Koseworte, Erzählchen und Fingerspiele für das Kleinkind, S. 5.

58 Mende-Kurz, 2012, S. 91.

59 Kitzel, Kitzel, Mäuschen. Kinderreime für junge Eltern.

60 Ellersiek, 2013; Ellersiek, 2014.

61 Lirum larum Löffelstiel. Alte, bekannte Reime für unser Kind, S. 43.

62 Patzlaff, 2017, S. 394.

63 Patzlaff / McKeen / Mackensen / Grah-Wittich, 2010, S. 40; Patzlaff, 2017, S. 414 f.; Schäfer, 2007, S. 39.

64 Mahle, mahle Grützchen. Koseworte, Erzählchen und Fingerspiele für das Kleinkind, S. 36.

65 Spitzer / Herschkowitz, 2019, S. 57; vgl. Spitzer, 2012, S. 146 f.

66 Spitzer, 2012, S. 141, vgl. 141–154.

67 Ebd., S. 136–141; Spitzer / Herschkowitz, 2019, S. 58; Patzlaff, 1999 a, S. 788 f., 794 f.; Patzlaff, 2013, S. 73, 88 f., 91, 112, 188–194; Spitzer, 2010; Renz-Polster / Hüther, 2013, S. 127–130, 133, 135, 145–148; Patzlaff / McKeen / Mackensen / Grah-Wittich, 2010, S. 37; Mende-Kurz, 2012, S. 25; Teuchert-Noodt, 2016; Patzlaff, 2017, S. 40–42, 48; Spitzer, 2017, S. 205; Largo, 2019 b, S. 267; Reckert / Schwarz / Büsching / Martin, 2020, S. 195.

68 Spitzer / Herschkowitz, 2019, S. 58.

69 BLIKK-Medien: Kinder und Jugendliche im Umgang mit elektronischen Medien, Abschlussbericht, 02.03.2018, S. 11, https://www.bundesgesundheitsministerium.de/fileadmin/Dateien/5_Publikationen/Praevention/Berichte/Abschlussbericht_BLIKK_Medien.pdf; Joisten, 2020, S. 87.

70 Teuschert-Noodt, 2016, S. 38.

71 Ebd.

72 Spitzer, 2010; Spitzer, 2012, S. 136–141; Spitzer / Herschkowitz, 2019, S. 57 f., 72 f.; Patzlaff, 2013, S. 48 ff., 96 f., 109–111, 138 ff.; Hüther, 2008, S. 106, 110; Patzlaff, 2017, S. 37–42; Renz-Polster / Hüther, 2013, S. 133, 146, 150, 153; Bauer, 2016, S. 124 f., 157; Zinke, 2001, S. 13; Largo, 2019 a, S. 342–347; Reckert / Schwarz / Büsching / Martin, 2020, S. 195–199; Suggate / Martzog, 2020, S. 1–13.

73 Spitzer, 2012, S. 148, vgl. 148–151.

74 Maintier, 2014, S. 7–9, 14–34; Patzlaff, 2017, S. 266–272.

75 Maintier, 2014, S. 14; Patzlaff, 2017, S. 262 f., 266 f.

76 Patzlaff, 2013, S. 198; Maintier, 2014, S. 10, 21, 29 f., 75 f.; Patzlaff, 2017, S. 267 f.

77 Patzlaff, 2013, S. 196–198.

78 Maintier, 2014, S. 23 f., 36 f.

79 Patzlaff, 1999 a, S. 794 f.; Patzlaff, 2013, S. 204 f.; Patzlaff / McKeen / Mackensen / Grah-Wittich, 2010, S. 36 f.; Patzlaff, 2017, S. 273–276; Maintier, 2014, S. 84–86.

80 Patzlaff, 2017, S. 129–134.

81 Spitzer, 2012, S. 142.

## 3 Denken lernen

1 König, 1981, S. 52 f., 58, 79 f.

2 Spitzer, 2007, S. 453; Spitzer / Herschkowitz, 2019, S. 40.

3 Schäfer, 2011 b, S. 95, 99.

4 Spitzer / Herschkowitz, 2019, S. 20.

5 Ebd., S. 92.

6 Schäfer, 2011 b, S. 81.

7 Ebd.

8 Spitzer / Herschkowitz, 2019, S. 15–18, 25, 49 f.

9 Ebd., S. 18 f.; Spitzer, 2007, S. 234 f.

10 Spitzer, 2007, S. 235, Hervorhebung im Original.

11 Ebd., S. 4.

12 Spitzer / Herschkowitz, 2019, S. 48.

13 König, 1981, S. 53, 56 f., 94 f., 97 f.; Patzlaff / McKeen / Mackensen / Grah-Wittich, 2010, S. 42 f.

14 Pauen / Roos, 2017, S. 63 f.; Spitzer / Herschkowitz, 2019, S. 9.

15 Spitzer / Herschkowitz, 2019, S. 11 f.; Patzlaff / McKeen / Mackensen / Grah-Wittich, 2010, S. 42 f.; Largo, 2019 a, S. 75.

16 Spitzer / Herschkowitz, 2019, S. 21–23.

17 Spitzer / Herschkowitz, 2019, S. 21.

18 Schäfer, 2011 b, S. 95.

19 Ebd., S. 95 f., 99.

20 Spitzer / Herschkowitz 2019, S. 26, 32; Largo, 2019 a, S. 302.

21 König, 1981, S. 52, 63, 66 f.; Spitzer / Herschkowitz, 2019, S. 102.

22 König, 1981, S. 52–54, 73; Patzlaff / McKeen / Mackensen / Grah-Wittich, 2010, S. 45 f.

23 König, 1981, S. 57; Largo, 2019 a, S. 124; Largo, 2019 b, S. 153, 276 f.

24 König, 1981, S. 57 f.

25 Spitzer, 2007, S. 76, Hervorhebung im Original.

26 Ebd., S. 76 f., 447.

27 König, 1981, S. 63 f.; Patzlaff / McKeen / Mackensen / Grah-Wittich, 2010, S. 44.

28 Spitzer / Herschkowitz, 2019, S. 95.

29 Ebd., S. 62.

30 Spitzer, 2007, S. 356; Spitzer, 2012, S. 239; Spitzer / Herschkowitz, 2019, S. 110.

31 Spitzer, 2007, S. 68 f.

32 Spitzer, 2007, S. 68–72, 75; Spitzer / Herschkowitz, 2019, S. 27 f., 61 f.

33 Spitzer, 2007, S. 205 f.

34 Schäfer, 2011 b, S. 88.

35 König, 1981, S. 58.

36 Ebd., S. 53.

37 Spitzer / Herschkowitz, 2019, S. 34.

38 Hüther, 2008, S. 106; Patzlaff, 2013, S. 122; Spitzer, 2012, S. 135.

39 Bleuel / Heinen / Stelzer, 2019, S. 14.

40 Martin Korte zitiert nach Bleuel / Heinen / Stelzer, 2019, S. 14.

41 Spitzer / Herschkowitz, 2019, S. 48.

42 Ebd., S. 93 f.

43 Spitzer, 2007, S. 239.

44 Hüther, 2020.

45 Hüther, 2016, S. 193, 197; Spitzer / Herschkowitz, 2019, S. 25, 46; Largo, 2019 b, S. 52, 90, 97.

46 Patzlaff / McKeen / Mackensen / Grah-Wittich, 2010, S. 19 f., 23 f.; Patzlaff, 2013, S. 85; Zimmer, 2014, S. 47 f.; Zimmer, 2012; Renz-Polster / Hüther, 2013, S. 33; Hüther, 2016, S. 137, 163 f., 197; Hüther, 2008, S. 106.

47 Hüther, 2016, S. 195 f.; Spitzer / Herschkowitz, 2019, S. 38; Zimmer, 2012, S. 15; Zimmer, 2014, S. 53.

48 Rousseau, 1998, Erstes Buch, S. 41; vgl. Zimmer, 2012, S. 20.

49 Spitzer, 2012, S. 169.

50 Ebd., S. 168.

51 Ebd., S. 169.

52 Spitzer, 2007, S. 447; Patzlaff / McKeen / Mackensen / Grah-Wittich, 2010, S. 23 f.; Patzlaff, 2013, S. 85; Largo, 2019 a, S. 20; Largo, 2019 b, S. 67, 107.

53 Spitzer, 2007, S. 453, Hervorhebung im Original.

54 Largo, 2019 a, S. 9, vgl. 20.

55 Hüther, 2016, S. 196–198; Largo, 2019 b, S. 339 f.

56 Hüther, 2008, S. 106; Renz-Polster / Hüther, 2013, S. 146.; Patzlaff, 2013, S. 88 f.; Spitzer / Herschkowitz, 2019, S. 57 f.

57 Renz-Polster / Hüther, 2013, S. 72 f.; Brisch, 2010, S. 88.

58 Zimpel, 2014, S. 68.

59 Zimmer, 2014, S. 221 f.

60 Hüther, 2020.

61 Zimpel, 2014, S. 66.

62 Jaffke, 2007.

63 Renz-Polster / Hüther, 2013, S. 224.

64 Bauer, 2016, S. 61, 161.

65 Pikler, 2010, S. 70; Zimpel, 2014, S. 66 f.; Spitzer / Herschkowitz, 2019, S. 80.

66 Pikler, 2010, S. 70, 72; Kálló, 2008 a, S. 27, 32; Aly, 2013 b, S. 56, 108; Aly / Werner / Zinser, 2019, S. 30 f.; Krohmer / Bopp, 2010 b, S. 366–369; Ostermayer, 2013, S. 25.

67 Pikler, 2010, S. 76; Krohmer / Bopp, 2010 b, S. 365; Allwörden / Wiese, 2013, S. 31.

68 Pikler, 2010, S. 76; Kálló, 2008 a, S. 16 f.; Krohmer / Bopp, 2010 b, S. 361 f.; Aly, 2013 b, S. 10; Aly / Werner / Zinser, 2019, S. 12, 16; Tardos, 2019 e, S. 80 f.

69 Pikler, 2010, S. 68, 70 f., 76; Gerber, 2009, S. 35–38; Kálló, 2008 a, S. 16, 27–29; Aly, 2013 a, S. 18; Aly, 2013 b, S. 52, 56, 86; Aly / Werner / Zinser, 2019, S. 12, 16, 23, 37, 60–62, 64; Allwörden / Wiese, 2013, S. 31 f.; Krohmer / Bopp, 2010 b, S. 365; Tardos, 2019 e, S. 80 f.

70 Pikler, 2010, S. 68 f.; Gerber, 2009, S. 33, 117; Zinser, 2008, S. 10–13; Kálló, 2008 a, S. 19; Aly, 2013 a, S. 12, 15; Aly, 2013 b, S. 48, 52; Aly / Werner / Zinser, 2019, S. 15–17, 21; Allwörden / Wiese, 2013, S. 31; Krohmer / Bopp, 2010 b, S. 365, 369; Patzlaff / McKeen / Mackensen / Grah-Wittich, 2010, S. 59 f.; Tardos, 2019 e, S. 85.

71 Zimpel, 2014, S. 101 f.; Aly / Werner / Zinser, 2019, S. 48 f.; Largo, 2019 a, S. 329 f.

72 Kálló, 2008 a, S. 19 f.; Allwörden / Wiese, 2013, S. 31 f.; Aly / Werner / Zinser, 2019, S. 19, 21; Krohmer / Bopp, 2010 b, S. 369; Aly, 2013 a, S. 15; Aly, 2013 b, S. 54; Tardos, 2019 e, S. 85.

73 Jaffke, 2007, S. 79–82.

74 Kálló, 2008 a, S. 20; Allwörden / Wiese, 2013, S. 33; Tardos, 2019 e, S. 85; Aly / Werner / Zinser, 2019, S. 19; Patzlaff, 2013, S. 89 f.

75 Kinder- und Jugendärzte: Kinderohren vor Lärm schützen, Pressemitteilung vom 11.4.2017.

76 Kálló, 2008 a, S. 19 f.; Aly, 2013 a, S. 14; Aly, 2013 b, S. 56 f.; Krohmer / Bopp, 2010 b, S. 368; Aly / Werner / Zinser, 2019, S. 19.

77 Spitzer / Herschkowitz, 2019, S. 66; Largo, 2019 a, S. 305 f.

78 Pikler, 2010, S. 72; Kálló, 2008 a, S. 20 f., 24; Vincze, 2011, S. 14; Aly, 2013 b, S. 108; Krohmer / Bopp, 2010 b, S. 371; Renz-Polster / Hüther, 2013, S. 63.

79 Spitzer / Herschkowitz, 2019, S. 52.

80 Jaffke, 2007, S. 18–20.

81 Jaffke, 2007, S. 38 f.; Pikler, 2010, S. 72; Gerber, 2009, S. 118; Kálló, 2008 a, S. 25; Kálló, 2008 b, S. 42; Allwörden / Wiese, 2013, S. 32 f., 35; Aly, 2013 a, S. 16; Aly / Werner / Zinser, 2019, S. 23; Krohmer / Bopp, 2010 b, S. 371.

82 Gerber, 2009, S. 117, 119; Pichler-Bogner, 2010, S. 10; Krohmer / Bopp, 2010 b, S. 363; Tardos, 2019 e, S. 85; Patzlaff, 2017, S. 45 f.; Reckert / Schwarz / Büsching / Martin, 2020, S. 196, 199.

83 Jaffke, 2007, S. 32–35, 41; Allwörden / Wiese, 2013, S. 31; Patzlaff / McKeen / Mackensen / Grah-Wittich, 2010, S. 61.

84 Pikler, 2010, S. 76; Vincze, 2011, S. 14; Aly, 2013 b, S. 86; Falk / Aly, 2012, S. 22; Aly / Werner / Zinser, 2019, S. 10; Hüther / Quarch, 2016, S. 36, 166; Largo, 2019 b, S. 97, 107.

85 Gerber, 2009, S. 29; Zinser, 2008, S. 7; Renz-Polster / Hüther, 2013, S. 40, 47; Hüther / Quarch, 2016, S. 11; Largo, 2019 a, S. 259.

86 Paul, 1963 a, Drittes Bruchstück, Drittes Kapitel, Spiele der Kinder, § 48, S. 602; vgl. Jaffke, 2007, S. 11; Renz-Polster / Hüther, 2013, S. 146.

87 Zimpel, 2014, S. 12, 16; Beek / Fuchs / Schäfer / Strätz, 2011, S. 192.

88 Aly, 2013 b, S. 108; Hüther / Quarch, 2016, S. 122; Patzlaff / McKeen / Mackensen / Grah-Wittich, 2010, S. 21.

89 Zimpel, 2014, S. 12, 16; Hüther / Quarch, 2016, S. 184.

90 Hüther, 2020; Spitzer / Herschkowitz, 2019, S. 104.

91 Zimpel, 2014, S. 6, 131 f.; Bauer, 2016, S. 44, 70; Hüther, 2016, S. 201.

92 Pikler, 2010, S. 70; Aly / Werner / Zinser, 2019, S. 7; Largo, 2019 a, S. 271.

93 Aly / Werner / Zinser, 2019, S. 41; Aly, 2013 b, S. 128; Patzlaff, 2017, S. 378; Zimpel, 2014, S. 92.

94 Largo, 2019 a, S. 262 f.

95 Zimpel, 2014, S. 40, 47 f.; Patzlaff / McKeen / Mackensen / Grah-Wittich, 2010, S. 21 f., 58; Aly, 2013 b, S. 108; Aly / Werner / Zinser, 2019, S. 10, 43.

96 Pikler, 2010 S. 76; Kálló, 2008 a, S. 24; Aly, 2013 b, S. 52; Krohmer / Bopp, 2010 b, S. 361 f., 369; Aly / Werner / Zinser, 2019, S. 12–17; Tardos, 2019 d, S. 68–77; Tardos, 2019 e, S. 80–82; Zimpel, 2014, S. 40 f.; Zimmer, 2016, S. 85; Zimmer, 2012, S. 105; Largo, 2019 a, S. 20, 293, 299 f., 307 f.

97 Kálló, 2008 a, S. 20, 23, 25–27; Balog, 2008, S. 52; Aly, 2013 a, S. 15 f.; Aly, 2013 b, S. 52, 54, 83 f.,106–108, 121; Tardos / David, 2015, S. 195–198; Aly / Werner / Zinser, 2019, S. 17, 22, 24–26; Tardos, 2019 d, S. 72, 74, 82–84; Krohmer / Bopp, 2010 b, S. 368; Tardos / Werner, 2015 b, S. 78.

98 Pichler-Bogner, 2010, S. 12.

99 Kálló, 2008 b, S. 40 f.; Balog, 2008, S. 51–57; Aly, 2013 a, S. 16; Aly, 2013 b, S. 121; Aly / Werner / Zinser, 2019, S. 29–36, 43; Tardos / Werner, 2015 b, S. 56, 79; Kálló, 2015, S. 90; Zinser, 2019, S. 89 f.; Patzlaff / McKeen / Mackensen / Grah-Wittich, 2010, S. 59-61.

100 Balog, 2008, S. 48; Aly / Werner / Zinser, 2019, S.43–46; Zinser, 2019, S. 90–92.

101 Aly, 2013 b, S. 122; Aly / Werner / Zinser, 2019, S. 40; Patzlaff / McKeen / Mackensen / Grah-Wittich, 2010, S. 44 f., 61 f.

102 Zimpel, 2014, S. 31 f., 42; Patzlaff, 2017, S. 373–375; Hüther / Quarch, 2016, S. 121 f.

103 Zimpel, 2014, S. 43.

104 Patzlaff / McKeen / Mackensen / Grah-Wittich, 2010, S. 45, 62.

105 Zimpel, 2014, S. 114.

106 Ebd., S. 43.

107 Patzlaff / McKeen / Mackensen / Grah-Wittich, 2010, S. 62.

108 Zimpel, 2014, S. 99 f.

109 Aly, 2013 b, S. 122; Tardos / Werner, 2015 a, S. 16; Aly / Werner / Zinser, 2019, S. 41 f.; Gerber, 2009, S. 29.

110 Hüther, 2016, S. 135.

111 Patzlaff / McKeen / Mackensen / Grah-Wittich, 2010, S. 57 f.; Aly / Werner / Zinser, 2019, S. 9, 36 f.

112 Pikler, 2010, S. 75; Hüther, 2016, S. 109 f.; Hüther, 2020.

113 Hüther, 2016, S. 135.

114 Pikler, 2001, S. 183.

115 Pikler, 2010, S. 75.

116 Pikler, 2001, S. 183; Balog, 2008, S. 58; Aly, 2013 a, S. 10; Aly, 2013 b, S. 108; Aly / Werner / Zinser, 2019, S. 10, 70; Krohmer / Bopp, 2010 b, S. 368; Patzlaff / McKeen / Mackensen / Grah-Wittich, 2010, S. 58; Tardos, 2019 e, S. 84; Hüther, 2016, S. 109; Largo, 2019 a, S. 262.

117 Hüther / Quarch, 2016, S. 21, 30, 87, 167, 185.

118 Pikler, 2001, S. 183; Balog, 2008, S. 58; Aly / Werner / Zinser, 2019, S. 10; Tardos / Werner, 2015 b, S. 57; Aly, 2013 b, S. 86.

119 Renz-Polster / Hüther, 2013; Zimpel, 2014, S. 84–86; Largo, 2019 a, S. 338 f.

120 Aly, 2013 b, S. 122; Allwörden / Wiese, 2013, S. 37 ff.; Krohmer / Bopp, 2010 b, S. 353, 369, 371, 376 f.; Vincze, 2015, S. 177 f.; Vincze, 2019, S. 93–104.

121 Hüther, 2016, S. 109; Ostermayer, 2013, S. 25; Tardos, 2019 e, S. 78 f.

122 Kinder- und Jugendärzte: Kinderohren vor Lärm schützen, 2017.

123 Brisch, 2010, S. 94; Zimpel, 2014, S. 12, 58; Hüther / Quarch, 2016, S. 12; Hüther, 2020.

124 Gerber, 2008, S. 151; Gerber, 2009, S. 87 f.

125 Pikler, 2010, S. 71 f.; Pikler, 2001, S. 174; Kálló, 2015, S. 91; David / Appell, 1995, S. 68; Ostermayer, 2013, S. 26 f.; Kálló, 2019, S. 38–40; Tardos, 2019 d, S. 75; Zinser, 2019, S. 90.

126 Pikler, 2001, S. 174.

127 Pikler, 2010, S. 70, 75, 80.

128 Ebd., S. 73; vgl. Krohmer / Bopp, 2010 b, S. 378; Tardos, 2019 c, S. 65.

129 Pikler, 2010, S. 74 f., 79, 87.

130 Zimpel, 2014, S. 61 f.

131 Pikler, 2010, S. 70; Aly / Werner / Zinser, 2019, S. 53 f.; Kálló, 2019, S. 40.

132 Pikler, 2010, S. 69 f., 76 f., 82, 87; Pikler, 2001, S. 174; Tardos, 2019 e, S. 87.

133 Pikler, 2010, S. 79.

134 Patzlaff / McKeen / Mackensen / Grah-Wittich, 2010, S. 57 f.

135 Pikler, 2010, S. 79.

136 Ebd., S. 72, 80; Aly, 2013 b, S. 108; Aly / Werner / Zinser, 2019, S. 43.

137 Zimpel, 2014, S. 60 f.; Gerber, 2009, S. 88; Patzlaff, 2017, S. 378; Aly / Werner / Zinser, 2019, S. 55 f.

138 Zimpel, 2014, S. 61; Gerber, 2009, S. 88.

139 Gerber, 2008, S. 151; Gerber, 2009, S. 88; Aly / Werner / Zinser, 2019, S. 55 f.

140 Tardos / Dehelán / Szeredi, 2015, S. 105 f.; Aly / Werner / Zinser, 2019, S. 55 f.; Spitzer / Herschkowitz, 2019, S. 133.

141 Zimpel, 2014, S. 12, 17–20; Weingarten, 2011.

142 Pikler, 2008, S. 41 f.; Kálló, 2015, S. 90 f.; Kálló, 2019, S. 38 f.; Renz-Polster / Hüther, 2013, S. 91 f.; Zimpel, 2014, S. 20.

143 Renz-Polster / Hüther, 2013, S. 92; Zimpel, 2014, S. 16, 25; Largo, 2019 a, S. 20.

144 Hüther, 2016, S. 198.

145 Zimpel, 2014, S. 12, 25 f.; Hüther / Quarch, 2016, S. 184.

146 Zimpel, 2014, S. 13, vgl. 167.

147 Hüther / Quarch, 2016, S. 38 f.

148 Pikler, 2001, S. 183; vgl. Zimpel, 2014, S. 16.

149 Pikler, 2010, S. 80; Zimpel, 2014, S. 114.

150 Pikler, 2010, S. 81, 120; Tardos / Werner, 2015 a, S. 19; Tardos / Werner, 2015 b, S. 75; Strub, 2019, S. 117.

151 Pikler, 2010, S. 80 f.; Tardos / Werner, 2015 a, S. 25.

152 Tardos / Werner, 2015 a, S. 16–26; Gerber, 2009, S. 131–135; Vincze, 2011, S. 13.

153 Pikler, 2010, S. 121; Gerber, 2009, S. 150; Tardos / Werner, 2015 a, S. 19; Tardos / Werner, 2015 b, S. 72; Kálló, 2015, S. 100; Pichler-Bogner, 2010, S. 12 f.

154 Pikler, 2010, S. 121; Tardos / Werner, 2015 a, S. 17; Bauer, 2019, S. 49 f.

155 Bauer, 2019, S. 50.

156 Hüther, 2016, S. 200; Bauer, 2019, S. 61 f.

157 Tardos / Werner, 2015 a, S. 16 f., 19–21; Bauer, 2019, S. 49 f.

158 Pikler, 2010, S. 109–113; Tardos / Werner, 2015 a, S. 18–22.

159 Spitzer / Herschkowitz, 2019, S. 45.

160 Pikler, 2010, S. 117 f., 120, 127; Aly, 2013 b, S. 128–132; Tardos / Werner, 2015 a, S. 16–41.

161 Gerber, 2009, S. 128 f.; Tardos / Werner, 2015 a, S. 18; Hermann, 2015, S. 110 f.; Juul, 2019, S. 17; Spitzer / Herschkowitz, 2019, S. 74 f.

162 Tardos / Werner, 2015 a, S. 27–29; Tardos / Dehelán / Szeredi, 2015, S. 104 f.

163 Juul, 2019, S. 20.

164 Ebd., S. 32 f.; Spitzer / Herschkowitz, 2019, S. 75.

165 Pikler, 2010, S. 126; Spitzer / Herschkowitz, 2019, S. 74 f.

166 Gerber, 2009, S. 78, 149; Krohmer / Bopp, 2010 a, S. 185 f.; Vincze, 2011, S. 13; Tardos, 2019 e, S. 86 f.; Kutik, 2009, S. 54–56.

167 Hueck, 2012.

168 Pikler, 2010, S. 64 f.; Vincze, 2011, S. 13; Tardos, 2019 e, S. 86 f.; Patzlaff / McKeen / Mackensen / Grah-Wittich, 2010, S. 67.

169 Strub / Tardos, 2008, S. 117; Gerber, 2009, S. 106; Krohmer / Bopp, 2010 a, S. 190, 205; Aly, 2013 b, S. 15, 18–22; Kutik, 2009, S. 56, Vincze, 2015, S. 175 f.

170 Aly, 2013 b, S. 34, 38 f.; Krohmer / Bopp, 2010 a, S. 206.

171 Strub / Tardos, 2008, S. 117; Gerber, 2009, S. 110; Vincze, 2011, S. 13; Krohmer / Bopp, 2010 a, S. 190; Vincze, 2015, S. 176 f.

172 Spitzer, 2007, S. 453.

173 Ebd.

174 Strub / Tardos, 2008, S. 117; Gerber, 2009, S. 78 f., 110; Krohmer / Bopp, 2010 a, S. 183, 207; Kutik, 2009, S. 55, 58.

175 Pikler, 2010, S. 65; Strub / Tardos, 2008, S. 117; Gerber, 2009, S. 78 f.; Krohmer / Bopp, 2010 a, S. 183, 207; Beigel, 2017, S. 118; Kutik, 2009, S. 59.

176 Krohmer / Bopp, 2010 a, S. 183; Largo, 2019 b, S. 369 f.

177 Brisch, 2010, S. 100.

178 Largo, 2019 a, S. 211–216; Largo, 2019 b, S. 122.

179 Patzlaff / McKeen / Mackensen / Grah-Wittich, 2010, S. 67; Kutik, 2009, S. 6–65, 68; Brisch, 2010, S. 100; Aly, 2013 b, S. 61; Krohmer / Bopp, 2010 a, S. 185.

180 Pikler, 2010, S. 54 f.; Falk, 2008 a, S. 21; Gerber, 2009, S. 34; Allwörden / Wiese, 2013, S. 29; Tardos, 2019 a, S. 24 f.

181 Bauer, 2016, S. 96; Patzlaff / McKeen / Mackensen / Grah-Wittich, 2010, S. 23; Largo, 2019 a, S. 26, 57–60; Largo, 2019 b, S. 107, 213, 227 f., 342.

182 Spitzer / Herschkowitz, 2019, S. 31 f.

183 Bauer, 2016, S. 22–36, 40 f., 60, 92 f.; Bauer, 2019, S. 83–86; Patzlaff, 2017, S. 156–160; Spitzer / Herschkowitz, 2019, S. 35 f.; Zimpel, 2014, S. 33 f.

184 Bauer, 2016, S. 31, Hervorhebung im Original.

185 Krohmer / Bopp, 2010 b, S. 384 f.; Patzlaff / McKeen / Mackensen / Grah-Wittich, 2010, S. 41 f.; Largo, 2019 b, S. 230 f.

186 Pikler, 2010, S. 75.

187 Tardos / Werner, 2015 a, S. 10; Largo, 2019 b, S. 138, 306.

188 Largo, 2019 a, S. 26.

189 Zimpel, 2014, S. 15.

190 Krohmer / Bopp, 2010 b, S. 385; Spitzer / Herschkowitz, 2019, S. 39–41.

191 Krohmer / Bopp, 2010 b, S. 385.

192 Patzlaff / McKeen / Mackensen / Grah-Wittich, 2010, S. 41; Aly, 2013 b, S. 122.

193 Largo, 2019 a, S. 324, 335, 341.

194 Tardos / Werner, 2015 a, S. 35; Largo, 2019 a, S. 342.

195 Krohmer / Bopp, 2010 b, S. 385.

196 Bauer, 2016, S. 61–65.

197 Ebd., S. 42, Hervorhebung im Original, vgl. S. 70.

198 Ebd., S. 58, 72.

199 Ebd., S. 63, 70.

200 Spiewak, 2015, S. 34.

201 Spitzer / Herschkowitz, 2019, S. 110.

202 Krohmer / Bopp, 2010 b, S. 398.

## Anhang

1 Pikler, 2001, S. 241.

2 Judit Falk zitiert nach Czimmek, 2015, S. 24.

3 Falk, 2008 a, S. 17–20; Czimmek, 2015, S. 16–27.

4 Czimmek, 2015, S. 27.

5 Falk, 2008 a, S. 20; Czimmek, 2015, S. 30–34.

6 Czimmek, 2015, S. 35.

7 Falk, 2008 a, S. 20 f.; Czimmek, 2015, S. 39–49.

8 Falk, 2008 a, S. 21; Czimmek, 2015, S. 49 f.

9 Czimmek, 2015, S. 81.

10 Falk, 2008 a, S. 17, 22; Czimmek, 2015, S. 71, 83; Vincze, 2015, S. 167–170; Tardos / David, 2015, S. 182.

11 Pikler, 2001, S. 19; Czimmek, 2015, S. 71, 83–88.

12 Emmi Pikler zitiert nach Czimmek, 2015, S. 89.

13 Falk, 2008 a, S. 22–27; Pikler, 2019, S. 44 f.; Czimmek, 2015, S. 89 f.; Tardos / David, 2015, S. 185.

14 Falk, 2008 a, S. 22, 27 f.; Czimmek, 2015, S. 101 f.

15 Falk, 2008 a, S. 22, 27–29; Czimmek, 2015, S. 101 f.; Tardos / David, 2015, S. 186–188.

16 Czimmek, 2015, S. 104 f.

17 Ebd., S. 116.

18 Vincze, 2015, S. 170 f.

19 Pikler, 2001, S. 18–20, 241 f.; Czimmek, 2015, S. 116, 128, 130–134; Czimmek, 2019, S. 16–22.

# Literaturverzeichnis

*In den Anmerkungen einmalig genannte Internetseiten werden hier nicht noch einmal aufgeführt.*

*Allerleirauh. Viele schöne Kinderreime,* versammelt von H. M. Enzensberger, Berlin 2012, Insel Verlag.

Allwörden, Margret von / Wiese, Marie (2013): *Vorbereitete Umgebung für Babys und kleine Kinder. Handbuch für Familien, Krippen und Krabbelstuben,* Berlin, 4. Auflage, Pikler Gesellschaft Berlin.

Aly, Monika (2011): Vorwort, in: Strub, Ute / Tardos, Anna (Hrsg.): *Im Dialog mit dem Säugling und Kleinkind,* Berlin, 2. Auflage, Pikler Gesellschaft Berlin, S. 7–9.

Aly, Monika (2013 a): *Mein Kind im ersten Lebensjahr. Frühgeboren, entwicklungsverzögert, behindert? Oder einfach anders? Antworten für Eltern,* Berlin, Nachauflage 2013 der 3. Auflage 2011, Pikler Gesellschaft Berlin.

Aly, Monika (2013 b): *Mein Baby entdeckt sich und die Welt. Kindliche Entwicklung achtsam begleiten nach Emmi Pikler,* München, 2. Auflage, Kösel-Verlag.

Aly, Monika / Werner, Anja / Zinser, Anke (2019): *Spielen ist Lernen. Anregungen zur Frühpädagogik in Kindergruppen,* Berlin, 2. Auflage, Pikler Gesellschaft Berlin.

Balog, Györgyi (2008): Die Anfänge des Bauens und das dafür geeignete Spielmaterial, in: Kálló, Éva / Balog, Györgyi: *Von den Anfängen des freien Spiels,* hrsg. v. Ute Strub und Anke Zinser, Berlin, 4., überarbeitete Neuauflage, Pikler Gesellschaft Berlin, S. 48–57.

BARMER GEK (Hrsg.) (2012): BARMER GEK Arztreport 2012. Schwerpunkt: Kindergesundheit, in: *Schriftenreihe zur Gesundheitsanalyse,* Bd. 12; https://www.barmer.de/blob/37010/e5fbbbc50b2618d99b23b4579079e574/data/pdf-arztreport-2012.pdf

Bauer, Joachim (2016): *Warum ich fühle, was du fühlst. Intuitive Kommunikation und das Geheimnis der Spiegelneurone*, München, aktualisierte Neuausgabe, Heyne Verlag.

Bauer, Joachim (2019): *Wie wir werden, wer wir sind. Die Entstehung des menschlichen Selbst durch Resonanz*, München, Karl Blessing Verlag.

Beek, Angelika von der / Fuchs, Ragnhild / Schäfer, Gerd E. / Strätz, Rainer (2011): Entwurf einer Bildungsvereinbarung für Kindertagesstätten in Nordrhein-Westfalen, in: Schäfer, Gerd E. (Hrsg.): *Bildung beginnt mit der Geburt. Für eine Kultur des Lernens in Kindertageseinrichtungen*, Berlin, 4., aktualisierte Auflage, Cornelsen Verlag, S. 179–215.

Beigel, Dorothea (2017): *Flügel und Wurzeln. Persistierende Restreaktionen frühkindlicher Reflexe und ihre Auswirkungen auf Lernen und Verhalten*, Dortmund, 6., völlig überarbeitete Auflage, verlag modernes lernen.

Berres, Irene (2019): So viel sollten sich Kleinkinder bewegen, in: *Spiegel online*, 24.04.2019.

Bleuel, Nataly / Heinen, Nike / Stelzer, Tanja (2019): Wir waren mal schlauer, in: *DIE ZEIT*, Nr. 14, 28.03.2019, S. 13–15.

*BLIKK-Medien: Kinder und Jugendliche im Umgang mit elektronischen Medien*, Abschlussbericht, 02.03.2018, https://www.bundesgesundheitsministerium.de/fileadmin/Dateien/5_Publikationen/Praevention/Berichte/Abschlussbericht_BLIKK_Medien.pdf

Bös, Klaus (2003): Motorische Leistungsfähigkeit von Kindern und Jugendlichen, in: Schmidt, Werner / Hartmann-Tews, Ilse / Brettschneider, Wolf-Dietrich (Hrsg.): *Erster Deutscher Kinder- und Jugendsportbericht*, Schorndorf, Hofmann-Verlag, S. 85–107.

Bös, Klaus / Oberger, Jennifer / Lämmle, Lena / Opper, Elke / Romahn, Natalie / Tittelbach, Susanne / Wagner, Matthias / Woll, Alexander / Worth, Annette (2008): Motorische Leistungsfähigkeit von Kindern, in: Schmidt, Werner (Hrsg.): *Zweiter Deutscher Kinder- und Jugendsportbericht. Schwerpunkt: Kindheit*, unter Mitarbeit v. Renate Zimmer und Klaus Völker, Schorndorf, Verlag Karl Hofmann, S. 137–157.

Braun, Anja (2020): Sprachentwicklung. Studie: Babysprache hilft beim Sprechen lernen, in: *SWR Wissen*, 06.02.2020, https://www.swr.de/wissen/babysprache-100.html

Breuer, Christoph / Rossi, Lea (2020): Gegenwärtige Situation, in: Breuer,

Christoph (Gesamtleitung) / Joisten, Christine / Schmidt, Werner (Hrsg.): *Vierter Deutscher Kinder- und Jugendsportbericht. Gesundheit, Leistung und Gesellschaft*, Schorndorf, Verlag Karl Hofmann, S. 20 f.

Brisch, Karl Heinz (2010): *SAFE®. Sichere Ausbildung für Eltern. Sichere Bindung zwischen Eltern und Kind*, Stuttgart, Klett-Cotta.

Czimmek, Anna (2015): *Emmi Pikler. Mehr als eine Kinderärztin*, München, P. Zeitler Verlag.

Czimmek, Anna (2019): Entwicklungsjahre und frühes Werk der pädagogischen Kinderärztin Emmi Pikler, in: Gilles-Bacciu, Astrid / Heuer, Reinhild (Hrsg.) / Bildungswerk der Erzdiözese Köln e. V. / Pikler Gesellschaft Berlin e. V.: *Pikler. Ein Theorie- und Praxisbuch für die Familienbildung*, Weinheim / Basel, 2., durchgesehene Auflage, Beltz Juventa, S. 16–22.

*Das große Liederbuch. 204 deutsche Volks- und Kinderlieder*, gesammelt von Anne Diekmann, unter Mitwirkung von Willi Gohl, Zürich 1975, Diogenes Verlag.

David, Myriam / Appell, Geneviève (1995): *Lóczy. Mütterliche Betreuung ohne Mutter*, München, Verlag Cramer-Klett und Zeitler.

Dieter, Silke / Walter, Melanie / Brisch, Karl Heinz (2005): *Sprache und Bindungsentwicklung im frühen Kindesalter*, in: INTERDISZIPLINÄR, Jg. 13, Ausg. 3, S. 170–179.

Ellersiek, Wilma (2001): Weidenfeld, Ingrid (Hrsg.): *Wiegen- und Ruhelieder in der Quintenstimmung für Kinder zwischen 0 und 9 Jahren*, Stuttgart, Verlag Freies Geistesleben.

Ellersiek, Wilma (2013): Möller, Irmela / Möller, Jürgen / Weidenfeld, Ingrid (Hrsg.): *Berührungs- und Handgestenspiele für Kinder zwischen 0 und 9 Jahren*, Stuttgart, 3., durchgesehene und erweiterte Auflage, Verlag Freies Geistesleben.

Ellersiek, Wilma (2014): Walter, Jaqueline / Weidenfeld, Ingrid (Hrsg.): *Die tanzende, spielende Hand: Rhythmisch-musikalische Hand- und Fingerspiele*, Stuttgart, 2. Auflage, Verlag Freies Geistesleben.

Falk, Judit (2008 a): Von den Anfängen, in: Pikler, Emmi u. a.: *Miteinander vertraut werden. Erfahrungen und Gedanken zur Pflege von Säuglingen und Kleinkindern*, hrsg., überarbeitet und zusammengestellt v. Anna Tardos / Laura & Lienhard Valentin, Freiamt, 5. Auflage, Arbor Verlag, S. 17–30.

Falk, Judit (2008 b): Die Einheit von Pflege und Erziehung, in: Pikler, Emmi u. a.: *Miteinander vertraut werden. Erfahrungen und Gedanken zur Pflege von Säuglingen und Kleinkindern,* hrsg., überarbeitet und zusammengestellt v. Anna Tardos / Laura & Lienhard Valentin, Freiamt, 5. Auflage, Arbor Verlag, S. 47–53.

Falk, Judit (2019 a): Wenn wir den Körper des Säuglings berühren …, in: Gilles-Bacciu, Astrid / Heuer, Reinhild (Hrsg.) / Bildungswerk der Erzdiözese Köln e. V. / Pikler Gesellschaft Berlin e. V.: *Pikler. Ein Theorie- und Praxisbuch für die Familienbildung,* Weinheim / Basel, 2., durchgesehene Auflage, Beltz Juventa, S. 105–111.

Falk, Judit (2019 b): Selbständigkeit und Pseudoautonomie, in: Gilles-Bacciu, Astrid / Heuer, Reinhild (Hrsg.) / Bildungswerk der Erzdiözese Köln e. V. / Pikler Gesellschaft Berlin e. V.: *Pikler. Ein Theorie- und Praxisbuch für die Familienbildung,* Weinheim / Basel, 2., durchgesehene Auflage, Beltz Juventa, S. 112.

Falk, Judit / Aly, Monika (2012): *Beobachten, Verstehen und Begleiten. Entwicklungsdiagnostik nach Pikler,* Berlin, 2. Auflage, Pikler Gesellschaft Berlin.

Falk, Judit / Vincze, Mária (2014): *Abschied von der Windel. Die Kontrolle der Schließmuskeln und die Entwicklung des kindlichen Selbstbewusstseins,* Berlin, 2. Auflage, Pikler Gesellschaft Berlin.

Gerber, Magda (2008): Zuschauen lernen … und abwarten!, in: Pikler, Emmi u. a.: *Miteinander vertraut werden. Erfahrungen und Gedanken zur Pflege von Säuglingen und Kleinkindern,* hrsg., überarbeitet und zusammengestellt v. Anna Tardos / Laura & Lienhard Valentin, Freiamt, 5. Auflage, Arbor Verlag, S. 147–152.

Gerber, Magda (2009): *Dein Baby zeigt Dir den Weg,* Freiamt, 4. Auflage, Arbor Verlag.

Gilles-Bacciu, Astrid / Heuer, Reinhild / Lock-Spessert, Stephanie / Nießen, Ulrike / Suchy, Gisela (2019): Der Säugling ist eine Person. Emmi Piklers Wissen über die frühe Kindheit in der Praxis. Eine Einleitung, in: Gilles-Bacciu, Astrid / Heuer, Reinhild (Hrsg.) / Bildungswerk der Erzdiözese Köln e. V. / Pikler Gesellschaft Berlin e. V.: *Pikler. Ein Theorie- und Praxisbuch für die Familienbildung,* Weinheim / Basel, 2., durchgesehene Auflage, Beltz Juventa, S. 10–14.

Graf, Christine / Ferrari, Nina / Beneke, Ralph / Bloch, Wilhelm / Eiser, Stephanie / Koch, Benjamin / Lawrenz, Wolfgang / Krug, Susanne / Manz, Kristin / Oberhoffer, Renate / Stibbe, Günter / Woll, Alexander (2017): Empfehlungen für körperliche Aktivität und Inaktivität von Kindern und Jugendlichen – Methodisches Vorgehen, Datenbasis und Begründung, in: *Gesundheitswesen* 2017; 79 (Suppl. 1), S. 11–19; DOI http://dx.doi.org/10.1055/s-0042-123701

*Grundauswertung der Einschulungsdaten in Berlin 2017*, hrsg. v. der Senatsverwaltung für Gesundheit, Pflege und Gleichstellung. Referat Gesundheitsberichterstattung, Epidemiologie, Gesundheitsinformationssysteme, Statistikstelle, Berlin 2018, S. 1–159; https://www.berlin.de/sen/gesundheit/service/gesundheitsberichterstattung/veroeffentlichungen/grundauswertungen/

Hanssen-Doose, Anke / Niessner, Claudia / Oriwol, Doris / Bös, Klaus / Woll, Alexander / Worth, Annette (2020): Population-based trends in physical fitness of children and adolescents in Germany, 2003–2017, in: *European Journal of Sport Science*, 2020, S. 1–11; https://doi.org/10.1080/17461391.2020.1793003

Harms, Thomas (2019): *Keine Angst vor Babytränen. Wie Sie durch Achtsamkeit das Weinen Ihres Babys sicher begleiten*, Gießen, 2. Auflage, Psychosozial-Verlag.

Hartmann, Wolfram (2020): Deutschland – IGLU-Studie: Fast jeder fünfte Viertklässler kann nicht richtig lesen, in: *Kinder- und Jugendarzt. Zeitschrift des Bundesverbandes der Kinder- und Jugendärzte e. V.*, 51. Jahr, Heft 06/2020, S. 424–425.

Hermann, Alice (2015): Anhang: aus »Erziehen zum Menschsein«, in: Tardos, Anna / Werner, Anja (Hrsg.): *Ich, Du und Wir. Frühes soziales Lernen in Familie und Krippe*, Berlin, 2., überarbeitete Auflage, Pikler Gesellschaft Berlin, S. 110–111.

Hevesi, Katalin (2008): Echte Kooperation mit dem Säugling, in: Pikler, Emmi u. a.: *Miteinander vertraut werden. Erfahrungen und Gedanken zur Pflege von Säuglingen und Kleinkindern*, hrsg., überarbeitet und zusammengestellt v. Anna Tardos / Laura & Lienhard Valentin, Freiamt, 5. Auflage, Arbor Verlag, S. 67–70.

Hueck, Christoph (2012): Rhythm is it! Herzrhythmus und Gesundheit, in: *Er-*

*ziehungskunst*, April 2012; https://www.erziehungskunst.de/artikel/schule-gesundheit/rhythm-is-it-herzrhythmus-und-gesundheit/

Hüther, Gerald (2008): Im Sog der virtuellen Welten, Gerald Hüther im Interview mit Jörn auf dem Kampe und Rainer Harf, in: *GEO kompakt*, Nr. 17, *Kindheit – Die wichtigsten Jahre im Leben*, S. 106–113.

Hüther, Gerald (2016): *Mit Freude lernen – ein Leben lang. Weshalb wir ein neues Verständnis vom Lernen brauchen*, Göttingen, Vandenhoeck & Ruprecht.

Hüther, Gerald (2017): Zuhause für die Seele, Gerald Hüther im Interview mit Julia Koch, in: *Der Spiegel*, Nr. 44, 28.10.2017, *Ich. Forscher entschlüsseln, wie Persönlichkeit und Intelligenz entstehen*, S. 115–116.

Hüther, Gerald (2020): Hirnforscher erklärt: Eltern stehlen Kindern wichtigste Erfahrung ihrer Kindheit, Gerald Hüther im Gespräch mit Gina Louisa Metzler, in: *FOCUS Online*, 08.05.2020.

Hüther, Gerald / Quarch, Christoph (2016): *Rettet das Spiel! Weil Leben mehr als funktionieren ist*, München, Carl Hanser Verlag.

Hüther, Gerald / Weser, Ingeborg (2015): *Das Geheimnis der ersten neun Monate. Reise ins Leben*, Weinheim / Basel, Beltz.

Jaffke, Freya (2007): *Spielzeug von Eltern selbst gemacht*, Stuttgart, 21., überarbeitete Auflage, Verlag Freies Geistesleben.

Joisten, Christine (2020): Bewegung als Fundament einer gesunden Entwicklung von Kindern und Jugendlichen, in: Breuer, Christoph (Gesamtleitung) / Joisten, Christine / Schmidt, Werner (Hrsg.): *Vierter Deutscher Kinder- und Jugendsportbericht. Gesundheit, Leistung und Gesellschaft*, Schorndorf, Verlag Karl Hofmann, S. 78-98.

Juul, Jesper (2019): *Nein aus Liebe. Klare Eltern – starke Kinder*, München, 6. Auflage, Beltz.

Kálló, Éva (2008 a): Typische Formen des Hantierens und geeignete Spielmaterialien im ersten Lebensjahr des Kindes, in: Kálló, Éva / Balog, Györgyi: *Von den Anfängen des freien Spiels*, hrsg. v. Ute Strub und Anke Zinser, Berlin, 4., überarbeitete Neuauflage, Pikler Gesellschaft Berlin, S. 16–37.

Kálló, Éva (2008 b): Das Sammeln, in: Kálló, Éva / Balog, Györgyi: *Von den Anfängen des freien Spiels*, hrsg. v. Ute Strub und Anke Zinser, Berlin, 4., überarbeitete Neuauflage, Pikler Gesellschaft Berlin, S. 38–45.

Kálló, Éva (2015): Auf dem Weg der Sozialisation: In Frieden mit mir – in Frieden mit anderen, in: Tardos, Anna / Werner, Anja (Hrsg.): *Ich, Du und Wir. Frühes soziales Lernen in Familie und Krippe*, Berlin, 2., überarbeitete Auflage, Pikler Gesellschaft Berlin, S. 85–101.

Kálló, Éva (2019): Im Frieden mit mir – im Frieden mit anderen. Erziehung ohne Gewalt im Lóczy, in: Gilles-Bacciu, Astrid / Heuer, Reinhild (Hrsg.) / Bildungswerk der Erzdiözese Köln e. V. / Pikler Gesellschaft Berlin e. V.: *Pikler. Ein Theorie- und Praxisbuch für die Familienbildung*, Weinheim / Basel, 2., durchgesehene Auflage, Beltz Juventa, S. 35–43.

Kálló, Éva / Vamos, Julianna (2011): Wie die Pflegerin im Lóczy dem Kind ein Bild von sich selbst vermittelt, in: Strub, Ute / Tardos, Anna (Hrsg.): *Im Dialog mit dem Säugling und Kleinkind*, Berlin, 2. Auflage, Pikler Gesellschaft Berlin, S. 27–29.

*Kinder- und Jugendärzte: Kinderohren vor Lärm schützen* (2017): Pressemitteilung des Berufsverbandes der Kinder- und Jugendärzte, 11.04.2017.

Kitchenham, Susanne (2010): Wohlfühlen und gedeihen, in: Bopp, Annette / Krohmer, Birgit (Hrsg.): *Der Baby-Guide fürs erste Jahr. Pflege, Entwicklung, Gesundheit, Alltag*, München, Kösel-Verlag, S. 152–179.

*Kitzel, Kitzel Mäuschen. Kinderreime für junge Eltern*. Der rote Faden No. 39, Münster 2012, Coppenrath Verlag.

König, Karl (1981): *Die ersten drei Jahre des Kindes. Erwerb des aufrechten Ganges, Erlernen der Muttersprache, Erwachen des Denkens*, Frankfurt a. M., Fischer Taschenbuch Verlag.

Krohmer, Birgit / Bopp, Annette (2010 a): Zusammensein und sich verbinden, in: Bopp, Annette / Krohmer, Birgit (Hrsg.): *Der Baby-Guide fürs erste Jahr. Pflege, Entwicklung, Gesundheit, Alltag*, München, Kösel-Verlag, S. 180–221.

Krohmer, Birgit / Bopp, Annette (2010 b): Entwicklung & Förderung, in: Bopp, Annette / Krohmer, Birgit (Hrsg.): *Der Baby-Guide fürs erste Jahr. Pflege, Entwicklung, Gesundheit, Alltag*, München, Kösel-Verlag, S. 328–401.

Kuhl, Patricia K. / Ramírez, Rey R. / Bosseler, Alexis / Lin, Jo-Fu Lotus / Imada, Toshiaki (2014): Infants' brain responses to speech suggest Analysis by Synthesis, in: *Proceedings of the National Academy of Sciences (PNAS)*, Bd. 111, Nr. 31, 05.08.2014, S. 11238–11245; www.pnas.org/cgi/doi/10.1073/pnas.1410963111

Kutik, Christiane (2009): *Erziehen mit Gelassenheit*, Stuttgart, Verlag Freies Geistesleben.

Largo, Remo H. (2019 a): *Babyjahre. Entwicklung und Erziehung in den ersten vier Jahren*, München, 2. Auflage der vollständig überarbeiteten Neuausgabe, Piper Verlag.

Largo, Remo H. (2019 b): *Kinderjahre. Die Individualität des Kindes als erzieherische Herausforderung*, München, vollständig überarbeitete Neuausgabe, Piper Verlag.

Lieberman, Philip (2013): Kein Bewegungsablauf ist schwieriger als Sprechen, in: *Neue Zürcher Zeitung*, 14.08.2013, S. 52.

*Lirum larum Löffelstiel. Alte, bekannte Reime für unser Kind*, gesammelt und hrsg. v. Paula Walendy, mit vielen farbigen Zeichnungen von Eva von Paszthory, Stuttgart 1941, Thienemanns Verlag.

*Mahle, mahle Grützchen. Koseworte Erzählchen und Fingerspiele für das Kleinkind*, gesammelt und hrsg. v. Friedel Lenz, Schaffhausen 1980, Novalis Verlag.

Maintier, Serge (2014): Patzlaff, Rainer (Hrsg.): *Sprache – die unsichtbare Schöpfung in der Luft. Forschung zur Aerodynamik der Sprachlaute*, Hamburg, Verlag Dr. Kovac.

*Mein schönstes Liederbuch*. Mit Bildern von Lore Hummel, Weinheim / Basel 2017, 8. Auflage, Beltz.

Mende-Kurz, Heide (2012): *Sprache statt Schnuller. Alte Kinderreime neu entdeckt. Aus der Praxis mit sprachentwicklungsgestörten Kindern. Arbeitsbuch für Elternhaus, Kinderkrippen, Kindergarten und Schule*, Stuttgart, Verlag Johannes M. Mayer.

Niessner, Claudia / Hanssen-Doose, Anke / Eberhardt,Tanja / Oriwol, Doris / Woll, Alexander / Worth, Annette / Bös, Klaus (2020): Motorische Leistungsfähigkeit, in: Breuer, Christoph (Gesamtleitung) / Joisten, Christine / Schmidt, Werner (Hrsg.): *Vierter Deutscher Kinder- und Jugendsportbericht. Gesundheit, Leistung und Gesellschaft*, Schorndorf, Verlag Karl Hofmann, S. 51-63.

Oberländer, Helga (2015): *Quintenstimmungslieder im Jahreslauf. Winter*, Stuttgart, 5. Auflage der Neuausgabe, Verlag Freies Geistesleben.

Oberländer, Helga (2017 a): *Quintenstimmungslieder im Jahreslauf. Frühling*, Stuttgart, 6. Auflage der Neuausgabe, Verlag Freies Geistesleben.

Oberländer, Helga (2017 b): *Quintenstimmungslieder im Jahreslauf. Sommer*, Stuttgart, 4. Auflage der Neuausgabe, Verlag Freies Geistesleben.

Oberländer, Helga (2017 c): *Quintenstimmungslieder im Jahreslauf. Herbst*, Stuttgart, 4. Auflage der Neuausgabe, Verlag Freies Geistesleben.

Opper, E./Worth, A./Wagner, M./Bös, K. (2007): Motorik-Modul (MoMo) im Rahmen des Kinder- und Jugendgesundheitssurveys (KiGGS). Motorische Leistungsfähigkeit und körperlich-sportliche Aktivität von Kindern und Jugendlichen in Deutschland, in: *Bundesgesundheitsblatt – Gesundheitsforschung – Gesundheitsschutz*, 50, S. 879–888; DOI 10.1007/s00103-007-0251-5

Ostermayer, Edith (2013): *Pikler*, Berlin, Cornelsen Verlag.

Papenkort, Ulrich (2019): Pikler-Pädagogik und Allgemeine Erziehungswissenschaft. Ein Dialog, in: Gilles-Bacciu, Astrid/Heuer, Reinhild (Hrsg.)/Bildungswerk der Erzdiözese Köln e.V./Pikler Gesellschaft Berlin e.V.: *Pikler. Ein Theorie- und Praxisbuch für die Familienbildung*, Weinheim/Basel, 2., durchgesehene Auflage, Beltz Juventa, S. 120–133.

Patzlaff, Rainer (1999 a): Kindheit verstummt. Verlust und Pflege der Sprache im Medienzeitalter, in: *Erziehungskunst* 7/8, S. 779–802.

Patzlaff, Rainer (1999 b): Sprachwahrnehmung und schulische Leistung. Aktuelle Forschungsergebnisse zur Legasthenie und Vorschulpädagogik, in: *Erziehungskunst* 10, S. 1129–1134.

Patzlaff, Rainer (2013): *Der gefrorene Blick. Bildschirmmedien und die Entwicklung des Kindes*, Stuttgart, Neuausgabe, Verlag Freies Geistesleben.

Patzlaff, Rainer (2017): *Sprache – das Lebenselixier des Kindes. Moderne Forschung und die Tiefendimension des gesprochenen Wortes*, Stuttgart, Verlag Freies Geistesleben.

Patzlaff, Rainer/McKeen, Claudia/Mackensen, Ina von/Grah-Wittich, Claudia (2010): *Kindheit – Bildung – Gesundheit. Leitlinien der Waldorfpädagogik für die Kindheit von der Geburt bis zum dritten Lebensjahr*, hrsg. v. der Pädagogischen Forschungsstelle beim Bund der Freien Waldorfschulen e.V., Stuttgart.

Pauen, Sabina (2011): *Vom Baby zum Kleinkind. Entwicklungstagebuch zur Beobachtung und Begleitung in den ersten Jahren. MONDEY*, Berlin/Heidelberg, Spektrum Akademischer Verlag.

Pauen, Sabina/Frey, Britta/Ganser, Lena (2014): Entwicklungspsychologie in den ersten drei Lebensjahren, in: Cierpka, Manfred (Hrsg.): *Frühe Kindheit 0–3 Jahre*, Berlin/Heidelberg, Springer Verlag, S. 21–30.

Pauen, Sabina / Roos, Jeanette (2017): *Entwicklung in den ersten Lebensjahren (0–3 Jahre)*, München / Basel, Ernst Reinhardt Verlag.

Paul, Jean (1963 a): Levana oder Erziehlehre, in: Miller, Norbert (Hrsg.): *Jean Paul. Werke. Vorschule der Ästhetik. Levana oder Erziehlehre. Politische Schriften*, 5. Bd., München, Hanser Verlag, S. 515–874.

Paul, Jean (1963 b): Selberlebensbeschreibung, in: Miller, Norbert (Hrsg.): *Jean Paul. Werke. Schmelzles Reise nach Fläz. Dr. Katzenbergers Badereise. Leben Fibels. Der Komet. Selberlebensbeschreibung. Selina*, 6. Bd., München, Hanser Verlag, S. 1037–1103.

Pichler-Bogner, Daniela M. I. (2010): Der Pikler-*SpielRaum*: Begleitete Eltern-Kind-Gruppe nach dem pädagogischen Konzept von Emmi Pikler, in: *Pikler – SpielRaum für Bewegung und selbständiges Entdecken*, hrsg. v. Daniela M. I. Pichler-Bogner und Christine Rainer, Wien, 2. Auflage, Schriftenreihe der Pikler-Hengstenberg-Gesellschaft Österreich, S. 9–15.

Pikler, Emmi (2001): *Lasst mir Zeit. Die selbständige Bewegungsentwicklung des Kindes bis zum freien Gehen*, München, 4. Auflage, Pflaum Verlag.

Pikler, Emmi u. a. (2008 a): *Miteinander vertraut werden. Erfahrungen und Gedanken zur Pflege von Säuglingen und Kleinkindern*, hrsg., überarbeitet und zusammengestellt v. Anna Tardos / Laura & Lienhard Valentin, Freiamt, 5. Auflage, Arbor Verlag.

Pikler, Emmi (2008 b): Einige Gedanken zu Sitten und Bräuchen in der Säuglingserziehung und zum elterlichen Verhalten, in: Pikler, Emmi u. a.: *Miteinander vertraut werden. Erfahrungen und Gedanken zur Pflege von Säuglingen und Kleinkindern*, hrsg., überarbeitet und zusammengestellt v. Anna Tardos / Laura & Lienhard Valentin, Freiamt, 5. Auflage, Arbor Verlag, S. 31–46.

Pikler, Emmi (2010): *Friedliche Babys – zufriedene Mütter. Pädagogische Ratschläge einer Kinderärztin*, Freiburg i. Br., 2. Auflage der Neuausgabe 2009, Verlag Herder.

Pikler, Emmi (2011): Vom Sprechenlernen, in: Strub, Ute / Tardos, Anna (Hrsg.): *Im Dialog mit dem Säugling und Kleinkind*, Berlin, 2. Auflage, Pikler Gesellschaft Berlin, S. 17–20.

Pikler, Emmi (2019): Die Bewegungsentwicklung des Kindes, in: Gilles-Bacciu, Astrid / Heuer, Reinhild (Hrsg.) / Bildungswerk der Erzdiözese

Köln e. V. / Pikler Gesellschaft Berlin e. V.: *Pikler. Ein Theorie- und Praxisbuch für die Familienbildung*, Weinheim / Basel, 2., durchgesehene Auflage, Beltz Juventa, S. 44–58.

Reckert, Till / Schwarz, Silke / Büsching, Uwe / Martin, David (2020): »Bildschirmfrei bis Drei«: Am Lebensanfang volle Wirklichkeitserfahrung ermöglichen, in: *Kinder- und Jugendarzt. Zeitschrift des Berufsverbandes der Kinder- und Jugendärzte e. V.*, 51. Jg., Heft 03/2020, S. 195–199.

Renz-Polster, Herbert / Hüther, Gerald (2013): *Wie Kinder heute wachsen. Natur als Entwicklungsraum. Ein neuer Blick auf das kindliche Lernen, Fühlen und Denken*, Weinheim / Basel, Beltz.

Rousseau, Jean-Jacques (1998): *Emil oder Über die Erziehung*, vollständige Ausgabe. In neuer deutscher Fassung besorgt von Ludwig Schmidts, Paderborn, 13., unveränderte Auflage, UTB-Verlag.

Sándor, Ilona (2011): Der Säugling »spricht uns an«, in: Strub, Ute / Tardos, Anna (Hrsg.): *Im Dialog mit dem Säugling und Kleinkind*, Berlin, 2. Auflage, Pikler Gesellschaft Berlin, S. 21–25.

Saß, Anke-Christine / Poethko-Müller, Christa / Rommel, Alexander (2014): Das Unfallgeschehen im Kindes- und Jugendalter – Aktuelle Prävalenzen, Determinanten und Zeitvergleich. Ergebnisse der KiGGS-Studie – Erste Folgebefragung (KiGGS Welle 1), in: *Bundesgesundheitsblatt – Gesundheitsforschung – Gesundheitsschutz*, 57 (7), S. 789–797; https://edoc.rki.de/bitstream/handle/176904/1892/24RL5BHTM47hU.pdf?sequence=1&isAllowed=y

Schäfer, Gerd (2007): Bewegung bildet, in: Hunger, Ina / Zimmer, Renate (Hrsg.): *Bewegung – Bildung – Gesundheit. Entwicklung fördern von Anfang an*, Schorndorf, Hofmann-Verlag, S. 30–41.

Schäfer, Gerd E. (2011 a): Was ist frühkindliche Bildung?, in: Schäfer, Gerd E. (Hrsg.): *Bildung beginnt mit der Geburt. Für eine Kultur des Lernens in Kindertageseinrichtungen*, Berlin, 4., aktualisierte Auflage, Cornelsen Verlag, S. 9–74.

Schäfer, Gerd E. (2011 b): Aufgaben frühkindlicher Bildung, in: Schäfer, Gerd E. (Hrsg.): *Bildung beginnt mit der Geburt. Für eine Kultur des Lernens in Kindertageseinrichtungen*, Berlin, 4., aktualisierte Auflage, Cornelsen Verlag, S. 75–178.

Schmidt, Steffen C. E. / Anedda, Bastian / Buchartz, Alexander / Oriwol, Doris / Kolb, Simon / Wäsche, Hagen / Niessner, Claudia / Woll, Alexander (2020):

*The physical activity of children and adolescents in Germany 2003–2017: The MoMo-study*, in: *PLoS ONE*, 15 (7), 16.07.2020, S. 1–11; https://doi.org/10.1371/journal.pone.0236117

Schneider, Kornelia / Wüstenberg, Wiebke (2019): Emmi Piklers Konzeption im Kontext der aktuellen Frühpädagogik – Kinder in ihren ersten drei Lebensjahren begleiten und ihrer Entwicklung Raum geben, in: Gilles-Bacciu, Astrid / Heuer, Reinhild (Hrsg.) / Bildungswerk der Erzdiözese Köln e. V. / Pikler Gesellschaft Berlin e. V.: *Pikler. Ein Theorie- und Praxisbuch für die Familienbildung*, Weinheim / Basel, 2., durchgesehene Auflage, Beltz Juventa, S. 148–164.

Spitzer, Manfred (2007): *Lernen. Gehirnforschung und die Schule des Lebens*, Berlin / Heidelberg, Spektrum Akademischer Verlag.

Spitzer, Manfred (2010): Im Netz, in: *Frankfurter Allgemeine Zeitung*, 22.09.2010.

Spitzer, Manfred (2012): *Digitale Demenz. Wie wir uns und unsere Kinder um den Verstand bringen*, München, Droemer Verlag.

Spitzer, Manfred (2017): Digital 0.0. Wider die postfaktische Bildungspolitik, in: *Nervenheilkunde* 36, 4/2017, S. 205–212; http://www.znl-ulm.de/Veroeffentlichungen/Geist_und_Gehirn/NHK17_Digital_0_0.pdf

Spitzer, Manfred / Herschkowitz, Norbert (2019): *Wie Kinder denken lernen. Die kognitive Entwicklung vom 1. bis 12. Lebensjahr*, München, mvg Verlag.

Spiewak, Martin (2015): Heimvorteil, in: *DIE ZEIT*, Nr. 22, 28.05.2015, S. 33–34.

Streeck, Nina (2015): *Kindliche Entwicklung. Reden ist Gold*, in: Neue Zürcher Zeitung, 19.04.2015.

Strub, Ute (2010): Entstehungsgeschichte und Verwirklichung des Pikler-*SpielRaums*, in: *Pikler – SpielRaum für Bewegung und selbständiges Entdecken*, hrsg. v. Daniela M. I. Pichler-Bogner und Christine Rainer, Wien, 2. Auflage, Schriftenreihe der Pikler-Hengstenberg-Gesellschaft Österreich, S. 3–8.

Strub, Ute (2019): Spielfreude, Schalk und Schelmerei, in: Gilles-Bacciu, Astrid / Heuer, Reinhild (Hrsg.) / Bildungswerk der Erzdiözese Köln e. V. / Pikler Gesellschaft Berlin e. V.: *Pikler. Ein Theorie- und Praxisbuch für die Familienbildung*, Weinheim / Basel, 2., durchgesehene Auflage, Beltz Juventa, S. 117.

Strub, Ute / Tardos, Anna (2008): Fragen an Anna Tardos, in: Pikler, Emmi u. a.: *Miteinander vertraut werden. Erfahrungen und Gedanken zur Pflege von Säuglingen und Kleinkindern*, hrsg., überarbeitet und zusammengestellt v. Anna

Tardos / Laura & Lienhard Valentin, Freiamt, 5. Auflage, Arbor Verlag, S. 107–127.

Strub, Ute / Zinser, Anke (2008): Anmerkungen der Herausgeberinnen, in: Kálló, Éva / Balog, Györgyi: *Von den Anfängen des freien Spiels*, hrsg. v. Ute Strub und Anke Zinser, Berlin, 4., überarbeitete Neuauflage, Pikler Gesellschaft Berlin, S. 60-64.

Suggate, Sebastian P. / Martzog, Philipp (2020): Screen-time influences children's mental imagery performance, in: *Developmental Science*, 2020;00:e12978, S. 1–13; https://doi.org/10.1111/desc.12978

Tardos, Anna (2008 a): Von den Händen der Pflegerin, in: Pikler, Emmi u. a.: *Miteinander vertraut werden. Erfahrungen und Gedanken zur Pflege von Säuglingen und Kleinkindern*, hrsg., überarbeitet und zusammengestellt v. Anna Tardos / Laura & Lienhard Valentin, Freiamt, 5. Auflage, Arbor Verlag, S. 91–98.

Tardos, Anna (2008 b): Vom Dialog mit dem Säugling, in: Pikler, Emmi u. a.: *Miteinander vertraut werden. Erfahrungen und Gedanken zur Pflege von Säuglingen und Kleinkindern*, hrsg., überarbeitet und zusammengestellt v. Anna Tardos / Laura & Lienhard Valentin, Freiamt, 5. Auflage, Arbor Verlag, S. 99–105.

Tardos, Anna (2008 c): Autonomie und / oder Abhängigkeit, in: Pikler, Emmi u. a.: *Miteinander vertraut werden. Erfahrungen und Gedanken zur Pflege von Säuglingen und Kleinkindern*, hrsg., überarbeitet und zusammengestellt v. Anna Tardos / Laura & Lienhard Valentin, Freiamt, 5. Auflage, Arbor Verlag, S. 137–146.

Tardos, Anna (2019 a): Pikler-Pädagogik heute: eine Renaissance? Anna Tardos im Gespräch, in: Gilles-Bacciu, Astrid / Heuer, Reinhild (Hrsg.) / Bildungswerk der Erzdiözese Köln e. V. / Pikler Gesellschaft Berlin e. V.: *Pikler. Ein Theorie- und Praxisbuch für die Familienbildung*, Weinheim / Basel, 2., durchgesehene Auflage, Beltz Juventa, S. 23–28.

Tardos, Anna (2019 b): Das Kind ist ein Akteur seiner Entwicklung, in: Gilles-Bacciu, Astrid / Heuer, Reinhild (Hrsg.) / Bildungswerk der Erzdiözese Köln e. V. / Pikler Gesellschaft Berlin e. V.: *Pikler. Ein Theorie- und Praxisbuch für die Familienbildung*, Weinheim / Basel, 2., durchgesehene Auflage, Beltz Juventa, S. 29–34.

Tardos, Anna (2019 c): Sich frei bewegen – das Lebensbedürfnis des Kindes, in: Gilles-Bacciu, Astrid / Heuer, Reinhild (Hrsg.) / Bildungswerk der Erzdiözese Köln e. V. / Pikler Gesellschaft Berlin e. V.: *Pikler. Ein Theorie- und Praxisbuch für die Familienbildung,* Weinheim / Basel, 2., durchgesehene Auflage, Beltz Juventa, S. 61–67.

Tardos, Anna (2019 d): Der forschende Säugling, in: Gilles-Bacciu, Astrid / Heuer, Reinhild (Hrsg.) / Bildungswerk der Erzdiözese Köln e. V. / Pikler Gesellschaft Berlin e. V.: *Pikler. Ein Theorie- und Praxisbuch für die Familienbildung,* Weinheim / Basel, 2., durchgesehene Auflage, Beltz Juventa, S. 68–77.

Tardos, Anna (2019 e): Lasst das Baby spielen – selbständig von Anfang an!, in: Gilles-Bacciu, Astrid / Heuer, Reinhild (Hrsg.) / Bildungswerk der Erzdiözese Köln e. V. / Pikler Gesellschaft Berlin e. V.: *Pikler. Ein Theorie- und Praxisbuch für die Familienbildung,* Weinheim / Basel, 2., durchgesehene Auflage, Beltz Juventa, S. 78–88.

Tardos, Anna (2019 f): Zusammen mit dem Baby. Einfache Regeln für die Pflege, in: Gilles-Bacciu, Astrid / Heuer, Reinhild (Hrsg.) / Bildungswerk der Erzdiözese Köln e. V. / Pikler Gesellschaft Berlin e. V.: *Pikler. Ein Theorie- und Praxisbuch für die Familienbildung,* Weinheim / Basel, 2., durchgesehene Auflage, Beltz Juventa, S. 113–116.

Tardos, Anna / David, Myriam (2015): Vom Wert der freien Aktivität des Säuglings für den Aufbau seines Selbst, in: Czimmek, Anna: *Emmi Pikler. Mehr als eine Kinderärztin,* München, P. Zeitler Verlag, S. 182–200.

Tardos, Anna / Dehelán, Éva / Szeredi, Lili (2015): Über positives Erziehungsverhalten, in: Tardos, Anna / Werner, Anja (Hrsg.): *Ich, Du und Wir. Frühes soziales Lernen in Familie und Krippe,* Berlin, 2., überarbeitete Auflage, Pikler Gesellschaft Berlin, S. 102–109.

Tardos, Anna / Werner, Anja (2015 a): Familie als erste Gemeinschaft, in: Tardos, Anna / Werner, Anja (Hrsg.): *Ich, Du und Wir. Frühes soziales Lernen in Familie und Krippe,* Berlin, 2., überarbeitete Auflage, Pikler Gesellschaft Berlin, S. 9–41.

Tardos, Anna / Werner, Anja (2015 b): Gedanken zum sozialen Lernen in Kinderkrippen – Chancen und Risiken, in: Tardos, Anna / Werner, Anja (Hrsg.): *Ich, Du und Wir. Frühes soziales Lernen in Familie und Krippe,* Berlin, 2., überarbeitete Auflage, Pikler Gesellschaft Berlin, S. 42–84.

Teuchert-Noodt, Gertraud (2016): Ein Bauherr beginnt auch nicht mit dem Dach. Die digitale Revolution verbaut unseren Kindern die Zukunft (unter Mitwirkung von Ingo Leipner), in: *Umwelt – Medizin – Gesellschaft*, 29, 4/2016, S. 36–38; http://www.aufwach-s-en.de/2017/07/ein-bauherr-beginnt-auch-nicht-mit-dem-dach/

Török, Katalin (2008): Kooperation während der Pflege und die gemeinsame Freude am Spiel, in: Pikler, Emmi u. a.: *Miteinander vertraut werden. Erfahrungen und Gedanken zur Pflege von Säuglingen und Kleinkindern*, hrsg., überarbeitet und zusammengestellt v. Anna Tardos / Laura & Lienhard Valentin, Freiamt, 5. Auflage, Arbor Verlag, S. 129–132.

Vieth-Entus, Susanne (2019): Einschulungsuntersuchungen. Schwere Defizite bei Berlins künftigen Erstklässlern, in: *Der Tagesspiegel*, 07.02.2019.

Vincze, Mária (2008 a): Die Bedeutung der Kooperation während der Pflege, in: Pikler, Emmi u. a.: *Miteinander vertraut werden. Erfahrungen und Gedanken zur Pflege von Säuglingen und Kleinkindern*, hrsg., überarbeitet und zusammengestellt v. Anna Tardos / Laura & Lienhard Valentin, Freiamt, 5. Auflage, Arbor Verlag, S. 55–65.

Vincze, Mária (2008 b): Von der Flasche bis zum selbständigen Essen, in: Pikler, Emmi u. a.: *Miteinander vertraut werden. Erfahrungen und Gedanken zur Pflege von Säuglingen und Kleinkindern*, hrsg., überarbeitet und zusammengestellt v. Anna Tardos / Laura & Lienhard Valentin, Freiamt, 5. Auflage, Arbor Verlag, S. 71–89.

Vincze, Mária (2011): Die Atmosphäre im Lóczy, in: Strub, Ute / Tardos, Anna (Hrsg.): *Im Dialog mit dem Säugling und Kleinkind*, Berlin, 2. Auflage, Pikler Gesellschaft Berlin, S. 13–16.

Vincze, Mária (2015): Über das »Lóczy«, in: Czimmek, Anna: *Emmi Pikler. Mehr als eine Kinderärztin*, München, P. Zeitler Verlag, S. 166–181.

Vincze, Mária (2017): *Schritte zum selbständigen Essen*, mit einem Beitrag von Anita Dries, Berlin, 5. Auflage, Pikler Gesellschaft Berlin.

Vincze, Mária (2019): Der Garten der Kinder, in: Gilles-Bacciu, Astrid / Heuer, Reinhild (Hrsg.) / Bildungswerk der Erzdiözese Köln e. V. / Pikler Gesellschaft Berlin e. V.: *Pikler. Ein Theorie- und Praxisbuch für die Familienbildung*, Weinheim / Basel, 2., durchgesehene Auflage, Beltz Juventa, S. 93–104.

Waltersbacher, Andrea (2020): Heilmittelbericht 2020. Ergotherapie, Sprachtherapie, Physiotherapie, Podologie. *Wissenschaftliches Institut der AOK (WIdO),* Berlin; https://www.wido.de/fileadmin/Dateien/Dokumente/Publikationen_Produkte/Buchreihen/Heilmittelbericht/wido_hei_heilmittelbericht_2020.pdf

Weingarten, Susanne (2011): Von null auf 100 Billionen, in: *Spiegel online,* 23.08.2011.

Woll, Alexander / Oriwol, Doris / Anedda, Bastian / Buchartz, Alexander / Hanssen-Doose, Anke / Kopp, Melanie / Niessner, Claudia / Schmidt, Steffen C. E. / Bös, Klaus / Worth, Annette (2019): Körperliche Aktivität, motorische Leistungsfähigkeit und Gesundheit in Deutschland. Ergebnisse aus der Motorik-Modul-Längsschnittstudie (MoMo), in: *KIT Scientific Working Papers 121,* S. 1–6; https://publikationen.bibliothek.kit.edu/1000095369

Zimmer, Renate (2008): Bildung durch Bewegung in der frühen Kindheit, in: Schmidt, Werner (Hrsg.): *Zweiter Deutscher Kinder- und Jugendsportbericht. Schwerpunkt: Kindheit,* unter Mitarbeit v. Renate Zimmer und Klaus Völker, Schorndorf, Hofmann-Verlag, S. 211–236.

Zimmer, Renate (2012): *Handbuch der Sinneswahrnehmung. Grundlagen einer ganzheitlichen Bildung und Erziehung,* Freiburg i. Br., überarbeitete Neuauflage, Verlag Herder.

Zimmer, Renate (2013): *Handbuch Sprachförderung durch Bewegung,* Freiburg i. Br., 6. Auflage, Verlag Herder.

Zimmer, Renate (2014): *Handbuch Bewegungserziehung. Grundlagen für Ausbildung und pädagogische Praxis,* Freiburg i. Br., überarbeitete und erweiterte Neuausgabe, Verlag Herder.

Zimmer, Renate (2016): *Handbuch Sprache und Bewegung. Alltagsintegrierte Sprachbildung in der Kita,* Freiburg i. Br., Verlag Herder.

Zimpel, André Frank (2014): *Spielen macht schlau! Warum Fördern gut ist, Vertrauen in die Stärken Ihres Kindes aber besser,* München, Gräfe und Unzer Verlag.

Zinke, Johanna F. (2001): *Luftlautformen sichtbar gemacht. Sprache als plastische Gestaltung der Luft.* Mit Beiträgen von Armin J. Husemann, Peter Nantke und Sonja Schaeffer, hrsg. v. Rainer Patzlaff, Stuttgart, Verlag Freies Geistesleben.

Zinser, Anke (2008): Vorwort, in: Kálló, Éva / Balog, Györgyi: *Von den Anfängen des freien Spiels*, hrsg. v. Ute Strub und Anke Zinser, Berlin, 4., überarbeitete Neuauflage, Pikler Gesellschaft Berlin, S. 7–13.

Zinser, Anke (2019): Sammeln und Bauen. Wie Kinder ihre Spieltätigkeit erweitern, in: Gilles-Bacciu, Astrid / Heuer, Reinhild (Hrsg.) / Bildungswerk der Erzdiözese Köln e. V. / Pikler Gesellschaft Berlin e. V.: *Pikler. Ein Theorie- und Praxisbuch für die Familienbildung*, Weinheim / Basel, 2., durchgesehene Auflage, Beltz Juventa, S. 89–92.

## Zeitschriftenartikel

Spiegel online (15.07.2014): *Hirnforschung: Babys üben Sprechen lange vor erstem Wort.*

Spiegel online (22.09.2015): *Spracherwerb von Kleinkindern: Die ersten Worte.*

Spiegel online (21.03.2019): *Langzeitstudie. 80 Prozent der Kinder bewegen sich zu wenig.*

Spiegel online (07.05.2019): *»LEO 2018«-Studie. 6,2 Millionen Erwachsene können nicht richtig Deutsch lesen und schreiben.*

ZEIT ONLINE (07.05.2019): *Analphabetismus. Millionen Deutsche können nicht lesen und schreiben.*

# Register

© berli berlinski

# Über die Autorin

Natalie Rehm ist zertifizierte Erziehungsbegleiterin mit dem Schwerpunkt Frühe Kindheit und absolvierte die SAFE®-Mentorenausbildung bei Prof. Karl Heinz Brisch (Sichere Ausbildung für Eltern). Seit 2011 arbeitet sie selbstständig als Kurs- und Gruppenleiterin für werdende Eltern sowie Eltern mit Säuglingen und Kleinkindern. Darüber hinaus bietet sie Erziehungsberatung für junge Familien sowie Vorträge und Fortbildungen für Eltern und pädagogisches und medizinisches Fachpersonal an. Sie lebt mit ihrer Familie in Zürich.